슈퍼 에이지 이펙트

글로벌 경제를 뒤바꿀 신소비권력의 출현과 거대한 기회

SUPER AGE

슈퍼 에이지 이펙트

브래들리 셔먼 지음 | 박영준 옮김

EFFECT

비즈니스북스

슈퍼 에이지 이펙트

1판 1쇄 발행　2023년 7월　7일
1판 2쇄 발행　2023년 9월　6일

지은이 | 브래들리 셔먼
옮긴이 | 박영준
발행인 | 홍영태
편집인 | 김미란
발행처 | (주)비즈니스북스
등　록 | 제2000-000225호(2000년 2월 28일)
주　소 | 03991 서울시 마포구 월드컵북로6길 3 이노베이스빌딩 7층
전　화 | (02)338-9449
팩　스 | (02)338-6543
대표메일 | bb@businessbooks.co.kr
홈페이지 | http://www.businessbooks.co.kr
블로그 | http://blog.naver.com/biz_books
페이스북 | thebizbooks
ISBN　979-11-6254-340-5　03320

비즈니스북스는 독자 여러분의 소중한 아이디어와 원고 투고를 기다리고 있습니다.
원고가 있으신 분은 ms1@businessbooks.co.kr로 간단한 개요와 취지, 연락처 등을 보내 주세요.

나의 가족(혈연으로 맺어진 가족과 선택된 가족),
그리고 미국을 포함한 전 세계에서 열정적으로 활동하는
재능과 통찰력을 겸비한 내 동료들에게 이 책을 바칩니다.
나를 믿어주고 내가 제시하는 비전에 깊은 신뢰를 보내준
모든 이에게 무한한 감사의 말씀을 전합니다.

인류 역사상 그 어느 때와도
완전히 다른 시대를 맞이하며

이 책은 노화老化나 나이듦에 관한 것이 아니다. 더 오래 살기 위한 지침이나 '더 잘 늙는 법'을 제시하지도 않는다. 또 장수長壽의 과학을 다루지 않으며 건강관리, 연금, 양로원 같은 주제와도 아무런 관련이 없다(물론이 주제가 노인들의 중요한 관심사이기는 하다). 그렇다고 최근 세계에서 새롭게 대두되고 있는 분야인 노인병학geriatrics 또는 노인학gerontology에 대해 이야기하기 위해 쓰인 것도 아니다.

이 책은 출생률 감소와 인간 수명의 급속한 증가라는 두 가지 메가트렌드가 서로 교차하면서 초고령화 및 세대적 다양성으로 특징지어지는 거대한 시대적 조류를 형성하고, 그로 인해 인류가 이제껏 한 번도 겪어

보지 못한 새로운 사회가 창조되는 현상을 탐구하기 위해 썼다. 흔히 '인구 고령화'population aging 라고 불리는 이 슈퍼 메가트렌드 super-megatrend 는 우리의 사회·정치·문화·경제 전 분야의 규범을 뿌리째 뒤흔드는 중차대한 사건이다. 또 세계에서 가장 크고 경제가 발전한 나라부터 규모가 작고 개발 과정에 있는 국가들에게까지 예외 없이 영향을 미치고 있는 시대적 흐름이다. 이 사회적 현상은 내가 '슈퍼 에이지'Super Age 라고 이름붙인 새로운 시대, 즉 인류 역사상 그 어느 때와도 완전히 다른, 사상 초유의 시대로 우리를 이끌고 있다.

지난 200년 남짓한 기간 동안 인구 고령화는 조용하고 점진적으로 진행됐다. 최근 수십 년간 이 현상이 가속화되면서 우리 사회를 점차 지배하기는 했지만, 이 슈퍼 메가트렌드는 글로벌화, 자동화, 디지털화, 도시화, 기후 변화 같은 당대에 뜨거웠던 여러 주제들에 가려 사람들의 관심사에서는 항상 뒷전으로 밀려나 있었다.

하지만 이런 상황도 이제 커다란 변화를 목전에 두고 있다. '코로나19'라는 팬데믹의 등장과 함께 사회·인종·정치의 혼란이 가중되고 생명이 위협받으면서 지금 시대의 노인 인구가 겪고 있는 경험에 대해 새로운 관심이 집중되고 있는 것이다. 그 누구도 이런 상황을 무시하고 넘어갈 수 없다. 최근 몇 년간 코로나19의 등장과 이 팬데믹 사태를 맞은 인류의 부실한 대처로 인해 날로 증가하고 있는 고령층 인구의 욕구와 니즈에 대해 새로운 인식이 확산되고 있을 뿐 아니라, 이미 진행 중인 전 세계 인구통계학적 변화에 관해서도 인류는 전보다 훨씬 많은 사실을 깨닫게 됐다.

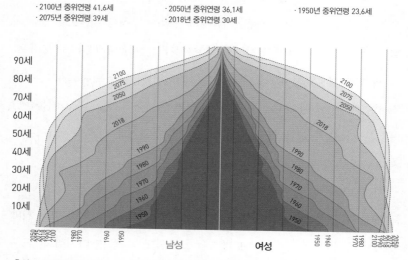

1950년부터 2018년까지 세계 인구의 성별−연령 분포 및
UN 인구국이 예측한 2100년도까지의 예상 수치

· 2100년 중위연령 41.6세
· 2075년 중위연령 39세

· 2050년 중위연령 36.1세
· 2018년 중위연령 30세

· 1950년 중위연령 23.6세

남성   여성

*출처 : UN 인구국UN Population Division 2017년 세계 인구 전망. 이 데이터를 시각화한 자료는 OurWorldin Data.org에서 찾아볼 수 있다. 이 사이트에서는 세계가 변화하는 양상과 그 이유에 대한 더 많은 연구 자료가 제공된다(저작권자: 맥스 로저Max Roser).

　다른 메가트렌드와는 달리 인구 고령화는 누구에게도 전혀 논란의 여지가 없는 현상이다. 인구 센서스처럼 지난 수백 년간 꾸준히 축적된 인구 집계 메커니즘과 집집마다 일일이 방문하는 수고를 무릅쓰고 조사를 수행해온 개인 연구자들의 공헌 덕분에 오늘날 지구상에 존재하는 모든 나라는 자국의 인구뿐만 아니라 연령 분포를 포함한 각종 인구통계학적 특성에 대해 매우 정확한 데이터를 보유하게 됐다. 다시 말해 인류의 인구통계학적 미래는 거의 확실하게 예측이 가능하다. 다만 아직 분명하지 않은 대목은 이러한 변화가 우리 사회와 경제적 기능에 어떤 영향을 끼칠 것이냐 하는 것이다.

인구 고령화는 온 세상 모든 곳에서 무섭게 빠른 속도로 진행 중인 명백한 현실이다. 우리가 그 사실을 인정하거나 말거나, 우리 자신과 가족, 친구, 이웃, 직장 동료 그리고 전 세계 모든 시민의 삶은 이 거대한 인구 통계학적 변화에 일정 부분 속하게 될 것이다. 다가올 슈퍼 에이지의 시대는 많은 사람에게 커다란 도전을 안겨줄 것이다. 특히 정부 기관에 근무하는 공공 관료들에게는 대단히 어려운 시기가 될 것이다. 그들은 한 세대 전에 만들어진 뒤에 누구도 손댈 수 없는 영역으로 남아 있는 사회 복지 프로그램을 재구축하는 일을 포함해 수많은 정책적 결정을 해야 하는 처지에 놓여 있다.

반면 민간 부문에서는 이 시류를 타고 부富를 축적하거나 경제적 혁신을 추구할 수 있는 기회가 늘어날 것이며 그 가치는 그에 따르는 비용을 훨씬 능가할 것이다. 물론 이를 위해서는 모든 개인과 기업이 눈앞에 닥친 새로운 현실을 인정하고 받아들이는 일이 선행되어야 한다.

세상의 모든 사람은 슈퍼 에이지의 미래를 창조하는 데 있어 저마다의 몫을 담당하고 있다. 우리는 모두 늙을 것이고 가족 구성원이 늙어감에 따라 그들을 보살펴야 한다. 새로운 시대의 급격한 변혁에도 맞서야 한다. 반면에 이런 엄청난 변화는 우리가 세상을 새롭게 구축할 수 있는 기회가 되어줄 것이며 그에 따라 슈퍼 에이지는 어느 세대에게나 더욱 공정하고, 평등하고, 화합하는 시대가 될 수도 있다.

제1부

인구 고령화의 역사
: 슈퍼 에이지는 어떻게 시작되었나

제2부

인구통계학적 디스토피아

: 슈퍼 에이지가 불러올 최악의 시나리오는 무엇인가

제3부

새로운 인구통계학적 질서
: 슈퍼 에이지, 미래를 위한 생존 전략

SUPER AGE EFFECT

제1부

인구 고령화의 역사

: 슈퍼 에이지는 어떻게 시작되었나

제1장

한 번도 경험해보지 못한 세상, 슈퍼 에이지

변화는 불가피하다. 인류가 그 사실을 깨달은 것은 이미 오래전의 일이다. 하지만 변화는 평범한 목격자들에게 여전히 큰 충격을 안겨주고 있다. 그동안 변화를 적절히 포착하고, 이해하고, 받아들이고, 활용한 사람들(예를 들어 스티브 잡스, 제프 베이조스, 워런 버핏 같은 사람들)은 사회에서 가장 큰 승자가 됐다.

　때로 변화는 별다른 티를 내지 않고 서서히 찾아오기도 한다. 반면 코로나19 사태와 같이 요란한 난리법석 속에 갑자기 들이닥치는 파괴적 변화도 있다. 어떤 종류가 됐든 세상 모든 곳에서 매일 매순간 끊임없이 변화가 일어나는 것만은 분명하다. 당신이 어디를 바라봐야 하는지 정확히 알기만 한다면, 어떤 변화는 실시간으로 경험할 수도 있을 것이다.

지구상의 인구 측면에서 이루어지는 변화도 마찬가지다. 인류 역사에서 대부분의 시간 동안 세계인들의 평균 연령은 크게 바뀌지 않았다. 심지어 전쟁, 기근, 천재지변 등으로 점철됐던 어두운 시대나 반대로 인류가 눈부시게 진보했던 때에도 우리 사회의 구성원은 주로 젊은 사람들이었으며 노인 인구는 극소수였다. 그럴 수밖에 없었던 것이 사람들 대부분이 출산 중이나 영유아기 또는 청소년기에 사망했기 때문이다. 오직 운이 좋은 일부만이 영양실조, 자연재해와 인재人災, 갖가지 질병 등을 극복하고 성인이 될 수 있었고 그중에서도 노인 연령까지 도달한 사람은 더욱 적었다.

하지만 인류가 산업화와 과학적 진보를 향해 걸음을 재촉하면서 사회 구성원들의 평균 연령은 갈수록 증가했다. 산업화된 서구 세계에서는 적어도 200여 년 전부터 이런 변화가 서서히 시작됐다. 이와 같은 인구통계학적 변화는 지난 100년 동안 더욱 가속화됐는데, 특히 20세기 중반을 거치면서 걷잡을 수 없이 빨라졌다. 그로 인해 인간의 기대수명은 두 배 이상 늘었고 출생률은 급격히 하락했다. 일부 국가에서는 이런 변화의 추세가 더욱 가파르게 나타났다. 일본에서는 100년도 되지 않는 시간 동안 이런 일이 벌어졌으며, 중국의 일부 지역에서는 같은 현상이 발생하는 데 50년도 걸리지 않았다.

2020년대가 다 가기 전에 세계에서 가장 크고 발전된 나라든 가장 작고 개발이 덜 된 나라든 모든 곳에서 노령 인구가 급격히 증가하는 상황이 벌어질 것이다. 2030년이 되면 지구상에 존재하는 195개 나라 중 35개 국가에서는 전통적인 은퇴 연령인 65세 이상의 노인이 적어도 다섯 명 중 한 명을 차지하게 될 전망이다. 미국에서는 향후 2년 내에 65세 이상의 인구가 18세 이하의 인구와 같아지리라 예상된다. 그리고 2050년에는 전 세계의 인구 여섯 명 중 한 명이 65세 이상의 노인이 될 것이며 유럽과 북미 지역에서는 이 비율이 네 명 중 한 명으로 더욱 증가할 것이다. 그중에서도 가장 충격적인 대목은 80세 이상의 고령자들이 2019년의 1억 4,300만 명에서 2050년에는 4억 2,600만 명으로 세 배나 증가하면서 전 세계에서 가장 빠른 속도로 증가하는 인구통계학적 집단이 된다는 사실이다.[1]

인구 피라미드의 균형이 깨지다

인류 역사를 통틀어 거의 전 기간 동안 인구의 연령 분포를 나타내는 그래프는 맨 아래에 수많은 영유아가 자리 잡고 맨 꼭대기의 노인층 수는 극히 적은, 전형적인 피라미드 모양이었다. 고대부터 19세기 중반까지 인간의 평균 기대수명은 30세 전후였다. 하지만 이런 단순 통계만으로는 당대의 진짜 상황을 파악하기 어렵다. 과거에는 모든 사람이 높은 영유아 사망률, 열악한 공중 보건 및 위생 그리고 극도의 가난에 시달렸다. 절대 다수의 삶은 힘겨웠고 수명도 매우 짧았다. 그에 반해 부유한 집에서 태어난 특권층은 오늘날 우리가 노년층으로 구분하는 연령대에 도달할 확률이 훨씬 높았다. 이를 설명하는 데 가장 좋은 사례 중 하나는 세계에

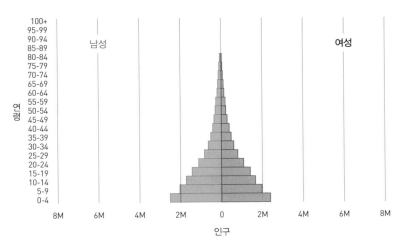

니제르 인구 피라미드(2022년)

*출처 : 미국 인구조사국US census.gov, 세계 데이터베이스.

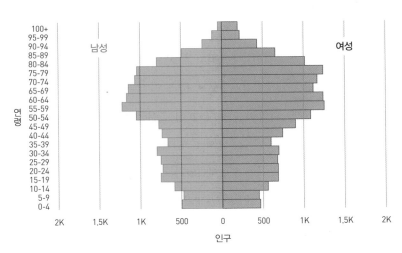

모나코 인구 피라미드(2022년)

*출처 : 미국 인구조사국, 세계 데이터베이스.

서 가장 젊은 국가로 꼽히는 니제르Niger (아프리카 중서부의 공화국—옮긴이)일 것이다. 이 나라는 인구의 절반이 14세 미만이다. 이에 반해 모나코의 인구는 53세가 넘는 사람이 인구의 절반을 넘는다.

인구통계학적 변화는 산업혁명과 같은 거대한 경제적·기술적 발전의 흐름을 타고 우리 앞에 들이닥쳤다. 세계 경제포럼의 창립자 겸 회장 클라우스 슈밥은 《제4차 산업혁명》에서 인류의 역사에는 2011년에 시작된 오늘날의 산업혁명을 포함해 네 차례의 산업혁명기가 존재했다고 말한다. 그가 언급한 산업혁명이란 "혁신적인 기술과 세계를 인식하는 새로운 방법론의 등장에 따라 경제 및 사회 구조가 근본적으로 바뀌는" 시기를 의미한다.[2] 증기기관의 등장, 과학의 발전과 대량생산의 시작, 디지털 혁명을 포함한 인류의 진보는 현대 사회에서 우리가 경험하고 있는 극적인 기술 및 사회적 변혁을 견인하는 역할을 했다.

원시 사회의 출생률과 사망률은 믿을 수 없을 만큼 높았다. 사람들 대부분은 유아기나 젊은 시절에 죽었기에 인구의 증가 속도는 매우 더뎠고 노인층의 숫자도 극히 적었다. 그러다 사회가 성숙해지고 발전하면서 생활수준이 향상되기 시작했다. 깨끗한 물과 안전한 음식, 쾌적한 주거시설과 위생적인 환경, 의학적 치료나 백신 같은 혜택이 일반화됨에 따라 어린 나이에 사망하는 사람도 크게 줄었다. 사회의 중심지가 들판에서 공장으로 이동하면서(즉 사회가 도시화되면서) 인류는 예전에 손으로 직접 해야 했던 일들을 기술에 맡길 수 있게 됐다.

이런 과정을 겪으며 사람들은 더 많은 아이를 낳았고 동시에 수명도 늘어났다. 그 결과 노인층을 포함한 전체 인구도 크게 증가했다. 선진국

2차 산업혁명기의 인구 피라미드

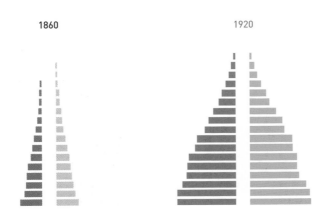

1860   1920

에서는 1차 산업혁명기(1760~1840년)가 끝날 무렵 이런 현상이 시작됐으며 2차 산업혁명기(1860~1920년)를 거치면서 더 빠른 속도로 지속됐다. 이 기간 동안 미국의 평균 기대수명은 14년이 늘었고 전체 인구는 세 배 이상 증가했다.

인류가 과학과 교육의 시대로 진입하면서 어린아이가 사망하지 않고 성인이 될 확률은 기하급수적으로 높아졌고 평균 출생률은 감소했다. 또 점점 낮은 출생률과 낮은 영유아 사망률의 사회로 변해갔다. 전체 인구의 사망률도 안정적으로 유지되었고 수명도 크게 늘었다. 이런 추세는 2차 산업혁명기를 시작으로 3차 산업혁명기(1960~2010년)를 거쳐 현재까지 지속되고 있다. 이는 20세기 들어 인류가 얻은 가장 큰 혜택이라고 할 만하다.

20세기 내내 전 세계인들의 기대수명은 거의 두 배로 증가했다. 부유

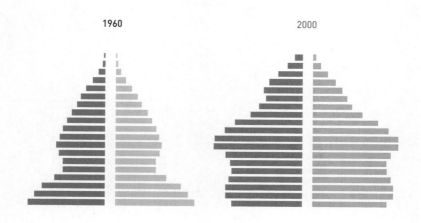

3차 산업혁명기의 인구 피라미드

1960

2000

한 나라의 국민들은 아이를 적게 낳기 시작했고, 은퇴 시기까지 생존하는 것은 소수의 선택된 부자들에게만 허락된 전유물에서 누구나 당연히 기대하는 삶의 한 과정이 됐다. 인구 피라미드는 양쪽 면의 기울기가 훨씬 완만해진 모습으로 변했다. 미국 은퇴자협회American Association of Retired Persons(이하 AARP)나 내가 즐겨 보던 TV 시트콤 〈골든 걸스〉The Golden Girls는 모두 이 시대의 산물이다. 한편, 삶의 스펙트럼 반대편에 위치한 10대와 청년들이 그들만의 독특한 욕구와 니즈를 바탕으로 독립적이며 존재감이 뚜렷한 그룹으로 등장하면서 모든 산업 분야에 속한 기업들이 이 새로운 집단을 목표 고객으로 삼게 됐다.

최근 몇 년간 고령화가 급격히 가속화됨에 따라 65세 이상의 인구가 전체의 20퍼센트를 이미 초과했거나 곧 넘어설 국가의 수도 점점 늘어나리라 예상된다. 이런 변화는 인류 역사상 최초로 노령 인구가 젊은이들

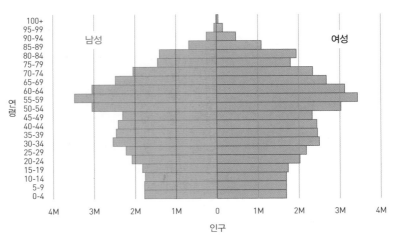

독일 인구 피라미드(2022년)

*출처 : 미국 인구조사국, 세계 데이터베이스.

의 수를 넘어서는 시대, 즉 슈퍼 에이지가 왔음을 알리는 신호탄이 될 것이다.

슈퍼 에이지란 무엇인가

슈퍼 에이지는 그동안 인류가 살아온 어느 시대와도 전혀 다르다. 몇 년 전만 해도 슈퍼 에이지의 정의定義에 부합하는 국가는 독일, 이탈리아, 일본뿐이었다. 하지만 2020년에 접어들면서 10여 개 국가가 이미 임계점을 넘었다. 2020년대가 다 가기 전에는 산업화된 선진국뿐 아니라 쿠바

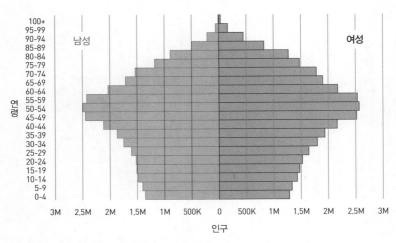

이탈리아 인구 피라미드(2022년)

남성　　　　　　　　　　　　　　　여성

연령

100+
95-99
90-94
85-89
80-84
75-79
70-74
65-69
60-64
55-59
50-54
45-49
40-44
35-39
30-34
25-29
20-24
15-19
10-14
5-9
0-4

3M　2.5M　2M　1.5M　1M　500K　0　500K　1M　1.5M　2M　2.5M　3M

인구

*출처 : 미국 인구조사국, 세계 데이터베이스.

나 조지아처럼 크기가 작고 상대적으로 가난한 나라들에서도 전통적인 은퇴 연령을 초과하는 인구의 비율이 증가하면서 슈퍼 에이지의 조건을 충족하게 될 것이다.

　슈퍼 에이지는 요란한 환영 행사 없이 우리 옆에 조용히 다가왔다. 2018년에 지구상에서 살아가는 사람 중 64세 이상 노년층 비율이 5세 미만 아이들의 비율을 사상 최초로 뛰어넘었지만, 언론 매체들은 이 사실을 거의 다루지 않았다. 인간의 평균수명이 획기적으로 증가하고 출생률이 급격히 감소하는 슈퍼 에이지 사회에서는 '은퇴 연령을 넘긴 노년층(통상 65세 또는 그 이상으로 정의)'의 비율이 전체 인구의 3분의 1에 달하게 될 것이다. 오늘날 일본이 이 기준에 거의 근접하는 상황으로 치닫고

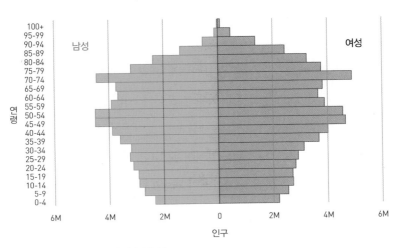

일본 인구 피라미드(2022년)

남성　　　　　　　　　　　여성

연령: 100+, 95-99, 90-94, 85-89, 80-84, 75-79, 70-74, 65-69, 60-64, 55-59, 50-54, 45-49, 40-44, 35-39, 30-34, 25-29, 20-24, 15-19, 10-14, 5-9, 0-4

6M　　4M　　2M　　0　　2M　　4M　　6M

인구

*출처 : 미국 인구조사국, 세계 데이터베이스.

있고 미국의 일부 농촌 지역에서도 이런 현상이 발생하고 있다.

　우리가 이런 인구통계학적 변화를 알면서도 아무런 조치를 취하지 않는다면 조만간 심각한 구조적 문제에 직면하게 될 가능성이 크다. 예를 들어 근로자의 은퇴 연령을 조정하지 않은 상태에서 기대수명이 지속적으로 증가할 경우, 연금과 의료 혜택을 수령하는 사람은 점점 늘어나는 반면, 일을 해서 소득세를 납부하는 사람은 갈수록 줄어든다. 그렇게 되면 가뜩이나 숫자가 적은 기존의 노동인구에게 더욱 높은 비율의 세금이 부과됨으로써 세대 간 갈등과 경제 침체의 가능성이 커질 수밖에 없다. 또 65세라는 근로수명에 계속 집착하는 사회는 필연적으로 노동력 부족 현상에 직면할 것이며, 이에 따라 임금 인플레이션이 초래되고 모든 물건의 가격이 오르면서 이미 은퇴했거나 적은 고정 소득에 의지해 살아가는 노인층의 삶은 더욱 힘겨워질 것이다.

한편으로 슈퍼 에이지는 제품 및 서비스 시장에 변화를 불러옴으로써 일부 기업에게 기회를 안겨주거나 반대로 문제를 야기할 수 있다. 노인 인구가 증가할수록 이들에게 특화된 제품이나 서비스를 판매하는 시장도 규모가 커지기 마련이다. 일부 제품군은 노인들이 젊은이들을 대신해 주력 고객층으로 떠오르는 일도 벌어질 것이다. 일본에서는 이미 아기용 기저귀보다 성인용 기저귀의 생산량이 더 많다. 소비자의 연령대가 갈수록 높아지는 시대 상황에 맞춰 비즈니스 모델을 바꿔야 하는 것은 모든 분야의 제품과 서비스를 판매하는 기업들이 직면한 공통적인 문제다. 이는 이미 기업이 제품을 판매하고 소비자들과 소통하는 방식에 도전과제가 되고 있다. 중장년 및 노년층을 포함한 다양한 연령의 고객들을 끌어올 방법을 고려해야 하기 때문이다. 과거에는 한 번도 겪어보지 않은 상황에 놓인 것이다.

예를 들어 미국에서는 새로운 자동차를 구입하는 고객 중 3분의 2가 50세 이상이며 애플워치Apple Watch의 사용자 평균 연령은 현재 42세에서 매년 증가하는 추세다. 또 중장년 및 노년층은 도시권의 호화 아파트 시장의 성장과 가격 상승을 부추기기도 한다. 활동적이고 부유한 노인들은 판매자들 입장에서 새롭게 등장한 밀레니얼 세대 고객인 셈이다. 그 말은 기업들이 지난 100년간 줄곧 목표 고객으로 삼았던 젊은이들이라는 인구통계학적 집단 위주의 전략에서 서서히 벗어나기 시작해야 한다는 뜻이다. 앞으로 닥쳐올 시대에 살아남기 위해서는 노인층을 포함해 다양한 세대를 겨냥한 제품과 서비스를 개발할 수밖에 없기 때문이다.

슈퍼 에이지 사회에서는 평생학습을 포함해 대학 교육이나 기타 훈련 프로그램에 노인들의 참가를 독려하는 새로운 교육 방식이 권장될 것이다. 배움이란 삶의 초기뿐만 아니라 전 기간에 걸쳐 이루어져야 한다. 그런 의미에서 노년층을 위한 교육에는 정식 학위 과정과 실용적인 기술 훈련을 모두 포함시킬 필요가 있다. 처음에는 이 프로그램들이 주로 형편이 넉넉한 사람들을 대상으로 보급되겠지만, 시간이 지나면서 삶의 마지막 순간까지 생산적인 삶을 살기 위해 경제 시스템에 활발하게 참여하기 원하는 모든 개인에게 필수적인 학습 과정으로 자리 잡을 것이다.

인류가 슈퍼 에이지에 의미 있는 방식으로 대응하지 못한다면 우리의 가족, 기업, 국가 그리고 경제 시스템에는 엄청난 피해가 닥칠지도 모른다. 반면 우리가 이에 능동적으로 대처함으로써 다가오는 변화에 정면으로 맞선다면 다가올 시대는 모든 사람에게 긍정적이고 생산적인 삶을 선사하는 위대한 기회가 될 것이다. 우리가 슈퍼 에이지로 순조롭게 이행하기 위해 개인, 조직, 국가 차원에서 할 수 있는 일은 적지 않다.

그런 의미에서 코로나19 사태는 슈퍼 에이지를 부실하게 준비한 사회에 어떤 일이 생길지 잘 보여주는 사례라고 할 수 있다. 이 사태가 발생한 초기에는 코로나19가 주로 노인들에게 피해를 입힌다는 사실에만 지나치게 많은 관심이 쏠렸다. 전체 사망자의 80퍼센트가 65세 이상의 연령층에서 발생했고 40퍼센트는 양로원에서 살거나 그곳에서 일하는 사람들이었기 때문이다. 결과적으로 에이지즘ageism(연령을 이유로 개인을 차별하거나 소외시키는 이념 및 행위―옮긴이)과 사회에서 가장 나이가 많은 구성원들(즉 가장 큰 위험에 노출된 집단)을 소홀히 대하는 사회적 풍조로 인해 모두 단합해서 사태에 대응하는 것이 지체돼 버렸다. 인류가 신속한 대응 시기를 놓침으로써 바이러스가 존속하고, 확산되고, 변이를 일으키기에 더없이 적합한 환경이 만들어졌으며 그로 인해 전 세계적으로 수백만 명이 안타까운 죽음을 맞이했고 경제 성장에도 급제동이 걸리면서 사상 유래 없는 경기 침체가 닥친 것이다.

또 이 팬데믹 사태는 역사적으로 소외 계층에 속했던 사람들의 수명에 부정적인 영향을 끼침으로써 사회적 불평등을 새롭게 조명하는 계기가 되기도 했다. 미국 내에서 가장 평균수명이 긴 그룹과 가장 짧은 그룹 사이에는 극단적인 경우 한 세대, 심지어 두 세대(약 40년 정도)의 차이가 나기도 한다. 평균수명이 짧은 소외 계층은 생활비를 벌고, 저축을 하고, 자녀에게 재산을 물려줄 시간적 여유가 없다. 그로 인해 오늘날 우리가 직면하고 있는 사회적·경제적 불평등이라는 이름의 간극은 날이 갈수록 확대되고 있는 실정이다. 안타까운 점은 이런 소외 계층에 속한 사람들이 부유층에 비해 각종 질병에 더 일찍 노출되는 경향이 있으며 코로나19에 감염되어 사망할 확률도 훨씬 높다는 것이다.

우리 사회는 모든 구성원의 연령과 능력을 고려해서 주택과 공동체를 건설하는 포용적인 정책을 펼쳐야 한다. 현존하는 공동체의 대부분은 사람들이 지금보다 훨씬 젊었던 20세기 초반에서 중반에 걸쳐 수립되었다. 세계에서 가장 큰 도시들을 포함해 우리 주위의 모든 곳은 젊고 건강한 사람에게는 아무런 문제가 되지 않는 갖가지 장애물로 가득하다. 대중교통 시스템의 입구를 포함한 온갖 장소에는 노인들이 오르내리기 힘든 계단이 버티고 있으며 거리의 조명은 부실하기 이를 데 없다. 공공장소에는 나이에 관계없이 모든 사람에게 가장 중요한 시설인 휴식 공간과 화장실이 절대적으로 부족하다.

새로운 건물을 신축하거나 기존의 시설을 개축하는 프로젝트는 연령별 사용자의 편의를 고려해서 진행해야 한다. 그리고 이를 위해서는 노인과 젊은이를 포함한 다양한 세대의 의견을 설계 과정에 적극 수렴하는 절차가 선행되어야 한다. 공공 및 민간 기반시설 프로젝트의 설계자는 모든 사람의 접근성과 편의성을 보장하는 최선의 방식을 도입해야 할 것이다. 공동체들은 미국 장애인법Americans with Disabilities Act 같은 훌륭한 법률의 근본이념에 입각해 기존에 구축된 환경에서 노인들에 대한 장벽을 최소한으로 줄이는 데 힘을 모아야 한다. 또한 정부는 시민들을 대상으로 세금 혜택을 제공하거나 공공 캠페인을 진행해서 주택을 설계할 때 노인들의 안전을 우선적으로 고려하라고 독려할 필요가 있다. 특히 화장실처럼 낙상落傷 사고가 발생했을 때 큰 부상이나 입원 같은 심각한 피해로 이어지기 쉬운 장소에는 각별한 주의를 기울여야 할 것이다.

공동체의 모든 구성원도 전통적인 삶의 과정에 비추어 볼 때 예전보다 더욱 긴 시간을 살아가는 일이 무엇을 의미하는지 신중하게 생각할 필요가 있다. 슈퍼 에이지라는 이름의 새로운 시대는 우리에게 고령층 시민들의 니즈와 욕구를 어떻게 충족할 것인가에 대한 숙제를 안겨준다. 또한 늘어난 평균수명이 젊은 세대의 앞에 놓인 삶의 결정에 어떤 영향을 미치게 될지에 대해서도 다시금 돌아보게 한다.

앞으로 더욱 많은 사람이 자동차나 집을 구매하는 시점을 연기하게 될 것이며, 이로 인해 시장에는 극적인 변화가 닥칠 것이다. 결혼을 하거나 아이를 갖는 일을 뒤로 미루는 사람 역시 갈수록 늘어날 것이다. 일부는 그런 과정 자체를 거부하게 될지도 모른다. 수많은 사람이 여러 개의 직업과 경력을 가지게 될 것이고 이전 세대에 비해 훨씬 오랜 시간 동안 일에서 손을 놓지 못할 것이다. 게다가 우리 모두는 언젠가 누군가를 돌봐야 하는 상황에 놓일 수밖에 없다. 심지어 어떤 사람들은 본인의 죽음이나 장례식 방법을 직접 선택해야 할 수도 있다.

이 모든 변화는 슈퍼 에이지가 불러올 도전에 정면으로 맞서 싸우고자 하는 개인과 집단에게 믿을 수 없을 만큼 커다란 기회가 될 수 있다. 하지만 우리가 이 거대한 인구통계학적 전환기의 문제를 해결하기 위해서는 먼저 이 변화를 인정하고 세심하게 관찰하는 일이 선행되어야 한다.

슈퍼 에이지는 이미 시작되었다

내가 슈퍼 에이지의 조짐을 처음으로 감지한 것은 25년 전 재학 중이던 아메리칸 대학교American University의 소재지 워싱턴 D.C.에서 고향인 피츠버그로 향하던 길 위에서였다. 나는 고속도로 70번I-70을 벗어나 두 도시 사이 중간쯤에 해당하는 펜실베이니아 주 브리즈우드라는 마을에 들렀다. 이곳에서 잠시 휴식을 취한 뒤 다시 고속도로를 탈 생각이었다.

그곳에서 내가 목격한 워싱턴 D.C.와 브리즈우드의 인구통계학적 차이는 너무도 극명했다. 워싱턴은 전국 각지에서 몰려든 사람들로 붐비는 젊고, 활기차고, 풍족한 도시였다. 하지만 브리즈우드는 오직 현지에서 나고 자란 토박이만이 살아가는 늙고, 우울하고, 가난한 마을이었다. 이곳에서는 나이 든 남성이나 여성(일부는 70대나 80대 노인)이 패스트푸드 식당에서 일하거나 화장실 청소를 하는 모습이 예사로 눈에 띄었다. 다른 지역이었다면 이런 일은 거의 10대 아이들의 몫이었을 것이다.

은퇴 연령을 훨씬 넘긴 노인들이 그토록 힘든 일에 종사하는 모습은 내게 적지 않은 충격을 주었다. 그때 나는 스스로 이렇게 질문한 것으로 기억한다. '왜 이분들은 일에서 손을 떼고 삶의 마지막 나날을 즐기지 못할까?' 당시 80대였던 내 조부모님은 이미 30여 년 전에 업무 현장을 떠나 편안한 은퇴 후 삶을 보내고 있었다. 그렇다고 두 분이 남들에 비해 대단한 특혜를 누리며 살았던 것은 아니다. 오히려 중산층에서도 아래쪽에 가까웠다. 할머니는 공립 특수학교에서 교사로 일했고 할아버지는 엘리베이터 설치 기사였다. 그분들이 나름 안락한 여생을 누릴 수 있었던 것은 오랜 시간 동안 성실하게 일하고 검소하게 생활했으며 탄탄한 공공 및 민간 연금을 준비한 덕분이라고 생각된다.

내가 대학을 졸업할 무렵, 조부모님은 펜실베이니아 주 오크몬트에 소재한 '지속 돌봄 은퇴자 공동체'continuing care retirement community, CCRC 에 입주했다. 두 분은 몸이 조금씩 쇠약해지기 시작했지만 흔쾌히 이곳으로 거처를 옮기는 길을 택했다. CCRC는 최소 연령(55세) 이상의 조건을 충족하는 은퇴자들에게 다양한 수준의 생활 및 돌봄 서비스를 제공하기 위해 구축된 공동체다. 그곳에서 살던 사람들은 독립형 거주자, 지원형 거주자, 요양 서비스 수급자 등으로 구성되어 있었다. 내가 목격한 이 공동체의 거주자들은 평균보다 부유했을 뿐만 아니라 연령층도 다양했다. 상대적으로 젊은 축에 드는 60대 주민이 90세나 100세에 달하는 이웃들과 함께 어울리는 일도 드물지 않았다.

당시 나는 눈앞에 펼쳐진 인구통계학적 변화가 이미 우리에게 엄청난 기세로 밀려들고 있으며 내가 살아가는 동안 지구상의 모든 경제 시스템에 큰 충격을 가할 거라는 사실을 깨달았다. 그때부터 나는 인구 고령화라는 현상이 인류의 사회적·경제적 규범에 미칠 영향을 이해하는 일에 모든 경력을 바치기로 마음먹었다. 그중에서도 내가 노력을 집중한 분야는 공공 및 민간 부문에서 최선의 정책과 관행을 개발해서 모두의 앞에 제시된 이 중차대한 질문에 답변하는 것이었다. "우리 개개인은 늘어난 삶의 시간 동안 무엇을 할 것인가? 또 사회는 노인들을 위해 무엇을 해주어야 할 것인가?" 요컨대 노인들에게는 편안히 휴식을 누려야 할 삶의 후반기에 햄버거 가게에서 손님의 시중을 들거나 휴게소의 화장실을 청소하는 것보다는 더 나은 일이 주어져야 한다.

나는 지난 20년이 넘도록 전 세계를 돌아다니며 슈퍼 에이지 현상을 관찰하고 보고했다. 그리고 인류가 이 새로운 시대를 이해하고 받아들여야 할 당위성을 부르짖었다. 또한 여러 국가의 정부뿐만이 아니라 아시아개발은행Asian Development Bank, 경제협력개발기구Organization for Economic Cooperation and Development, OECD(이하 OECD), 세계 경제포럼 등 주요 국제기구들과 밀접하게 협력해 갈수록 고령화되어 가는 이 세계를 위해 최선의 정책을 개발하는 데 참여했다. 근로자들의 은퇴 시기를 늘려야 한다는 내 주장은 티센크루프Thyssenkrupp(독일 소재 유럽 최대의 철강기업) 같은 대

기업 경영진의 정책적 행보에 영향을 주었고, 슈퍼 에이지가 가져다줄 기회를 활용하는 방안에 관한 내 연구는 IBM을 포함한 주요 기업들이 고객의 인구통계학적 특성에 대한 새로운 관점을 바탕으로 제품 및 서비스를 제공하는 방식을 재고하는 데 일조하기도 했다.

나는 이런 과정을 거치며 현대인들이 나이가 들면서 겪는 상황 자체는 아직 고대 시기와 별반 차이가 없다는 사실을 깨달았다. 즉 수많은 도전과 문제로 가득한 노년기를 편안하고 성공적으로 살아가는 사람은 여전히 선택된 소수에 불과하다는 것이다. 그때와 다른 점은 오늘날 더 많은 사람이 과거에 비해 오랜 삶을 누리고 건강하게 살 수 있게 됐으며 우리 사회가 그 어느 때보다 이들을 필요로 한다는 점이다. 어떤 전문가들은 인류의 수명이 늘어났다는 말을 사람의 중년기가 확장되고 있다는 의미로 해석한다. 반면 일부 연구자는 지난 세기에 '틴에이저'나 은퇴자들이라는 새로운 인구통계학적 집단이 출현해 확고한 사회적 세력으로 자리 잡은 것처럼 인간의 수명이 증가하면서 기존과는 전혀 다른 새로운 삶의 단계가 등장하고 있다고 주장한다. 전문가들의 의견이 보편적으로 일치하는 대목은 수명의 증가란 생애 막바지의 쇠퇴기가 연장되는 것이 아니라, 인간이 더욱 건강하고 생산적으로 보낼 수 있는 중년기가 늘어나는 현상이라는 것이다.

우리가 이런 수명의 증가 현상에 어떤 이름을 붙이든 인간이 더 오랜 삶을 누린다는 말은 배우고, 일해서 돈을 벌고, 소비하고, 사회에 공헌하고, 남을 위해 봉사와 돌봄을 제공하고, 친구나 가족과 시간을 보내고, 삶을 즐길 수 있는 시간이 역사상 그 어느 때보다 많아졌다는 뜻이다. 또 그 말은 우리가 슈퍼 에이지라는 새로운 현실에 맞서 개인적 삶과 조직의 방향을 조절하고 사회의 질서를 재편해야 한다는 의미이기도 하다.

먼 곳에서 찾을 것도 없이 현재 미국 대통령으로 재임 중인 조 바이든Joe Biden만 봐도 그 말이 무엇을 뜻하는지 알 수 있다. 그는 78세에 미국 역사상 최고령 대통령 당선인이 됐다. 신체적 건강 상태가 뛰어나다고 알려진 바이든 대통령은 일주일에 5일 동안 윗몸 일으키기(46대 대통령이라 매일 46개)를 포함해 정해진 루틴에 따라 운동을 한다. 그리고 첨단 와이파이 장비가 장착된 펠로톤Peloton 실내자전거를 주기적으로 타고 실시간 스트리밍으로 자전거 운동 강좌를 시청하면서 땀을 흘린다.

새로운 현실은 이미 우리 주변 곳곳에서 모습을 드러내고 있다. 예를 들어 거리에서 어린아이를 데리고 있는 커플을 발견하고 이렇게 궁금해한 적이 누구나 한 번쯤 있을 것이다. '저 사람들은 대체 엄마 아빠야, 아니면 할머니 할아버지야?' 나 역시 그런 경험이 적지 않다. 내 주위의 나이 지긋한 친구들은 자기 아이들을 데리고 다니다 그런 질문을 받고 종종 속상해 한다.

요즘 도시의 놀이터나 공원을 방문해 본 사람이라면 과거에는 주로 젊은이였던 아이 부모들이 최근에는 40대, 50대, 심지어 60대로 바뀐 모습을 목격했을 것이다. 육아는 더 이상 젊은이들의 전유물이 아니다. 데이터를 들여다보면 우리의 관찰이 잘못되지 않았다는 사실을 확인할 수 있다. 선진국의 출생률이 갈수록 감소하는 추세임에도 40세에서 49세 사이의 미국 여성들이 임신하는 비율은 오히려 늘었다. 내가 2019년 NBC 방송국의 〈투데이〉Today 쇼에 출연해서 이런 이야기를 했을 때, 이 프로그램의 여성 프로듀서는 자신도 50대의 나이 든 아이엄마 중 한 명이라고 털어놓았다.

슈퍼 에이지 현상은 놀이터뿐만이 아니라 일터에서도 관찰된다. 최근 애플스토어에 들렀을 때 나를 응대한 매장 직원은 70대 노인이었다. 그는 내가 만나본 사람 중 가장 품위 있고 지식이 풍부한 전문가였다. 내가 그에게 왜 통상적인 은퇴 연령이 훨씬 지난 시기까지 일하고 있는지 묻자 그가 들려준 대답은 간단했지만 놀라웠다. 얼마 전 자신의 아버지가 알츠하이머를 앓다가 106세의 나이로 세상을 떠났는데 아버지가 그토록 장수했다는 사실과 자신의 건강 상태를 감안하면 본인이 앞으로 10년에서 20년은 거뜬히 일할 수 있고, 그러려면 수입도 필요하다는 것이었다. 더불어 그는 내게 이런 매장에서 다양한 세대로 이루어진 젊은이들과 동료애를 나누며 일하는 것이 매우 즐겁다고 소곤거리듯 귀띔했다.

슈퍼 에이지는 이미 은퇴했거나 은퇴를 앞둔 개인들에게 현실로 자리 잡기 시작했다. 나는 이 책을 쓰기 위해 기차로 미국 각지를 여행하며 다양한 경제적 배경을 지닌 수많은 남성과 여성을 인터뷰했다. 그들 모두는 은퇴 이후에도 정규직이나 시간제 일자리를 얻을 기회가 있을지 걱정스러워했다. 초등학교에서 행정보조직으로 일하다 60세의 나이로 은퇴한 어느 여성은 자신이 일을 너무 일찍 그만둔 것 같다고 후회했다. 은퇴한 지 1년도 되지 않았다는 그녀는 곧 업무 현장으로 돌아갈 계획이었다.

그런 의미에서 오늘날 베이비부머baby boomer(미국에서 제2차 세계대전이 끝난 1946년부터 1964년 사이의 베이비붐 시대에 태어난 사람들—옮긴이) 세대가 건강 악화나 죽음에 대해 어떤 우려를 하고 있을지 상상해 보라. 물론 그런 문제들이 아주 새롭거나 입에 올리기에 즐거운 주제는 아니지만, 이전 세대의 사람들은 이에 대해 비교적 조용히 그리고 짧게 언급하고 넘어가는 편이었다. 그러나 수많은 사람이 만성적인 질환을 안고 예전보다 훨씬 오랜 시간을 살아가는 현대 사회에서는 소셜 미디어 같은 매체들의 발전 덕분에 우리 자신의 이야기를 남들과 공유하거나 장수하는 전략을 세계 각지의 사람들과 나눌 수 있게 됐다.

이 사회에서 더 오랜 시간 생존한다는 것이 무엇을 의미하는지 그 현실을 더 많은 사람이 깨닫게 될수록 수많은 개인 및 기업이 노화나 이에 관련된 질병들의 문제를 '해결'하는 방법, 예를 들어 인간 세포의 수명을 연장시키고, 텔로미어telomere(선형 염색체의 말단에 존재하는 복합 구조체. 이 소체의 길이가 짧아지면 세포의 노화와 암의 진행이 가속화된다고 알려져 있다―옮긴이)의 길이를 늘이고, 노쇠한 신체의 일부나 장기를 통째로 교체하는 등의 방법을 찾아내기 위해 힘쓰게 될 것이다.

슈퍼 에이지가 도래하면 우리는 변화할 수밖에 없다. 경제가 작동하는 방식은 근본적으로 달라질 것이다. 문화적으로는 노인층과 청년층 사이에 새로운 갈등이 커짐으로써 우리의 정치, 기술 그리고 생활 방식에 막대한 영향을 미칠 것이다. 또 급속도로 와해되어 가는 농촌 공동체의 수많은 노인이 현대식 생활 환경에 적응하지 못하고 소외되는 상황도 우리가 해결해야 할 숙제 중 하나다. 하지만 노인 그룹의 성장은 한편으로 기업들에게 커다란 기회가 될 수도 있다. 그들이 이 기회를 포착하기 위해서는 새롭고 자율적인 소비자들의 욕구를 적절히 충족함과 동시에 제품을 디자인하고, 마케팅하고, 인적자원을 활용하는 과정에서 고령층 근로자들의 전문성을 십분 활용해야 할 것이다.

국가는 인구 고령화의 속도 자체를 늦추는 데 있어서는 할 수 있는 일이 별로 없지만, 갈수록 수명이 늘어나는 국민들의 노년기가 어떤 모습으로 펼쳐질지에 대해서는 큰 영향을 미칠 수 있다. 우리는 각국의 상황과 결과들을 살펴봄으로써 슈퍼 에이지라는 미래를 위해 오늘날 어떤 선택을 할 수 있는지 이해할 수 있다.

많은 면에서 슈퍼 에이지의 앞날은 대단히 밝고 훌륭하다. 무엇보다 이 시대가 새로운 현실 앞에서 사회를 재편하고 재조정할 수 있는 기회와 이를 통해 더욱 공평하고 지속 가능한 세계를 창조할 수 있는 가능성을 제공하기 때문이다. 그러나 슈퍼 에이지의 잠재력을 극대화하기 위해서는 늘어나는 수명에 대한 사회적 인식을 제고하고, 인적 자원 개발에 대한 투자를 삶의 초기뿐 아니라 전 기간에 분산시키며, 노년층을 사회 및 경제 구조의 모든 부분에 핵심적인 일원으로 참여시키는 풍토를 구축해야 한다. 만일 젊은이들의 사회적·경제적 잠재력이 사람들에게 무시당함으로써 그들이 주변인으로 밀려난다면 우리 사회가 어떻게 될지 상상해보라. 대부분의 국가에서는 아예 경제 자체가 붕괴되는 상황이 벌어질지도 모른다. 그렇다면 오늘날 가장 빠르게 성장하는 인구 집단인 노년층은 왜 그런 취급을 당하고 있는가? 그들의 엄청난 잠재력은 산업에 변혁을 불러오고, 경제를 활성화시키고, 우리가 꿈꿔왔던 방식으로 사회를 재창조하는 데 일익을 담당할 것이다.

나는 인구 미래학자가 되는 데 점쟁이들의 수정유리 따위는 필요치 않다고 주변 사람들에게 종종 말하곤 한다. 그러나 현재나 미래에 대한 영감을 얻기 위해서는 때로 기꺼이 과거를 들여다보는 자세가 필요하다. 즉 열린 마음과 열정을 바탕으로 과거의 패턴을 탐구하고 데이터를 분석하여 이를 바탕으로 과감히 미래를 예측해야 한다. 이 책을 저술한 것도 그런 시도의 일환이었다. 책에서는 과거의 사회가 노인들에게 어떤 태도를 취했는지 되돌아볼 뿐만 아니라, 젊음과 영생(적어도 장수)에 대한 인간의 끝없는 집착에 대해서도 언급한다. 또한 나는 이 주제를 두고 현재까지 이루어진 과학적·사회적 주요 업적을 논의하고 인류가 연령, 종족, 지리적 위치 같은 제도적이고 전면적인 문제 앞에서 아무런 조치를 취하지 않는다면 미래에 어떤 일이 생길지 예측할 것이다. 그리고 내가 생각하는 미래에 대한 비전으로 책을 마무리하려 한다. 이 새로운 시대가 제공하는 기회를 포착하기 위해서 단기적·중기적·장기적으로 어떤 움직임이 필요할지 밝힐 것이다.

인간은 어떻게
장수하게 되었나

인구통계학적 구조가 급변하는 현상은 항상 새로운 사회적·경제적 갈등과 변화를 불러온다. 슈퍼 에이지의 여명기라고 할 수 있는 오늘날 새롭게 등장하고 있는 중장년 및 노년 그룹은 예전처럼 조용히 노년기로 진입하려 하지 않는다. 요즘에는 삶의 후반기에 사업에 뛰어들어 큰 성공을 거두고 있는 사람도 적지 않다. 노스웨스턴 대학교 산하의 켈로그 경영대학원Kellogg School of Management이 2018년 수행한 연구에 따르면, 최근 급속도로 성장하는 신생 기술 기업들의 설립자 평균 연령은 45세라고 한다.[1] 올해 71세인 내 아버지를 포함한 다른 노인들 중에도 은퇴 연령을 훨씬 지난 시기까지 사업체를 운영하거나 확장하는 일에 열심인 사람이 많다. 하지만 노인들의 사회적·경제적·정치적 영향력이 이렇듯 강화되는 추세임에도, 그들은 여전히 에이지즘이라는 구태의연한 사고방식과 편견의 희생물이 되고 있다.

중요한 것은 우리가 인간이라는 존재의 근본적인 조건을 이해해야 한다는 사실이다. 세상에 태어난 사람은 누구나 늙고 몇 살이 됐든 결국은 죽는다. 물론 과거에도 사람이 노년기까지 생존하는 일이 없었던 것은 아니다. 그러나 인간 역사의 대부분에서 장수란 오직 선택된 소수에게 허락됐을 뿐, 절대 다수의 대중에게는 획득하기 어려운 능력이었다. 하지만 오늘날에는 상황이 크게 바뀌어 수많은 사람(사실상 인구의 대다수)이 역사적으로 '노년기'라고 정의된 연령대에 도달하고 있다. 1946년부터 1964년 사이에 미국에서는 7,800만 명의 베이비부머가 태어났다. 현재 시점으로 58세에서 76세에 해당하는 이 인구의 대부분은 성인기에 진입했으며 그들의 숫자는 7,100만 명에 달한다. 미국 인구조사국에 따르면 전체 베이비부머 중 3분의 1이 훨씬 넘는 3,000만 명이 2050년까지 생존할 거라고 한다.

게다가 요즘에는 갈수록 많은 성인이 아이를 적게 낳거나 아예 낳지 않는 삶을 택하고 있다. 이것 역시 이전 세대와 극명한 차이를 보이는 현상 중의 하나다. 현대 사회에서는 종족을 보존해야 한다는 생물학적 중요성이나 여성이 많은 자녀를 낳아서 대가족을 이루기를 기대하는 풍조도 거의 사라졌다. 말하자면 더 많은 아이가 출생할 수 있는 사회적·경제적 조건이 더 이상 존재하지 않는 세상이 된 것이다.

늘어난 수명과 하락하는 출생률로 특징지어지는 이런 변화는 인구통계학적 질서의 근본적인 재편을 가져올 뿐만 아니라, 지난 수천 년간 젊은이들의 세상이었던 이 세계의 모습을 완전히 바꾸고 있다. 물론 인간의 독창적인 능력을 바탕으로 지난 200년간 꾸준히 진행된 과학적 진보가 아니었다면 이런 변화는 절대 불가능했을 것이다.

내 할아버지 토마스 역시 장수라는 인류적 진보 덕분에 톡톡히 혜택을 입은 지극히 평범한 사람 중 하나였다. 할아버지는 1914년 펜실베이니아 서부의 탄광 지대에서 몹시 가난한 집안의 여덟 남매 중 맏이로 태어났다. 할아버지의 집은 말 그대로 찢어지게 가난했다. 그는 경제 대공황이 닥치기 1년쯤 전인 14세가 되던 해에 온 가족을 부양하기 위해 아버지(나에겐 증조 할아버지)를 따라 탄광에서 일하기 시작했다. 그러다 보니 중학교 과정 이상의 교육을 받지도 못했다.

할아버지가 태어날 무렵에는 전체 신생아 중 3분의 1이 첫 번째 생일을 넘기지 못하고 죽었다. 특히 할아버지처럼 가난한 집안에서 태어난 아이들은 사망률이 더 높았다. 경제적으로 하층 계급의 자녀들은 항상 영양실조나 질병의 위험에 노출되어 있었다. 요즘도 상황이 비슷하기는 하지만, 그때는 이런 어려움에 처한 아동의 숫자가 훨씬 많았다. 아이들은 몸이 아파도 의료 혜택을 제대로 받을 수 없었다.

당시의 아이들은 결핵tuberculosis, 소아마비polio, 스페인 독감spanish flu처럼 치명적이거나 몸과 마음을 쇠약하게 하는 각종 질병에 걸리기 일쑤였다. 게다가 어렸을 때부터 탄광에서 일했던 내 할아버지는 광부들에게 흔히 발병하는 '진폐증'pneumoconiosis(흔히 탄진폐증black lung이라고도 한다)에 시달렸다. 하지만 할아버지의 일생 동안 미국의 유아 사망률은 90퍼센트 넘게 감소했다. 이런 과학적 진보는 그가 90세 넘게 살 수 있는 길을 열어주었다. 할아버지는 2005년에 91세 생일을 2주 앞두고 세상을 떠났다.

그러나 연구자들이 영유아 사망률 문제를 해결해서 더 많은 사람이 더욱 오래 살아가도록 하는 일에만 몰두한 사이, 노인들을 겨냥한 사회적·경제적 불평등, 즉 통칭해서 '에이지즘'이라고 불리는 문제는 철저히 무시됐다. 해마다 평균 연령이 높아지는 현대인들은 무려 2,000년 전에 형성된 노인들에 대한 고정관념에 매달리면서 사회 및 경제 전반에 막대한 손실을 초래하고 있다. 요즘의 노인들은 이전 세대에 비해 더 오래 살 뿐만 아니라 신체적으로 활발하고 정신적으로도 강인하다. 다만 그런 사실이 흰 머리카락, 주름살, 생년월일 등에 가려 눈에 띄지 않는다는 게 문제다.

따라서 우리가 어떤 역사적 과정을 거쳐 지금의 상황에 도달했는지 이해하지 못한다면 새로운 인구통계학적 현실은 별로 의미가 없을 것이다. 다시 말해 인류가 앞으로 어디로 향하게 될지 내다보기 위해서는 우리가 어떤 길을 걸어왔는지 먼저 이해하는 노력이 필요하다. 우리 사회는 현재와 미래에 닥쳐올 도전과 기회를 맞아 끊임없이 사고방식과 태도를 재조정해야 한다. 인류가 긴 삶의 시간을 추가로 얻어낸다고 해도, 그 시간이 제대로 사용되지 못한다면 아무 소용이 없을 것이기 때문이다.

누구나 늙는다

내 할아버지가 태어난 1914년 미국인들의 평균 기대수명은 52세였다.[2]

물론 할아버지처럼 가난한 집안에서 나고 자란 사람들은 이보다 수명이 훨씬 짧았을 것이다. 그런 악조건 속에서 평균수명보다 거의 40년을 더 생존한 할아버지는 아주 예외적이라고 할 수 있다. 그렇다고 노인이라는 사람들이 전혀 새로운 형태의 인구 집단은 아니다. 노년기라는 삶의 단계는 인류의 역사가 시작될 때부터 존재했다.

오늘날의 노인에 해당하는 사람들은 아주 태곳적에도 세상에 살았다. 고대로 들어서면서 어린아이가 삶의 초기를 잘 버텨내면 60세에 도달할 확률이 상대적으로 높아졌다. 고대 로마에서는 전체 인구의 6퍼센트에서 8퍼센트 정도가 60세 이상의 노인이었을 것으로 추정된다.[3] 하지만 현대인들은 이보다 오랜 시간을 살아가는 것이 일반적이며 일부 운 좋은 사람은 100세를 넘겨 생존하기도 한다. 고전 문헌에서는 '완연한 노년기'에 도달한 사람들의 이야기가 심심치 않게 등장한다.

'늙은'old이라는 단어도 최근에 만들어진 것이 아니라 서양 언어학 역사의 초기부터 존재한 말이다. 영국의 레딩 대학교University of Reading 연구진에 따르면 영어라는 언어에 있어 가장 오래된 어휘(1만 5,000년 이상으로 추정) 중 하나인 이 단어는 고대 유럽인들이 서로를 구분하기 위한 목적으로 사용했다고 한다.[4]

요즘에도 그렇지만 과거에는 돈이 많고 사회적 위치가 높은 특권층만이 노년기에 진입하는 일이 가능했다. 그런 사람들은 경제적으로 넉넉했을 뿐 아니라 개인적인 일이나 사회 활동에 평생 열정적으로 참여했다. 로마의 초대 황제 아우구스투스는 75세까지 살았고 미켈란젤로는 88세까지 장수했다. 미국의 벤저민 프랭클린도 84세까지 수명을 누렸다.

오늘날에도 사람들이 장수를 꿈꾸고 노년에도 성공적인 삶을 살기 원하는 것은 옛날과 다를 바가 없는 듯하다. 현대의 유명한 기업가, 배우, 작가 중에는 기존의 고정관념을 깨뜨리고 전통적인 은퇴 연령이 훨씬 지난 시기까지 왕성한 활동을 보이는 사람이 많다. '오마하의 현인'으로 불리는 기업가 겸 투자자 워런 버핏은 올해 92세다. 팬들에게 'TV의 디바' Grand Dame of TV로 칭송받았던 배우 베티 화이트Betty White는 99세의 나이에도 불구하고 왕성히 활동했다(화이트는 2021년 12월에 사망했다—옮긴이). 또 퓰리처상을 받은 작가 허먼 오크Herman Wouk는 2019년 103세의 나이로 세상을 떠났는데, 그가 마지막 책 《뱃사람과 바이올린 연주자》Sailor and Fiddler를 펴낸 것은 100세가 되던 해였다. 미국 하원과 상원의 최고령 멤버는 88세이며 양대 의회에 속한 의원들의 평균 연령은 각각 58세와 63세다. 하지만 이들은 생애 마지막 날까지 사회에 참여하는 길을 택한 수많은 사람 중 일부일 뿐이다.

인간 사회에서 '젊음'과 '늙음'을 구분하는 연령적 기준은 역사적으로 65세에서 위아래로 5년 정도를 오르내렸다. 영국 레딩 대학교의 카렌 코케인Karen Cokayne은 저서 《고대 로마의 노년기 경험》Experiencing Old Age in Ancient Rome에 이렇게 썼다. "기원전 1세기 이후에는 통상 60세 또는 65세가 노년기를 가르는 기준점으로 언급되었다."[5] 또 이 나이는 사회의 구성원들에게 재판에 배심원으로 참여할 의무나 군역軍役을 면제해주는 제한선이기도 했다. 한 가지 중요한 사실은 사람들이 이런 의무에서는 벗어났다고 해도 신체적으로 불가능할 때까지 계속 일을 해야 했다는 점이다. 경제적 생존을 위해 필요했기 때문이었다.

노인들에게 각종 의무를 덜어주는 전통은 중세를 거쳐 르네상스 시대까지 이어졌다. 이스라엘의 역사학자 슐람미스 샤하르Shulamith Shahar는 1993년에 쓴 '중세 시대에는 누가 노인이었나?'라는 글에서 이 시대에는 60세가 넘은 사람들이 군역, 마을 순찰, 결투 재판trial by battle(증인이나 증거가 부족한 사건을 해결하기 위해 두 당사자가 결투로 승부를 내는 게르만식 재판―옮긴이) 등을 어떻게 면제받았는지 상세히 기술했다.[6] 영국, 예루살렘 왕국, 파리 등지에서도 나이 든 사람들에게 군역을 면제해준 기록이 남아 있다. 카스티야와 레온, 모데나, 플로렌스 같은 유럽의 다른 도시나 지방에서는 각종 의무를 면제해주는 기준이 70세였다. 그 밖에 공적 의무를 면제해주는 나이는 영국의 경우 배심원 참여 70세, 세금 납부 60세 또는 70세 그리고 부역賦役은 60세였다.

연장자들에게 면제 혜택을 주는 관행은 종교적 삶의 영역에까지 확대됐다. 특히 기독교 국가에서 그런 현상이 뚜렷했다. 12세기의 아이슬란드에서는 70세가 넘은 사람들이 사순절(그리스도교에서 부활절 이전 40일간의 절기―옮긴이) 기간 동안 단식에 참여할 필요가 없었는데, 이는 지금까지 유지되고 있다. 유대교나 이슬람교에서도 비슷한 관행이 있었다. 베니스에서는 유대인들의 대축제일high holy days(유대교 최대의 축제일로서 신년제나 속죄일을 의미한다―옮긴이)에 60세가 넘은 사람들을 단식에 참여하지 못하게 하고 대신 회당에서 기도를 하도록 했다.

이렇게 종교적 의무를 면제해주는 관행은 물론 좋은 의도에서 실시됐고, 노년층 신도들에게도 환영받았을 것이다. 그러나 교회에서 신도들의 물리적 능력보다 생년월일을 따져 그들을 열외로 취급하거나 노쇠한 사람들로 치부하는 관습은 의도치 않은 부정적 결과를 낳았다. 60세가 넘은 사람은 젊은 신도들과 똑같은 방식으로 종교적 의례에 참가할 수 없다는 인식이 굳어지면서 사람을 능력이 아니라 오직 나이만으로 평가하는 연령 차별적인 고정관념이 생기게 된 것이다.

연금이라는 발명품

노인들을 위한 연금의 유래는 인류의 역사가 문자로 기록되기 시작한 초창기까지 거슬러 올라간다. 하지만 당시에는 모든 사람에게 균등하게 연금이 제공된 것이 아니었고, 이를 지급한 목적도 노년기에 도달한 사람들에게 안정적인 수입을 보장해 준다는 오늘날의 취지와도 거리가 멀었다. 로마 제국의 황제 아우구스투스가 기원전 13년 군인들의 충성심을 이끌어내고 반란을 방지하기 위해 제공한 연금은 역사상 최초로 실시된 연금 제도 중 하나다. 이 연금의 지급 대상은 로마 제국을 위해 20년 이상 복무한 군인들이었다. 언론인 겸 작가 바우히니 바라Vauhini Vara는 〈뉴요커〉New Yorker에 기고한 연금의 기원에 관한 기사에서 이렇게 썼다. "군인들은 연금을 일시불로 수령했다…노병老兵들에게 돈을 나눠주면 반란을 일으켜 황제의 권좌를 넘볼 가능성이 줄어든다는 계산 때문이었을 것이다."[7]

정부가 군인이나 특정 직종에 근무하는 전문가들에게 연금을 지급한 사례는 그 뒤로도 여러 세기에 걸쳐 빈번하게 관찰된다. 대부분 노년기에 접어든 사람들에게 경제적 안정성을 제공하기 위한 목적이었다. 가령 어떤 봉건 영주들은 세상을 떠날 때 재산의 일부를 자신에게 충성을 바쳤던 신하들에게 물려주었다. 나이 든 성직자들 역시 교회로부터 소액의 돈과 보살핌을 제공받았다. 때에 따라서는 국가의 공무원들에게 연금이 지급되는 경우도 있었다. 하지만 그들이 연금을 받았다고 일을 완전히 그만둔다는 의미는 아니었다. 현대인들이 정의하는 은퇴의 개념과는 달리, 당시 사람들은 물리적으로 더 이상 불가능해질 때까지 쉬지 않고 일을 했다.

미국에서는 1800년대 중반부터 큰 도시를 중심으로 소방대원, 경찰, 교사 같은 일부 지방자치단체 공무원들에게 공적 연금이 지급되기 시작했다. 하지만 연금을 수령하는 수급자의 유형에 따라 혜택의 종류와 금액은 천차만별이었다. 말하자면 사람들에게 연금이 일관되게 지급되지 않은 것은 인류의 역사를 통틀어 가장 일관된 특징이기도 하다.

1875년 아메리칸 익스프레스 컴퍼니American Express Company가 사상 최초로 직원들에게 민간 연금을 지급했다.[8] 이 회사가 내세운 연금 제공의 목표는 기차, 바지선, 말馬 등을 이용해 자사의 제품을 배송하던 근로자 중 부상을 당하거나 일이 힘에 부치는 사람들이 일터를 떠나 쉴 수 있도록 그들에게 관용적인 기회를 제공한다는 것이었다. 이 연금 역시 근로자의 서류상 연령보다는 업무를 수행할 수 있는 능력을 기준으로 지급됐다.

산업이 성장하고 대량생산이 확대되면서 나이 든 근로자들은 노동 강도가 높은 업무에 적합하지 않다는 문제가 제기됐다. 그들이 동료들과 보조를 맞추기에 부족하다는 인식이 커졌을 뿐만이 아니라, 사업주들이 그 자리에 젊고, 유능하고, 임금이 낮은 노동자들을 투입하는 데 관심을 갖게 된 것이다. 그 결과 기업들은 나이 든 직원들이 일터를 떠나는 대가로 그들에게 연금을 지급하기 시작했다. 이런 관행은 20세기 내내 지속됐으며 오늘날까지 지배적인 제도로 남아 있다. 최근에는 통상적인 근로 수명보다 이른 시기에 회사를 그만두는 직원들에게 추가적인 인센티브를 제공하는 '조기 퇴직' 프로그램으로 이 연금의 형태가 바뀌고 있다.

연금이 현대적인 모습을 갖추게 된 것은 1881년 독일제국의 초대 총리였던 오토 폰 비스마르크Otto von Bismarck가 사회의 나이 든 구성원들을 정부가 경제적으로 지원해야 한다는 급진적인 아이디어를 내놓은 일이 계기가 됐다. 그의 제안이 급진적이었던 이유는 그때까지 인류 역사를 통틀어 전 국민에게 보편적으로 연금이 지급된 적은 한 번도 없었으며, 사람이라면 누구나 몸을 움직일 수 없을 때까지 일을 해야 한다는 인식이 지배적이었기 때문이다. 미국 사회보장국Social Security Administration의 기록 보관소 자료에 따르면 비스마르크가 정부에 이런 제안을 한 이유는 독일의 경제에 활력을 불어넣고 정적政敵인 사회주의자들의 공세를 피하기 위해서였다고 한다. 그의 아이디어는 황제 빌헬름 1세가 정부에 이런 편지를 보내면서 현실화됐다. "나이가 들거나 몸이 아파 일할 수 없는 사람은 국가로부터 보호 조치를 요구할 정당한 권리가 있다."[9]

이 법안이 의회를 통과하는 데는 8년이라는 시간이 걸렸지만, 결국 1880년대 말 독일 제국의 정부는 70세가 넘은 모든 국민에게 일정 소득을 제공하는 인류 최초의 노령 연금 제도를 시행하기 시작했다. 이 새로운 발명품은 독일 제국과 그곳의 국민들에게 큰 영향을 미쳤을 뿐만 아니라, 산업화된 전 세계 선진국들의 표준이 된 패러다임의 일대 전환이었다. 그 뒤로 수십 년이 흐르면서 이 보편적 공공 연금은 선진국들의 대표적인 정책적 특징으로 굳어졌다. 이제 노동자들은 자신의 삶 후반기에 국가가 일정한 수입을 제공해줄 거라고 기대할 수 있게 된 것이다. 현대의 경제 전문가들은 국가가 지급하는 공적 연금을 노인들의 은퇴 이후 수입원을 구성하는 세 기둥 중의 하나로 꼽는다. 나머지 두 가지는 개인 저축과 기업에서 제공하는 민간 연금이다. 비스마르크가 현대적 형태의 은퇴로 향하는 길을 닦은 것은 사실이지만, 그가 이를 전적으로 창조했다고 볼 수는 없다.

비스마르크의 시대에는 사람이 70세까지 살기가 쉽지 않았다. 그가 설정한 연금 수급 연령은 당시 독일의 평균 기대수명에 비해 무려 30년이 높았다.[10] 그때도 요행히 70세를 넘긴 사람이 없지는 않았지만, 그들 역시 더 이상 거동이 불가능할 때까지 일을 하는 경우가 대부분이었다. 하지만 비스마르크가 창안한 연금 제도는 많은 면에서 노년이라는 시기가 보편적으로 인식되기 시작한 출발점이라고 할 수 있을 것이다. 그때를 기점으로 더 많은 사람이 소득이나 재산에 관계없이 보다 여유로운 노년을 보낼 기회를 얻었기 때문이다. 그전에는 모든 노인이 죽는 날까지 어렵고 근근이 살아가는 경우가 대부분이었다. 이는 노인 부양의 책임이 자식들의 보살핌이라는 사적 의무에서 사회적 복지의 영역으로 이동했다는 사실을 의미한다. 가족 구성원들은 말년에 이른 노인들에게 소득이나 의료 혜택을 제공하는 주요 공급자 역할을 정부에게 맡기고 비로소 한숨을 돌릴 수 있게 됐다.

비스마르크가 연금 제도를 실시하기 직전인 18세기 말부터 19세기 초에 걸쳐 천연두 예방 접종, 출산 시 유아 사망률을 낮추기 위한 전문 조산사의 활용, 괴혈병 예방에 도움이 되는 감귤류 과일 재배 등의 중요한 혁신이 공공 보건 및 의료 영역에서 이루어지면서 인간의 수명은 대폭 증가했다. 하지만 프린스턴 대학교의 경제학자이자 노벨상 수상자인 앵거스 디턴Angus Deaton 교수에 따르면 그런 혁신의 수혜를 입은 사람들은 주로 부유층 시민이었다고 한다.[11] 19세기 중반에서 말에 이르는 시기에 부자들은 평범한 사람들보다 20년 정도를 더 살았다. 반면 가난한 사람들의 수명은 훨씬 짧았다. 그 이유는 인류가 새롭게 얻어낸 혁신에 접근할 수 있는 능력이 오직 부자들에게만 주어졌기 때문이었다.

공적 연금 그리고 이보다 더 중요하다고 할 수 있는 공공 보건과 사회적 혁신이 개발 완료된 때는 20세기였다. 사회의 거의 모든 구성원이 경제적·의료적 보장 시스템에 접근이 가능해지면서 인간의 수명은 더욱 늘었다. 물론 과학적 발전이 없었다면 절대 불가능했을 일이었다. 정부가 시민을 보호하는 영역에 더욱 많은 투자를 쏟아부으면서 국민들의 평균수명은 획기적으로 증가했다. 각국의 정부가 힘을 모아 탄생시킨 국제기구들 역시 전 세계에서 수많은 혁신을 이끌어내기 시작했으며, 덕분에 영유아 사망률은 큰 폭으로 감소했고 세계인들의 평균수명도 더욱 늘었다.

20세기로 접어들면서 과거 부자들이 독점했던 의료적 혁신의 결과물이 일반 대중에게도 급속히 확산되었다. 1928년 영국의 미생물학자 알렉산더 플레밍Alexander Fleming이 인플루엔자를 연구하던 도중 발견한 페니실린penicillin이라는 항생물질은 1940년대까지 미국의 제약업체들에 의해 대량생산되기에 이르렀다. 또 엑스선X-ray를 발견하는 데 결정적으로 기여한 마리 퀴리Marie Curie는 1914년 프랑스에서 벌어진 전투 현장에 휴대용 엑스선 장비를 처음으로 투입했다. 그런가 하면 1977년에는 레이먼드 다마디언Raymond Damadian이 인간의 신체 내부를 완벽하게 촬영해서 암을 진단하는 기술, 즉 오늘날 자기공명영상법MRI이라고 불리는 기술을 처음으로 개발했다. 이 모든 기술적 진보 덕분에 인간의 사망률(특히 성인의 사망률)은 계속 낮아졌고 평균 기대수명은 더욱 증가했다.

이 시대에 의학 연구와 보건 분야의 진보가 급속히 이루어질 수 있던 또 다른 비결은 전 세계의 의사들과 과학자들 사이에 소통의 수단이 획기적으로 개선된 데 있었다. 그들은 출판물, 콘퍼런스 그리고 나중에는 컴퓨터나 전자 매체 등의 발전에 힘입어 서로의 의견을 활발하게 교환했고 각자가 거둔 성과를 공유했다. 코로나19가 확산되면서 mRNA 같은 신기술을 포함한 여러 형태의 백신이 세계 도처에서 개발되고 보급될 수 있었던 것도 복수의 기업들이 다양한 파트너 관계를 체결하고 제2차 세계대전 직후에 구축된 국제적 협력 체계에 따라 수많은 국가가 이를 재정적으로 지원했기 때문이다.

좋은 감소와 나쁜 감소 : 영유아 사망률과 출생률

제2차 세계대전이 종료된 1945년을 기점으로 일부 국가에서는 정부 차원의 보건 및 사회 복지 시스템을 수립하기 시작했다. 영국의 국민 보건 서비스National Health Service, 프랑스의 보건부Santé Publique 등이 대표적인 사례라고 할 수 있다. 국민 보건이나 사회복지 제도를 자체적으로 실시할 능력이 없는 국가들에게는 세계보건기구World Health Organization, WHO(이하 WHO)나 세계식량계획World Food Programme, WFP(이하 WFP) 같은 국제기구와 민간 기업들이 기본적인 식량 및 의료적 지원을 제공했다. 이런 제도가 속속 개발되면서 국가별로 차이는 있지만 전 세계의 영유아 사망률은 급감하고 수명은 증가했다.

각국 정부는 노인들의 수명을 늘이는 데 한몫을 했을 뿐 아니라, 아동들을 일터와 가정에서 보호하는 조치를 시행함으로써 조기 사망률을 낮추는 데도 기여했다. 1938년 미국에서 공정 노동기준법Fair Labor Standards Act이 통과되면서 아동에 대한 노동력 착취를 금지하는 관련 법률이 처음으로 제정됐다. 미국을 필두로 여러 선진국이 앞다퉈 시행한 이 조치들은 아이들에게 적절한 교육을 제공하는 한편 아이들을 신체적 안전이나 행복을 위협하는 노동으로부터 보호할 목적으로 설계됐다. 덕분에 더 많은 아이가 유년기를 무사히 살아남아 성인으로 성장할 수 있는 기반이 마련됐다.

WHO에 따르면 각국의 정부가 시행한 보건 및 사회적 조치들은 여러 모로 큰 성과를 거두었다고 한다. 지난 30년 동안 전 세계의 영유아 사망률은 절반 이상 감소했다. 매년 사망하는 어린아이의 수도 1990년의 870만 명에서 2018년에는 400만 명으로 절반이 넘게 줄었고, 1990년에서 2017년 사이에 아동 사망률은 37퍼센트 감소했다.[12] 하지만 2017년 기준으로 5세부터 14세 사이의 어린이가 매년 100만 명 가까이 목숨을 잃고 있다는 말은 우리가 그동안 이 분야에서 큰 성과를 거두었음에도 아직 개선의 여지가 많이 남아 있다는 뜻이다.

20세기의 인구통계학적 변화를 견인한 세 번째 요인 역시 큰 효과를 발휘했다. 지난 한 세기 동안 부유한 국가들에서는 성교육의 강화, 가족 계획, 다양한 피임 방식의 발전 등으로 출생률이 곤두박질쳤다. 경기 침체로 인한 경제적 어려움과 맞벌이 가구의 등장 그리고 성별에 대한 사회적 규범과 의무의 변화 같은 요인들도 이런 추세를 뒷받침했다. 그중에서도 대중을 상대로 한 교육은 가장 강력한 산아제한의 도구였다.

특히 유럽 각국, 미국, 일본, 한국, 호주 등 경제적으로 발전한 국가에서는 출생률이 더욱 크게 감소했다. 이들 나라에서는 대부분 베이비붐 시대 직후부터 신생아 출생률이 줄어들기 시작했다. 2017년 의학 전문지 〈란셋〉Lancet이 발표한 '세계 질병 부담'Global Burden of Disease, GBD 연구에 따르면 1950년대 전 세계 여성들은 1인당 4.7명의 아이를 출산해서 여성 1인당 2.1명 출산이라는 인구 대체 비율replacement rate(기존의 인구를 유지하는 데 필요한 출생률—옮긴이)을 두 배 이상 능가했다고 한다.[13] 그러나 2017년의 출생률은 인구 대체 비율을 살짝 넘는 2.4명에 그쳤다.

세계의 평균 출생률에만 집착하면 이 비율이 국가별로 큰 차이를 보인다는 사실을 놓칠 수 있다. 영국 BBC는 다음과 같이 보도했다. "서아프리카의 니제르는 출생률이 7.1명이다.[14] 반면 지중해의 섬나라 사이프러스에서는 여성 한 명이 평균적으로 아이 한 명을 낳을 뿐이다. 영국의 출생률은 서유럽 국가의 평균과 비슷한 1.7명이다." 동구권과 라틴아메리카 지역에서도 이 비율은 빠르게 추락하고 있다. 세계에서 아이를 가장 적게 낳는 나라라는 달갑지 않은 명예를 얻은 곳은 바로 타이완으로 이곳의 출생률은 고작 1.07명에 불과하다. 출생률이 급감하면 사회적으로 큰 문제가 될 수 있지만, 반대로 혁신과 발전의 기회가 될 수도 있다.

이는 세상이 엄청나게 변하고 있다는 사실을 의미한다. 대부분의 국가가 시행 중인 복지 시스템은 상대적으로 인구 수가 많은 젊은이들이 납부한 세금으로 소수의 노인 은퇴자들을 지원하는 방식으로 유지되고 있다. 그러나 나라가 영원히 성장을 계속할 거라는 잘못된 전제를 바탕으로 구축된 국가 경제는 드디어 위축되기 시작했다. 지금처럼 미국, 아시아, 유럽 각국의 인구가 나날이 감소하고 아프리카 국가들의 인구가 급격히 늘어나는 현상이 지속된다면 21세기 말에는 세계에서 가장 인구가 많은 대륙이 바로 아프리카가 될 가능성이 크다. 또 이슬람교는 이 지역에서 가장 주목받는 종교가 될 것이며 노인 인구 역시 모든 곳에서 더욱 증가할 것이다. UN이 발표한 자료에 따르면, 현재의 인구통계학적 추이를 감안했을 때 21세기의 전 세계 인구는 110억 명으로 정점에 달하고 중위연령 역시 31세에서 42세로 늘어날 거라고 한다.[15]

하지만 국가의 인구 증가세가 둔화되거나 멈추고, 심지어 마이너스로 돌아설 경우 우리가 할 수 있는 일은 무엇일까? 세계는 그 질문에 대한 대답을 거의 찾은 듯하다. 가장 자연스러우면서도 전면적인 대응책은 이전보다 더욱 포용적인 경제 체제를 구축하는 것이다. 일본의 경우는 더 많은 여성이나 노인들을 업무 현장에 투입하고 이민移民 관련 법률을 완화하며 로봇 기술을 적용 가능한 모든 곳에 활용할 방법을 찾기 위해 노력하고 있다. 중국을 포함한 일부 국가에서는 고령화가 더욱 급속히 진행 중이다. 2020년 중국은 1949년에 국가가 수립된 이후 처음으로 인구가 감소했다고 발표했다. 이는 다가올 격변의 시기에 국가의 경제 정책이 인구통계학적 현실에 맞춰 얼마나 적절히 조율되어야 하는지 잘 보여주는 사례라고 할 수 있다.

중국의 인구 대역전

20세기 중반에 이르러 폭발하기 시작한 중국의 인구 증가세는 1966년 여성 1인당 6.4명의 출생률을 기록하면서 절정에 달했다.[16] 1979년 중국 정부가 인구과잉 억제와 경제 근대화를 위해 실시한 1가구 1자녀 정책은 인류 역사상 가장 거대한 규모의 실험이라고 할 만하다. 중국은 그동안 이 조치로 약 4억 명의 인구 증가를 억제한 것으로 추정된다.[17]

1가구 1자녀 정책은 신생아의 수를 감소시켰을 뿐만 아니라 남성과 여성 사이에 자연스러운 성비性比 균형을 깨는 결과를 낳았으며 급속한 인구 고령화를 초래했다. 중국 공산당은 몇 년 전 이 정책을 폐지했으나 아직 기대만큼 출생률 증가 효과를 거두지 못하고 있다. 오늘날 중국의 출생률은 인구 대체 비율 2.1명에 한참 못 미치는 1.2명에서 1.6명 사이에 불과하다. 이런 추세가 계속 이어진다면 중국에서는 2050년까지 총인구의 2.5퍼센트에 달하는 2,800만 명의 인구가 감소할 것이다.[18] 이는 현재 미국의 텍사스 주 전체 인구와 맞먹는 숫자다.

같은 기간 중국의 평균 기대수명 역시 10년 이상 증가했다. 수명이 늘어나고 출생률이 감소함에 따라 중국인들의 중위연령은 1979년의 21세에서 2020년에는 38세로 껑충 뛰었다. 미국의 경우에는 중위연령이 두 배로 늘어나는 데 이보다 세 배에 달하는 100년 이상의 시간이 걸렸다. 오늘날 미국과 중국의 중위연령은 거의 비슷하지만, 2050년 중국의 중위연령은 47세까지 치솟고 미국은 41세에 머물면서 양국의 격차는 거의 16퍼센트에 달할 것으로 전망된다. 이 차이를 대수롭지 않게 여기는 사람도 있겠지만, 현재 중국에서 엄청난 속도로 진행되는 고령화 현상을 감안했을 때 이 나라가 그런 급속한 변화를 어떻게 감당할 수 있을지에 대해 우려가 커지고 있다.

중국을 이끄는 리더들은 이런 인구통계학적 변화에 따라 은퇴에 대한 사회적 규범을 시대적 요구에 맞추는 데 부심하고 있다. 현재 이 나라의 연금 수급 시기는 남성 60세, 블루칼라 여성 노동자 50세, 화이트칼라 여성 노동자 55세.[19] 그 말은 중국인들이 향후 슈퍼 에이지로의 이행기를 적절히 관리하지 못할 경우, 환경오염 같은 기존의 위협 요인들이 그대로 남아 있는 상태에서 지속적인 경제 성장 목표를 달성하는 일을 포함한 갖가지 추가적인 도전에 직면할지도 모른다는 뜻이다. 그 이유는 언제까지나 무한정 공급될 것 같았던 값싼 노동력이 바닥을 드러내기 시작했고, 노동인구의 부양비dependency ratio(경제 활동 인구에 대한 비경제 활동 인구의 비율로 유소년 부양비와 노년 부양비로 구성된다—옮긴이)가 노년 부양비 쪽으로 완전히 치우쳐 있으며, 연금 시스템이 제대로 정착하지 못한데다 가족 내에서나 사회적으로 전문적인 돌봄 서비스 제공자의 수요가 폭증하고 있기 때문이다. 이 모든 요인은 중국의 경제 성장을 가로막는 주요 장애물로 작용할 수 있다.

나는 AARP에서 일할 때 당시 중국 정부 권력서열 4위의 마카이馬凱 부총리를 중국의 백악관이라는 중난하이中南海(베이징 중심부의 중국 공산당 중앙위원회와 국무원 소재지 ─ 옮긴이)에서 만나 그들이 직면한 인구통계학적 변화에 대해 논의한 적이 있다. 그가 이에 대한 대응책을 마련하는 책임을 지고 있었기 때문이다. 내가 보기에 중국 정부를 이끄는 지도자들은 인구통계학적 변화가 자국의 지속적인 경제 성장을 위협하는 명백하고 현존하는 위험 요인임을 잘 인식하고 있었다. 더불어 국민들에게 지속적으로 밝은 미래를 제시하기 위해서는 인구 정책과 경제 정책을 적절히 조율할 필요가 있다는 사실도 정확하게 파악하고 있었다. 이 두 가지 문제는 서로 밀접하게 연결되어 있으므로 모든 국가는 나라의 크기나 경제 성장의 단계와 관계없이 이런 교차적 접근 방식에서 많은 교훈을 얻어야 할 것으로 보인다.

출생률이 추락하는 나라는 중국뿐만이 아니다. 이런 변화는 전 세계 모든 나라의 사회와 경제에 지속적인 영향을 미침으로써 성장을 저해하고 일부 국가를 '개발이 미비한 상태에서 더 이상 개발이 진행되지 않는' 고질적인 정체 상태에 빠뜨릴 수 있다. 태국이나 베트남처럼 경제 발전이 더디고 국가 차원의 인구 정책이 수립되지 않은 지역에서도 이미 출생률 저하와 급속한 고령화 현상이 발생하고 있다. 또 지구를 반 바퀴 돌아 멕시코나 브라질처럼 상대적으로 젊은 인구의 비중이 높다고 여겨졌던 나라에서도 출생률의 극적인 감소가 관찰되는 추세다. 이 개발도상국들은 북미, 아시아, 유럽 등지의 부유한 국가들과 달리 풍요로운 국부國富를 쌓고 경제 및 사회 복지 시스템을 구축할 기회가 없었다. 따라서 그 나라들이 이런 변화를 적극적으로 수용해서 노년층을 사회의 주요 참가자로 받아들이지 않는다면, 젊은 세대는 나이 든 부모를 돌보는 데 자신의 시간과 돈을 온통 쏟아부어야 하는 힘겨운 미래를 맞이하게 될 것이다.

인구통계학적 변화는 경제 상황과 발전 단계가 각기 다른 여러 사회에서 다양한 모습으로 발생하고 있다. 따라서 우리는 노인들의 욕구와 필요 사항이 천차만별일 뿐 아니라, 노년기의 경험도 사람에 따라 다르다는 사실을 기억해야 한다. 노인 인구를 이루는 모든 구성원이 비틀비틀 길을 걸어 양로원으로 향하는 카디건 차림의 연금 수혜자는 아니다. 사회적 자원을 남김없이 빨아들이는 쓸모없는 집단으로 그들을 매도해서도 안 된다. 노인층 역시 다른 인구 집단과 마찬가지로 다양한 종류의 사람들로 구성되어 있다. 나이 든 사람은 모두 똑같다는 획일적인 잣대를 가지고 이 사안에 대한 접근 방식을 개발하는 것은 매우 어리석은 일이다. 안타까운 사실은 인류가 지구상에 등장한 이래 노인 인구에 대한 차별적인 선입견이 꾸준히 형성되고, 고착되고, 강화되어왔다는 점이다. 이는 우리가 조속히 해결해야 할 심각한 문제가 아닐 수 없다.

노인에게 '더 잘 늙어갈 자유'는 없다

노인 인구가 증가하고 젊은이의 숫자가 줄어드는 시대적 상황에도 우리 사회가 젊은이와 노인을 바라보는 태도는 과거와 달라지지 않았다. 인류 역사를 통틀어 노인들은 사회를 위해 유용한 역할을 하지 못하고, 해서도 안 되는 부담스러운 존재로 인식되어왔다. 다만 경제적 능력 또는 정치적 권력을 소유했거나 성공해서 유명세를 얻은 사람들은 예외였다.

맨체스터 대학교의 팀 파킨Tim Parkin 교수는 이렇게 말한다. "키케로Cicero나 플루타르크Plutarch 같은 고전 작가들은 우리로 하여금 고대 로마에서는 노인들이 당당한 시민의 한 사람으로서 누구에게나 존경받았을 거라고 믿게 만들었다. 하지만 좀 더 자세히 들여다보면 로마 사회의 노인들이 우리 생각만큼 존경을 받았거나 권력을 누렸다고 할 수는 없을 것 같다."[20] 로마인들이 원로원Senate을 만들어 모든 구성원을 '세네스'senes 즉 '연장자'들로 채웠다는 사실로 미루어볼 때 당시 노인들이 사회적으로 꽤 존경을 받았을 것 같지만, 실상은 그렇지 않았다.

사실 역사적으로 어느 시기를 보더라도 노년기의 성공은 당사자의 경제적 환경에 달려 있었다. 이는 오늘날에도 마찬가지다. 국가가 제공하는 연금이나 근대적 형태의 은퇴가 등장하기 전에는 늙어서 일할 수 없게 된 노인에 대한 부양을 자식이나 다른 가족 구성원이 전적으로 책임져야 했다. 그것도 요행히 가족이 있는 사람들에게나 가능한 일이었다. 대부분의 노인은 성별이나 나이에 따라 사회적으로 규정된 역할만을 수행했다. 가족도 없고 돈도 없는 사람들은 극도의 빈곤 속에서 거리로 내몰렸다.

현대인들은 정부로부터 경제적 지원 프로그램의 혜택을 받을 수 있다. 하지만 현실을 들여다보면 노인들이 복잡한 관료주의의 난관을 뚫고 공공 주택이나 장기 요양 서비스 제도에 접근하기는 쉽지 않다. 심지어 로마 시대에 노인들을 공경하라고 부르짖었던 키케로조차 이렇게 말할 정도였다. "노인이 남에게 존중받기 위해서는 자기를 위해 싸우고, 스스로의 권리를 지키고, 다른 사람에게 의존하는 일을 피하고, 마지막 숨을 내쉴 때까지 자신에 대한 통제력을 행사해야 한다."[21] 삶의 후반기에 경제적으로 어려운 처지에 놓인 노인들은 사회에서 외면당하고 소외되며 거추장스러운 존재로 전락할 가능성이 크다.

오늘날에도 그렇지만 과거에는 사람이 젊을 때뿐만 아니라 나이가 들었을 때도 성별이라는 요인이 삶의 높낮이를 좌우하는 중요한 기준이었다. 남성들은 여성에 비해 '더 잘 늙어갈' 자유와 특혜를 충분히 누렸다. 반면 대부분의 여성은 사회적인 대화에 끼어들지 못하고 아이를 키우거나 집안일을 하는 것 외에는 다른 일을 할 기회도 얻지 못했다. 게다가 중세로 접어들면서 나이 든 여성에 대한 극도의 부정적인 사고방식이 대중의 과학적·문화적 관념에 새겨졌다. 그런 믿음의 중심에 놓였던 것은 오늘날과 다르지 않게 늘 월경月經이나 출산의 능력과 관련된 주제였다. 여성이 월경 시에 흘리는 피는 부정하고 해롭다고 여겨졌다. 심지어 당시의 사람들은 여성이 폐경기에 이르러 더 이상 출혈이 없어지면 더욱 위험한 존재가 된다고 믿었다. 월경이 멈춘 여자들은 악의가 가득하고 변덕스럽게 변한다는 것이다. 예전만큼 노골적이지는 않지만, 오늘날에도 특히 나이 든 여성들의 개인적·직업적 삶을 두고 여성의 생리 현상이나 심리에 대한 근거 없는 믿음이 끈질기게 지속되고 있다.

그리스인들은 나이가 드는 현상을 노쇠를 향해 뻗은 비탈길을 걸어 내려가는 일이라고 생각했다. 심지어 그들이 숭배했던 노화의 신 게라스Geras는 지팡이를 짚은 쪼글쪼글한 노인의 모습으로 묘사되었다. 이는 연장자들을 존경하는 문화가 사회를 지배했던 고대 중국과는 극명한 대조를 보이는 현상이다. 기독교 역시 마찬가지지만, 유교나 힌두교도 부모에게 효도하고 노인을 공경하는 덕목을 강조한다. 이런 사상적 배경 위에 개인의 욕구보다 그룹이나 공동체의 이익을 우선시하는 상호의존적이고 집단적인 문화가 결합하면서 나이 든 사람들을 존중하는 동양적 문화가 형성되기에 이르렀다. 하지만 이런 문화권에서 살아가는 노인들의 삶도 결코 쉽지만은 않다.

아시아 지역의 노인들은 성별이나 연령에 한정된 전통적인 일(정원 가꾸기, 육아 등)만을 수행할 수 있을 뿐, 더 이상 남에게 고용되어 일하는 것이 불가능하다. 그들이 경제 활동에서 배제되었을 때, 특히 그들의 공백을 메울 젊은이가 부족할 때 이런 문제(경제적 능력과 안정성을 상실하고 건강이 악화되는 문제)는 더욱 커진다. 하지만 이런 '동양적 문화권'에 속한 나라들은 수없이 많으며 그들의 문화적 신념과 관행은 국가의 발전 단계에 따라 다양하다. 그러므로 이 지역의 모든 국가에서 노인들이 겪고 있는 경험이 똑같을 거라고 가정하는 것은 공평하지도, 현명하지도 않은 사고방식이다.

역사적으로 인류가 노화라는 과정이나 노인들을 향해 취했던 태도는 반反 직관적이고 비생산적이었다. 오늘날 사회의 젊은 구성원들은 미래에 대해, 무엇보다 자기 자신의 미래에 대해 배팅을 하고 있다. 하지만 우리 사회는 노년층의 잠재력을 무시하고 그들에게 오로지 전통적인 역할만을 떠맡기려 한다. 이렇듯 젊은이들에게만 초점을 맞추고 노인들을 배척하는 행위는 인류의 진보를 가로막고 슈퍼 에이지의 원대한 가능성에 찬물을 끼얹는 결과로 이어질 수 있다.

에이지즘, 새로운 양극화를 만들다

노인들에게 저항감을 드러내는 문화는 역사적으로 항상 존재했다. 우리 사회는 연장자들을 젊은이들과 똑같이 대하지 않았다. 이는 사람들이 노화라는 과정에 대해 일반적으로 불편한 느낌을 품고 있기 때문이라고 생각된다. 내 초창기 멘토의 한 사람이자 국제장수센터International Longevity Center의 설립자 로버트 버틀러Robert Butler는 노인들에 대한 부정적이고 지배적인 편견에 '에이지즘'이라는 이름을 붙였다.

그는 〈워싱턴포스트〉와의 인터뷰에서 이렇게 말했다. "사람들은 모두 품위 있는 노년기에 대해 이야기합니다. 본인도 그런 식으로 늙어가고 싶다는 말이겠죠. 따라서 그들은 뇌졸중에 걸려 몸이 마비되고 밥도 제대로 떠먹지 못하는 노인들에게 눈길을 돌리지 않습니다. 그런 분들은 지금도 도로 옆에 주저앉아 있거나 지팡이를 끌고 근처를 배회할지 모릅니다. 우리 사회가 노인 그룹에 대해 보다 균형 잡힌 관점을 구축하지 않는다면 그들은 원망스러운 마음을 품고 뒷자리로 물러앉게 될 겁니다."[22] 그러나 더 큰 문제는 노인들에 대한 부정적인 태도가 진정으로 '도움이 필요한' 사람들을 지나 종종 '젊은 노인들', 즉 나이는 들었지만 이전 세대의 동일 연령층에 비해 육체적·정신적으로 훨씬 건강한 사람들에게까지 미치고 있다는 사실이다.

《나는 에이지즘에 반대한다》의 저자 애슈턴 애플화이트Ashton Apple-white는 인간이 사용하는 언어 중에 의도적이든 아니든 노인들을 비하하는 어휘가 적지 않다고 지적했다. 다시 말해 우리가 연장자들과 이야기를 나누거나 다른 사람들과 연장자들에 대해 대화할 때 사용하는 언어는 종종 그 집단 전체를 구태의연한 에이지즘의 틀 속에 가둠으로써 "노인들의 독립성이나 회복력보다 의존성과 취약성을 강조하는 오만한 일반화를 통해 그들의 자존감을 짓밟고 능력을 폄훼하는" 결과를 낳는다는 것이다.[23] 사회적 에이지즘은 노년층의 정신적·육체적 건강에 부정적인 영향을 미칠 수 있으며 사람들 마음속에 내재된 노인에 대한 선입견 역시 비슷한 결과를 초래할 수 있다.

인간의 정체성을 구성하는 요소는 매우 다양하다. 나이는 그 퍼즐의 한 조각일 뿐이다. 기업들에게 포용적 인사 정책에 대한 컨설팅을 제공하는 비영리기관 카탈리스트Catalyst는 한 연구 보고서에서 에이지즘의 성별적 측면을 이렇게 조명했다. "나이 든 여성들은 '외모 지상주의'에 희생되어 집단에서 소외되기 쉽다. 다시 말해 연령이 높은 직원들은 혁신적인 성향과 적응력이 부족하고 전반적인 능력이 떨어진다는 근거 없는 사회적 편견 위에, 여성이라면 모름지기 젊고 아름다워야 한다는 기준이 더해지는 것이다. 연구에 따르면 여성 관리자들은 사회적 미美의 기준을 충족하고 젊은 외모를 유지해야 한다는 압박감을 경험한다고 한다. 일례로 머리카락을 염색해야 한다는 의무감을 느끼는 여성은 남성에 비해 두 배 가까이 많다."[24]

남성들에게는 이런 비현실적 기준이 거의 적용되지 않는다. 사람이 나이가 들수록 이 두 종류의 성性에 대한 사회적 잣대는 점점 어긋나는 양상을 보인다. 역사적으로 남성들에게는 '자연스러운 모습으로 늙어갈' 자유가 주어졌지만 이 면허가 여성들에게까지 허락되지는 않았다. 하지만 남성들에게 그런 자유가 부여되었다는 말도 이제는 옛날이야기인 듯싶다. 최근에는 주기적으로 지방흡입, 복부 성형, 필러 시술 등을 받는 남성의 수가 부쩍 늘었다. 현대 사회에서 건강하고 젊은 외모는 남들과 경쟁하는 데 필수적인 도구로 인식되고 있는 듯하다.

한 가지만 확실히 하고 넘어가자. 머리카락 염색이나 성형수술 같은 '나이 감추기'를 포함해 남들에게 최대한 아름답게 보이기를 바라는 일이 잘못은 아니다. 하지만 단순한 허영심과 현실과의 경계선은 그렇게 분명하지 않다. 에이지즘은 종종 합리적인 의사결정에 영향을 미치고 나이 든 사람들에 대한 편견을 불러일으킴으로써 부실한 공공정책이나 세대 간 갈등을 낳는 원인이 되곤 한다. 이로 인해 사회의 개인 구성원들이 자신의 재산과 건강을 두고 올바른 선택을 하는 데 지장이 초래될 수 있는 것이다.

1988년 영국의 언론인 고故 헨리 페어리Henry Fairlie가 〈뉴 리퍼블릭〉The New Republic 지에 기고한 기사에서 젊은이들의 미래를 희생해 호화로운 만년을 즐기는 '탐욕스러운 늙은이들'greedy geezers을 거세게 공격한 일은 노인들을 적대시하고 오해하는 문화가 공공정책으로 확산되는 과정을 잘 보여주는 사례라고 할 수 있다.[25] 하지만 실상을 들여다보면 대부분의 노년층, 그중에서도 연령이 가장 높은 고령층은 부유함이나 호화로움과는 거리가 먼 사람들이다. 게다가 그들은 돈을 받고 수행하는 직업이든 자원봉사든 사회에 기여하는 데 관심이 많다. 그럼에도 불구하고 당시 노인들에게 붙여진 '탐욕스러운 늙은이들'이라는 딱지와 세대 간(베이비부머라는 젊은 세대와 제2차 세계대전에 참전했던 기성세대)의 적대감은 갈수록 심해졌다.

특정 그룹에 속한 사람들을 향한 공세는 대체로 경제 상황이 좋지 않은 시기에 기승을 부리다 경기가 회복되어 경제적 파이가 커지고 모두가 번영을 누리게 되면 잦아드는 경향이 있다. 2008년의 금융 위기에 따른 경기 대침체는 또 한 차례의 세대 간 불협화음을 불러일으켰다. 이번에는 밀레니얼 세대 젊은이들과 베이비부머라는 기성세대가 불화의 당사자들이었다. 그들이 서로를 향해 적대감을 품게 된 주된 이유는 현대 사회에서 가장 부유한 사람들과 최악 빈곤층과의 간극이 믿을 수 없을 정도로 크게 벌어졌기 때문이었다.[26]

최근 젊은이들 사이에서 유행어로 떠오른 "오케이, 부머"OK, Boomer라는 말(젊은이들이 베이비부머 세대의 낡은 가치관과 사고방식을 조롱하는 말로, 우리식으로 표현하면 "그만해요, 노인네" 정도에 해당한다—옮긴이)은 그런 시대 상황을 가장 잘 보여주는 사례 중의 하나라고 할 수 있다. 소셜 미디어 플랫폼 틱톡TikTok을 통해 순식간에 퍼져나간 이 말은 젊은 세대가 나이 든 사람들을 정치적으로 공격할 때 종종 사용되곤 한다. 기성세대는 소득이나 환경 측면에서 자신들과 동떨어진 존재며 문화적으로도 지루하고 낡아빠진 사고방식에 사로잡혀 있다는 것이다. 젊은 세대는 "오케이, 부머"라는 신조어가 자신들의 눈앞에 펼쳐진 암담한 현실에 대한 좌

절감에서 탄생했다고 생각한다. 나이 든 사람들은 이 말을 기성세대 전체를 겨냥한 연령 차별주의자들의 근거 없고 경멸적인 공격으로 받아들인다. 틱톡 같은 온라인 플랫폼들은 이렇게 '타 세대를 향한 적대적 태도'를 넓고 멀리 확산시키는 기술적 기반을 제공함으로써 전 세계에 걸쳐 젊은이들과 기성세대 간에 갈등과 불화를 유발하는 데 한몫을 했다.

2019년 말, AARP 역시 "오케이, 부머"와 관련된 논란에 빠져들었다. 보도에 따르면 이 단체의 출판 및 편집 총괄책임자 마이어나 블라이스Myrna Blyth는 어느 인터뷰에서 젊은 세대의 빈약한 경제적 능력을 조롱하며 이렇게 말했다고 한다. "오케이, 밀레니얼(이는 1980년대 초부터 2000년대 초 사이에 출생한 세대를 가리키는 용어로 인터뷰 시점에는 20대 초반에서 30대 후반의 나이에 해당했다—옮긴이), 그러나 사실 돈은 우리가 가지고 있답니다."[27] 불행히도 블라이스의 재치 있고 풍자적인 대답은 목표를 벗어났다. 당시 틱톡의 사용자 중 3분의 2는 13세에서 24세 사이의 순수한 Z세대Generation Z(1995년 이후에 태어난 청소년을 일컫는 말로 영미권의 인구통계학자들은 대개 1990년대 후반부터 2010년대 초반 태생을 Z세대로 구분한다—옮긴이)였기 때문이다.[28] 그녀의 발언은 소셜 미디어나 전통 언론 매체를 타고 순식간에 파장을 불러일으킴으로써 젊은이들과 기성세대를 갈라놓는 또 다른 계기가 되었다. AARP는 이 사태를 두고 사과했지만 이미 물은 엎질러진 뒤였다. 블라이스의 발언은 우리에게 세대 간 갈등을 해결하거나 최소한 이에 대해 고심할 기회를 제공하기는커녕 오히려 두 세대 사이의 간극을 더욱 벌려놓는 결과를 초래했다.

지난 40년간 우리는 두 종류의 서사敍事를 창조해왔다. 즉 이 사회는 부유하고, 젊고, 도시적인 삶을 누리는 사람들과 그 반대편의 가난하고, 늙고, 시골에서 살아가는 사람들로 이루어져 있다는 것이다. 그동안 이런 서사가 가장 지배적으로 자리 잡은 곳은 단연 미국이었지만, 최근 아시아와 유럽에서 치러진 선거나 국민투표의 결과를 보면 이 지역들에서도 이런 사회적 분열의 양상이 뚜렷한 것 같다. 하지만 분명한 사실은 우리 사회에는 '가진 자'와 '가지지 못한 자' 사이에 드넓은 회색지대(노인들을 빗댄 의도적 말장난이 아니다), 즉 중간층이 존재한다는 것이다.

1980년대에 들어 베이비부머들은 시민들의 사회적 안전망을 위협하는 단기적이고 보수적인 정책을 채택하면서 세대 간 갈등의 빌미를 제공하기 시작했다. 근로자들을 보호하는 제도는 철폐되고 노동조합은 붕괴되었으며 사회 기반시설의 복구는 뒷전으로 밀려났다. 정부가 제공하는 연금과 공공 의료 혜택은 바람 앞의 등불처럼 지속적으로 공세에 시달렸다. 어떤 정치인들은 부자들에게 세금을 감면해주면 그들이 더 많은 돈을 소비하도록 자극하는 '낙수효과'가 발생함으로써 모든 사람에게 혜택이 돌아간다고 주장했다. 결과적으로 미국의 베이비부머들은 사회보장 연금이나 메디케어Medicare(미국의 노인 의료보험제도—옮긴이)처럼 가장 핵심적인 사회적 복지 프로그램의 기반을 잠식하는 방식으로 본인들의 미래를 걸고 도박을 한 셈이다. 그들을 겨냥한 에이지즘이 생겨난 주된 이유도 바로 이 때문이라고 할 수 있다.

그동안 여러 작가가 다음과 같은 격언을 자신의 글에 담았다. "서른 살 미만의 젊은이가 진보적인 성향을 보이지 않으면 뜨거운 마음이 없는 것이고, 서른이 넘어도 보수주의자가 되지 못하면 냉철한 머리가 없는 것이다." 그러나 지난 몇 년 사이에 '나이'는 각종 선거나 국민투표의 결과를 좌우하는 주요 변수로 떠오르기 시작했다. 최근 미국과 영국에서 수행된 연구에 따르면 이제 유권자들의 투표 행태를 가장 잘 점칠 수 있게 해주는 예측 변수는 계급이나 지역이 아니라 바로 나이라고 한다.

이런 현상은 미국에서도 중요한 영향력을 발휘했다. 2016년 도널드 트럼프가 대통령으로 당선되는 데는 중장년 및 노년층 유권자들이 큰 몫을 담당했다. CNN에서 실시한 출구조사에 따르면 45세 이상의 유권자 중에는 트럼프에게 표를 던진 사람이 힐러리 클린턴 지지자보다 8퍼센트(52퍼센트 대 44퍼센트) 많았다고 한다. 반면 45세 미만은 클린턴에게 투표한 사람이 14퍼센트(53퍼센트 대 39퍼센트) 더 많았다.[29] 농촌 지역에 거주하는 나이 든 유권자들은 미국의 복잡한 정치 시스템 속에서도 트럼프에게 대통령 자리를 안겨주는 데 큰 공을 세웠다고 할 수 있다. 트럼프는 유권자 투표popular vote(일반 유권자들이 미국의 대통령을 선출하는 선거인단을 뽑는 투표, '일반 투표'라고도 불린다—옮긴이)에서 클린턴에 비해 오히려 300만 표를 적게 얻었다.

미국 인구조사국의 발표에 따르면 2016년의 미국 대통령 선거에서는 65세 이상의 유권자 중 71퍼센트가 투표에 참여했다.[30] 이에 비해 18세에서 29세 사이의 젊은 유권자들의 투표율은 46퍼센트에 그쳤다. 2020년의 대통령 선거에서도 유권자들의 연령이 높을수록 투표율이 증가하는 현상은 그대로 반복됐다. 만일 이 선거의 경합 지역에서 젊은 유권자들의 투표율이 급증하지 않았다면 조 바이든은 유권자 투표에서 2016년 힐러리 클린턴이 획득한 것보다 더 많은 표를 얻고도 선거인단 투표에서 패배했을 공산이 크다.

고령층 유권자들의 편향된 투표 성향은 오직 미국에만 한정된 현상이 아니다. 영국도 2016년에 실시한 국민투표에서 이와 비슷한 경험을 했다. 〈타임〉지에 따르면 영국의 EU 탈퇴 여부를 결정하는 브렉시트Brexit 국민투표의 출구조사 결과, 18세에서 24세 사이의 유권자 중 브렉시트를 지지한 사람은 19퍼센트에 불과했다고 한다.[31] 반면 EU가 결성되기 전에 이미 성년이 되었던 은퇴자들 중에서는 무려 59퍼센트가 영국의 탈퇴를 원했다는 것이다. 결과적으로 전체 유효표 3,300만 표 중에 130만 표라는 근소한 차이로 브렉시트가 결정됐다.

연령이 높은 시민들이 민주주의적 절차에 더욱 적극적으로 참여할수록 정치가들은 이 유권자들에게 사회 복지 프로그램의 확대(또는 최소한 축소를 자제하는 정책) 같은 혜택으로 보상을 제공하는 경향이 있다. 따라서 슈퍼 에이지 사회에서는 연금 수급 연령을 넘긴 유권자들이 오직 사회 복지 혜택의 유지나 확장에만 표를 던지는 방어적 입장을 취함으로써 재정 정책의 지속 가능성을 훼손하고 젊은이들에게 피해를 입힐 가능성이 크다. 그런 상황에서는 교육이나 예술에 관련된 정책이 의료나 경제적 안정 같은 중장년 및 노년층 유권자들의 관심 분야에 가려 뒷전으로 밀려날지도 모른다.

우리는 힘을 모아야 더 좋은 결과를 얻을 수 있다. 모든 세대가 합심해서 해결해야 할 문제는 수없이 많다. 예컨대 사회 및 경제적 정의를 실현하는 일이나 환경 문제 등은 세대를 가리지 않고 모든 사람이 보편적으로 공감하는 사안들이다. 또 구직난 역시 누구에게나 심각한 문제이며 갈수록 많은 젊은 세대와 기성세대가 자신의 가족을 돌봐야 하는 처지에 몰리고 있다. 이런 문제들은 나이와 아무런 상관이 없다.

미래를 위해 해야 할 일

오늘날의 노인들은 의미 있고, 창조적이고, 생산적이고, 아름다운 노년을 보낸다는 일이 무엇을 뜻하는지에 대한 개념을 새롭게 정립하고 있다. 특히 여성들은 자신들이 전통적으로 담당해왔던 역할을 거부하고 보다 자율적이고 주도적으로 노년기를 개척해 나가고자 하는 의지를 보인다.

이 개척자들이 내 관심을 끄는 이유는 그들이 슈퍼 에이지의 초기 설계자들이기 때문이다. 내가 95세를 지난 나이까지 생존할 가능성이 50퍼센트가 넘고, 그때도 일에서 완전히 손을 놓을 생각이 없다는 사실을 감안하면 현재 그들이 에이지즘에 저항하기 위해 수행 중인 모든 일은 당장 나의 노년기에 직접적인 영향을 미치게 될 것이다. 게다가 그들이 내 주변의 가장 나이 어린 친척들에게 미칠 영향은 더욱 크다. 그 아이들이 105세 이상 생존할 가능성은 50퍼센트 이상이기 때문이다.

누군가는 "인구통계는 운명이 아니다."Demographics aren't destiny 라고 말한다. 하지만 인구통계학적 변화는 불가피하며 지금 이 순간에도 놀랄 만큼 빠른 속도로 진행 중이다. 그럼에도 정부의 관료들이나 기업의 경영진은 대부분 그 사실에 관심이 없다. 인구의 구조가 변화하는 현상은 산업, 노동력, 교육 시스템, 의료 체계, 공공 정책, 심지어 환경에까지 급진적인 결과를 초래할 가능성이 크다. 우리가 이를 무시하면 큰 재앙이 닥칠지도 모른다. 반면 우리가 이런 변화를 정확히 이해하고 효과적으로 관리한다면 새로운 시대는 놀라운 기회로 바뀔 것이다. 모든 세대가 공동의 목표를 향해 단합할 때 엄청난 힘이 발휘될 수 있다. 이를 위해서는 무엇보다 젊은 세대와 기성세대가 상대에 대한 편견과 적대감을 내려놓아야 할 것이다.

제3장

젊음이라는
신화

우리 사회는 젊음을 숭배한다. 어린아이가 태어날 때, 유아기의 중요한 단계에 도달할 때 그리고 청소년기나 막 성년기에 진입하는 '통과의례'를 할 때 모든 사람이 성대한 축하 행사를 벌인다. 이런 관습은 역사적·문화적·종교적으로 뿌리가 매우 깊다.

우리가 젊음을 기념하는 데는 또 다른 이유가 있다. 과거에는 세상에 태어난 아이가 유아기를 넘겨서 생존하면 큰 성공 사례로 여겨졌다. 기원후 1세기 로마 시대에서는 신생아의 25퍼센트가 첫해를 넘기지 못하고 죽었고, 절반이 10세 전에 사망했다.[1] 근대 사회에 들어서야 비로소 이 숫자가 개선되기 시작하면서 어린아이가 성인이 되는 것이 예외적인 일이 아니라 당연한 삶의 과정으로 자리 잡았다.

인간이 젊음에 집착하는 문화 역시 노인들을 향한 사고방식처럼 인류 문명의 가장 초기 단계에 정착되었을 가능성이 크다. 젊음을 향한 인간의 갈망이 담긴 가장 오랜 기록 중 하나는 '역사의 아버지'로 불리는 헤로도토스Herodotos(기원전 485~425년)의 저술에서 찾아볼 수 있다. 그는 《역사》The Histories에서 마크로비안Macrobian이라는 사람들을 언급하는데, 오늘날의 아프리카 지역에서 살았던 이들은 오래도록 젊음을 유지하고 장수를 누리는 것으로 유명했다고 한다. 헤로도토스가 이 사람들에 대해 글을 썼다는 것만으로도 고대 그리스인들 역시 장수와 젊음의 문제에 관심이 많았다는 사실을 짐작할 수 있다. 특히 헤로도토스는 마크로비안들이 주기적으로 이용하던 신비한 샘에 대해 이야기하면서 이들이 젊음을 유지할 수 있는 능력은 바로 이 샘물에서 나왔을 거라고 추측했다.

젊음의 샘물에 대한 신화가 인간의 역사에서 단골처럼 등장하는 현상은 젊음과 영생에 대한 인류의 끝없는 추구를 보여주는 듯하다. 사실 우리가 노화와 죽음을 두렵게 생각하는 이유는 그 두 가지 과정의 실체가 우리에게 전혀 알려지지 않았기 때문이다. 내가 2000년대 초 리딩 에이지LeadingAge(노인을 위한 주택 및 서비스 협회American Association of Homes and Services의 후신)에서 일할 때, 이 단체의 CEO이자 내 상사였던 래리 미닉스Larry Minix는 종종 이렇게 말하곤 했다. "아마 지구상에서 죽음을 옵션으로 생각하는 사람은 미국인들밖에 없을 거야!" 비록 래리는 그런 사람들을 미국인으로 한정하는 실수를 저질렀지만, 인류가 언제나 노화와 죽음 앞에 도전장을 던져왔다는 점에서 그의 말은 옳았다. 하지만 그와 반대로 나는 늘 이렇게 이야기하는 편이다. "인간과의 대결에서 대성공을 거두는 쪽은 늘 죽음의 신이다."

젊음의 샘물에 대한 전설은 카나리아 제도, 일본, 폴리네시아, 잉글랜드 등지의 다양한 문명권에서도 그 기원을 찾아볼 수 있다.[2] 심지어 알렉산드로스 대왕처럼 역사적인 인물도 이 전설과 관련이 있다. 그는 기원전 4세기에 '천국의 강'river of paradise이라는 장소를 발견했다고 전해진다. 또 콜럼버스의 두 번째 아메리카 대륙 탐사 항해에 동행했던 스페인의 탐험가 후안 폰세 데 레온Juan Ponce De León은 젊음의 샘물을 열정적으로 탐구한 것으로 현대인들에게 잘 알려져 있다.

19세기에 접어들면서 젊음의 샘물에 대한 인류의 갈망은 중부 유럽 지역에 수많은 쿠어오르트Kurorte(우리말 '휴양 및 치유 단지'에 해당하는 독일어—옮긴이), 즉 '치유의 마을'을 탄생시키기에 이르렀다. 이곳에서는 당시 새롭게 떠오르던 부유한 자본가 계급을 위해 호화로운 온천 시설을 제공했다. 역사학자 데이비드 클레이 라지David Clay Large는 저서 《중부 유럽의 대온천들》The Grand Spas of Central Europe에서 이 온천 마을들이 오늘날의 대형 의료센터와 비슷한 역할을 했다고 기술했다.[3] 그러나 설화에 등장하는 대부분의 젊음의 샘물과 마찬가지로, 이 온천 시설들 역시 의학적으로 큰 효험을 발휘하지는 못한 것 같다.

현대인들은 젊음의 샘물이라는 이야기가 바보 같다고 웃어넘길지도 모른다. 그렇다고 영원한 젊음을 유지하고자 하는 인류의 탐구가 멈춘 것은 아니다. 인간의 수명을 늘려주고 피부를 탄력 있게 만들어주며 성적인 능력을 강화해준다는 제품이나 서비스는 언제나 날개 돋친 듯 팔려나간다. 또 우리가 비타민을 소비하는 양은 어마어마하지만, 이로 인한 의학적 효과는 전혀 없거나 미미하다. 게다가 요즘에는 남녀를 가리지 않고 몸을 성형하거나 주름을 없애는 데도 열심이다. 하지만 이렇듯 젊음에 집착하는 사람들은 자신이 언젠가 늙어서 세상을 떠날 거라는 사실을 망각하기 쉽다. 다시 말해 이렇게 현실과 동떨어진 삶을 살다 보면 정신 및 육체적 건강에 손상이 초래됨으로써 오히려 더 빠른 속도로 노화가 진행되는 역설적인 상황이 발생할 수 있다.

그동안 우리는 뷰티 산업이나 안티에이징anti-aging 산업이 엄청난 규모로 떠오르는 과정을 지켜봤다. 또 사람의 장기를 이식하는 기술이 공상과학 소설에서 현실의 세계로 이동하는 모습을 관찰했으며, 성적인 능력이 쇠퇴한 남성들이 '파란색의 작은 알약'을 너도나도 치료제로 집어드는 모습도 목격했다.

성인들은 젊음과 이에 수반되는 장식품, 즉 깨끗하고 탄력 있고 주름 없는 피부, 풍성한 머리카락, 천방지축 같은 행동, 세상사에 거리낄 것 없고 모든 의무로부터 자유로운 태도, 왕성한 성적 능력과 스태미나 등을 갈망한다. 현대인들은 남에게 젊게 보이기 위해서라면 어떤 일이라도 할 준비가 된 사람들이다. 그들은 건강한 생활 방식을 유지하고, 성형 수술을 받고, 최신의 패션 제품을 구입하고, 첨단의 대중문화나 소셜 미디어 트렌드를 따라잡기 위해 안간힘을 쓴다. 올해 60세 된 내 친구는 최근 틱톡 사용법을 익히느라 진땀을 뺐다고 털어놨다. 그녀는 자신이 이 소셜 플랫폼을 사용할 수 있게 됐다는 사실을 마치 명예로운 훈장이라도 얻은 것처럼 생각하는 듯했다.

우리가 젊음을 추구하는 동기는 저마다 다르겠지만, 그중에서도 가장 중요한 이유는 젊음이 늙음보다 더 낫다는 이야기를 매년 매일 매시간 귀에 못이 박히도록 듣고 있기 때문일 것이다. 이런 믿음은 사람들 사이에서 날마다 교환되는 메시지뿐만이 아니라 유스 마켓youth market(젊은이들 대상의 시장—옮긴이)에 집중되는 기업들의 마케팅을 통해서도 점점 강화되는 추세다. 글로벌 시장조사 기관 스타티스타Statista가 2018년에 발표한 자료에 따르면 전 세계적으로 젊은이들을 대상으로 한 광고 시장의 규모는 42억 달러에 달하며 2021년에는 46억 달러를 돌파했다고 한다.[4] 2015년 기준으로 밀레니얼 세대가 소비한 돈은 다른 모든 인구 집단이 소비한 돈을 합친 금액보다 다섯 배가 많았다.[5]

믿어지지 않겠지만 1940년대 말엽까지는 미국에서 유스 마켓이라는 시장 자체가 존재하지 않았다. 그러나 전쟁이 끝난 뒤 여러 해 동안 경제가 발전하고 인구가 증가하면서 규모가 크고 경제적으로도 충분한 영향력을 갖춘 소비자 집단이 형성됐다. 이 그룹의 시장 잠재력에 사로잡힌 소규모 개척자들은 새로운 제품과 서비스를 개발했고 다양한 마케팅 및 광고 수단을 동원해서 젊은이들의 주머니를 노렸다.

유스 마켓의 창시자들은 당시의 인구통계학적 변화뿐 아니라 제2차 세계대전 이후에 새롭게 등장한 사회 및 경제적 규범을 적절히 활용했다. 그들은 젊은 세대가 느끼고 있던 불안감을 교묘히 파고들어 출판물, 라디오, TV 같은 매체를 통해 젊은이들에게 직접 메시지를 전달했다. 젊은이는 나이 든 사람보다 특별한 존재라는 그들의 서사는 순식간에 퍼져나가 그 시대의 지배적인 사고방식으로 굳어졌다. 또 그들은 어린아이가 성년기에 무사히 도달했음을 축하하는 여러 전통과 행사들을 상품화해서 10대 청소년의 삶에 가장 중요한 순간들로 부각시켰다.

그런 의미에서 새로운 제품을 개발하고, 마케팅하고, 홍보하는 개척자들은 유스 마켓의 형성 과정을 주의 깊게 들여다볼 필요가 있을 것 같다. 이를 관찰하면 향후 또 다른 세대를 목표로 한 시장을 어떻게 만들어갈지 알 수 있기 때문이다. 갈수록 인구 규모가 확대되고 있는 현대의 중장년층 및 노년층 고객들은 젊은이들에 비해 더 높은 가처분 소득(개인소득에서 세금을 공제한 나머지에 해당하는 금액으로 소비와 저축을 자유롭게 할 수 있는 소득―옮긴이)을 올리는 적극적인 소비자로서 오랫동안 시장에 남아 있을 것이다. 비록 이들이 지난 수천 년간 에이지즘이라는 편견의 혜택을 톡톡히 입은 젊은이들처럼 본능적인 숭배를 이끌어내는 집단은 아니지만, 젊은 세대에 비해 경제적 능력이 우월한 것만은 분명한 사실이다. 바야흐로 슈퍼 에이지 시장이 열리고 있다. 유스 마켓에만 집중하는 전략만이 돈을 벌 수 있는 길은 아니다.

고령화와 변화하는 전통

현대인들이 생일을 축하하는 전통은 서로 다른 여러 문화권에서 오랫동안 이어진 역사에 뿌리를 두고 있다. 이 역사적 산물들이 합쳐져 오늘날 전 세계에서 보편적으로 받아들여지고 있는 생일 축하의 문화가 형성되기에 이른 것이다. 그리스인들은 생일에 촛불을 켜는 문화를 선사했으며, 페르시아 사람들은 생일날의 저녁식사라는 관습을 남겼다. 현대식의 생일 케이크는 독일에서 유래했고 생일 축하 노래를 만든 것은 미국인들이다. 어린이들이 성대한 생일파티를 열어 자신의 나이가 몇 살이 됐다고 주위 사람들에게 선언하는 일은 이제 세계 어느 곳에서나 보편적인 의식으로 자리 잡았다. 물론 경우에 따라서는 아주 나이 많은 노인들을 위해 비슷한 방식으로 생일파티를 열어주는 일도 드물지 않다.

생일 축하 의식은 당사자가 사회에서 어떤 위치가 됐는지 알리고 이를 측정하는 수단으로 사용되어왔다. 가령 생일을 맞은 청소년은 이제 운전을 하고, 투표에 참가하고, 술을 마시고, 군대에 가는 일 등을 포함해 특정한 권리나 혜택에 접근할 수 있는 나이가 됐다는 사실을 주위로부터 인정받는다. 그중에서도 생일의 가장 중요한 용도는 어린아이가 성년기로 진입했음을 선언하는 것이다. 또 젊은이들의 생일은 유스 마켓 참가자들이 시장을 정의하는 데 전반적인 지침을 제공하는 기준점의 역할을 한다.

기독교, 특히 초기 가톨릭교가 다른 문화권으로부터 각종 의식, 제례, 전통 등을 차용한 역사는 수많은 문서에 기록되어 있다. 가톨릭교는 소년 소녀가 14세가 되면 성인으로 인정해서 교회의 정식 신도로 받아들이고 견진성사(가톨릭의 일곱 성사 중 세례성사 다음에 받는 의식─옮긴이)에 참여할 자격도 부여한다. 14세라는 나이는 로마인들로부터 빌려왔을 가능성이 크다. 고대 로마에서는 소년이 14세에서 17세가 되면 아버지의 판단에 따라 성인식을 치렀다. 이 의식에서 소년은 불라bulla(어린이를 지켜주는 부적이 담긴 일종의 목걸이 가방)를 벗어버리고 아동용 토가toga(고대

로마인들이 착용하던 헐렁한 겉옷─옮긴이)를 토가 비릴리스toga virilis라는 성인용 의상으로 갈아입었다. 소년들은 그때부터 로마의 정식 시민이 되고 군인으로 복무할 수도 있었다. 반면 소녀들은 12세라는 좀 더 이른 나이에 미래의 남편과 약혼을 하고 그동안 가지고 놀던 장난감들을 아르테미스 여신에게 바쳤다.

어린아이가 성년이 되었음을 선언하는 문화는 동양과 서양의 문화가 신기할 정도로 비슷했고 똑같이 갑작스러웠다. 말하자면 어제까지 어린아이였던 소년 소녀가 오늘 갑자기 어른이 되어버리는 것이었다. 아이가 성년이 되는 시기는 대개 오늘날의 사춘기에 해당했다. 고대 그리스의 소년들은 17세 또는 18세, 소녀는 15세에 성인이 되었다. 일본 헤이안平安 시대의 귀족과 사무라이들은 12세에서 14세 사이의 소년들을 위해 겐푸쿠元服라는 성인식을 치렀다. 또 중세 시대 이후로 유럽 지역의 유대인들은 13세가 된 소년에게 바르미츠바Bar Mitzvah라는 의식을 열어주고 성인이 된 것을 축하했다. 1922년부터는 소녀들을 위해서도 바트미츠바Bat Mitzvah라는 성인식을 했다.

세계의 인구가 고령화되면서 노인들의 종교 또는 종교적 전통도 함께 사라지기 시작했다. 아마도 그 이유는 교육 수준의 향상 때문인 듯하다. 2018년 미국의 여론조사기관 퓨 리서치 센터Pew Research Center가 발표한 자료는 그 사실을 데이터로 뒷받침한다. "우리가 조사한 106개 국가 중 46개 국가에서 18세에서 39세 사이의 성인들이 자신에게 종교가 중요하다고 응답한 비율은 40세 이상의 성인들에 비해 훨씬 낮았다."[6] 그렇다고 오늘날의 세계가 전반적으로 덜 종교적으로 바뀌고 있다는 말은 아니지만, 사회가 고령화되는 현상과 구성원들의 종교성이 감소하는 현상 사이에는 강력한 상관관계가 있는 듯 보인다. 세계에서 고령화가 가장 극심한 일본에서는 자신에게 종교가 중요하다고 답변한 사람이 10명 중 한 명에 불과했으며, 최근 미국의 교회에 출석하는 신도의 숫자는 사상 처음 전체 인구의 절반 이하로 떨어졌다.[7]

일부 사회에서는 성년기에 접어든 아이를 축하하기 위해 보다 세속적인 전통을 창조하기 시작했다. 유럽과 미국의 부유층 소녀들은 16세에서 21세 사이에 데뷔탕트 볼debutante ball이라는 일종의 사교계 데뷔 무도회를 개최한다. 라틴아메리카 지역의 소녀들도 15세가 되면 퀸세아녜라quin-ceañera라는 이름의 비슷한 행사를 연다. 때로는 사회적 전통이 법률로 성문화되는 경우도 있다. 미국의 소년들은 18세가 되면 군대에 징집당할 수 있으며, 대부분의 민주주의 국가에서는 16세에서 21세 사이의 청소년들에게 투표권을 부여한다. 그리고 16세에서 18세 사이의 청소년에게 운전면허를 획득할 자격을 주는 것처럼 새로운 기술의 등장에 따라 새로운 전통이 생겨나기도 한다.

틴에이저의 탄생

2차 산업혁명기로 접어들면서 우리 사회는 어린아이가 하루아침에 마법처럼 어른이 된다는 개념에서 점차 벗어났다. 그리고 이에 따라 '청소년기'라는 삶의 단계가 새롭게 부각되기 시작했다. 이런 새로운 시기에 대한 사회적 인식 덕분에 소년 소녀들은 아직 아이에 불과한 상태에서 성년기라는 황량한 벌판으로 갑작스럽게 내던져지기보다 점진적인 과정을 거쳐 완전한 어른으로 성장할 수 있게 됐다.

청소년기에 대한 인식 역시 먼저 부유한 가정에서 시작되어 중산층으로 확대되고 결국 가난한 사람들에게까지 전파되었을 가능성이 크다. 이로 인해 아동들은 더 이상 농장이나 공장에서 가족들을 위해 일하기를 강요받지 않게 되었다. 1938년 미국에서 제정된 공정 노동기준법은 "어린이들의 교육 기회를 보장하고, 건강과 안전에 해로운 노동 현장에서 아동들을 고용하는 일을 방지하기 위해" 설계됐다.[8] 이 법률은 어린이들을 공장이나 탄광 같은 일터에서 해방시킴으로써 인간의 유년기와 청소년기를 정상화하는 데 큰 역할을 했다.

1900년대가 되면서 미국의 34개 주에서는 의무교육 제도가 실시됐다. 1910년에는 72퍼센트의 미국인이 어떤 형태로든 학교에 다닌 경험을 갖게 됐고 1918년에는 미국의 모든 어린이에게 기초적인 교육이 제공됐다.[9] 미국 교육위원회Education Commission of the States에 따르면 오늘날 "24개 주와 워싱턴 D.C.에서는 18세까지의 모든 청소년에게 학교에 출석할 의무가 부여되고, 11개 주에서는 17세까지 그리고 15개 주에서는 16세까지 의무교육이 실시된다."고 한다.[10] 1900년대 이전에는 미국인들이 전혀 들어보지 못했던 '고등학교'라는 교육기관이 20세기 중반이 되면서 누구에게나 익숙한 장소로 바뀌었다. 1940년에는 미국인의 50퍼센트가 고등학교 졸업장을 손에 넣었다.[11]

더 훌륭한 교육의 기회를 얻은 시민들은 빈곤의 악순환에서 벗어나 국가의 부를 증진하는 데 기여했다. 어린이들은 예전에 절대 불가능했던 다양한 방식으로 성년기에 진입할 수 있는 자유를 얻었다. 특히 교육을 받은 젊은 여성들은 아이를 낳고 키우는 것처럼 평생 누군가를 돌보기만 하는 일 이외의 역할을 스스로 선택할 수 있게 됐다. 우리 사회는 청소년들이 더 이상 어린아이가 아니지만 그렇다고 완전한 성인도 아니며, 그 두 단계 사이의 어디쯤에 위치하는 새롭고 독특한 집단이라는 인식을 갖기 시작했다.

오늘날 10대 청소년들을 포괄적으로 지칭하는 '틴에이저'teenager라는 용어는 제2차 세계대전이 끝난 후 얼마 뒤부터 사용되기 시작했다. 하지만 '틴'teen, 또는 '틴에이지'teenage 같은 단어들이 사용된 사례는 1899년부터 찾아볼 수 있다. 미니애폴리스에 소재한 센트럴 하이스쿨Central High School의 교장 존 그리어John Greer는 그해 미네소타 교육협회의 제37차 연례 회의에 참석해서 이렇게 연설했다.

10대teen의 소년 소녀들을 보십시오! 심리학자나 아동 연구가들은 이 단어를 두고 골머리를 앓습니다. 이 청소년들에 대해 쓰인 글도 매우 적고 그들을 제대로 이해하는 사람도 거의 없기 때문입니다. 그들은 아직 완전한 남자나 여자가 되지 못했지만, 그렇다고 어린아이도 아닙니다. 이 젊은 세대는 미래에 대한 희망, 꿈, 야망 등이 급속도로 성장하는 시기를 상징하는 집단입니다. 그들의 미래는 원대하고 매력적이지만, 한편으로 남에게 짓밟히기도 쉽습니다. 이 청소년들의 자의식은 막 꽃을 피우기 시작했으며, 에고의 새싹도 풍성하게 자라나고 있습니다. 그들은 아직 생각의 자유

와 행위의 자유를 구분하지 못합니다.[12]

　현대인들이 틴에이저라는 용어를 쉽게 사용할 수 있게 된 것은 전후의 베이비붐 시대와 경기 호황기 속에서 모든 사람이 양질의 일자리와 넉넉한 가처분 소득을 얻었기 때문일 것이다. 이 시기를 거치며 10대라는 시절은 인생의 한 단계일 뿐만 아니라 하나의 시장으로서 확고한 입지를 구축했다. 오늘날 우리가 베이비부머라고 부르는 최초의 틴에이저들은 이 세상을 근본적으로 바꿔놓았다.

어른들이 만든 새로운 시장, 유스 마켓

언론인 데렉 톰슨Derek Thompson은 2018년 〈새터데이 이브닝 포스트〉Saturday Evening Post 지에 기고한 글에서 이렇게 썼다. "20세기 중반에 들어 틴에이저라는 그룹이 등장한 데는 교육, 경제, 기술이라는 세 가지 트렌드의 결합이 단단히 한몫을 했다. 고등학교는 청소년들에게 가족의 감시망에서 벗어나 자신들만의 독특한 문화를 구축할 수 있는 공간을 제공했다. 경제의 급속한 성장은 그들에게 일정한 소득을(직접 벌든 부모에게 얻어내든) 안겨주었으며, 자동차(그리고 뒤에 등장한 또 다른 이동 기술)는 자유와 독립을 선사했다."[13] 개인용 컴퓨터, 무선호출기, 스마트폰, 소셜 미디어와 같은 기술들의 등장 역시 이들보다 나중 세대의 틴에이저들이 독립적인 삶을 추구하는 데 결정적인 역할을 했다.

모든 새로운 시장에는 개척자가 존재하기 마련이다. 그 점에 있어서는 유스 마켓도 다르지 않다. 1945년 청소년들을 대상으로 한 최초의 마케팅 조사 기업 길버트 틴에이지 서비스Gil-Bert Teen Age Services의 설립자 유진 길버트Eugene Gilbert 그리고 1944년 10대 소녀들을 위해 창간된 최초의 잡지 〈세븐틴〉Seventeen의 설립자 겸 편집장 헬렌 밸런타인Helen Valentine 두 사람이 아니었다면 유스 마켓은 현재와 같은 모습으로 존재하지 못했을 것이다. 길버트와 밸런타인은 모두 틴에이저라는 새로운 그룹의 존재를 포착해서 이들을 어린아이나 성인과 전혀 다른 독특한 집단으로 인식한 데 대해 세간의 칭송을 받는다.

1958년 〈뉴요커〉지에 실린 '카스트, 문화, 시장'A Caste, a Culture, a Market이라는 2부작 기사에 따르면, 길버트는 일찍부터 이 분야에 관심이 많았던 것 같다.[14] 1944년 봄, 한 신발 매장에서 선반에 재고품을 채워 넣는 담당자로 일하고 있던 그는 운동화의 매출이 영 부진하자 자신의 상사에게 그 이유를 파악해 보자고 제안했다. 그가 조사한 바에 따르면 10대 청소년들은 그곳에서 운동화를 판매한다는 사실 자체를 알지 못했다. 이 가게에서 10대를 상대로 광고를 시작하면서 운동화는 날개 돋친 듯 팔려나갔다고 한다.

길버트는 그 시대에 파격적으로 받아들여진 일을 두 가지나 실천에 옮겼다. 첫째, 청소년 소비자들이 어른들을 신뢰하지 않을 거라는 판단하에, 청소년들을 고용해서 청소년 시장을 조사하는 업무를 맡겼다. 둘째, 청소년들에 대한 사회적 인식을 제고하기 위해 '젊은이들은 무엇을 생각하는가'라는 칼럼을 매주 작성해서 연합통신사Associated Press를 통해 배포

했다. 오래지 않아 마셜 필즈Marshall Field's 백화점, 에쏘Esso, 미국 육군, 〈세븐틴〉 잡지 등이 길버트의 고객이 됐다.

〈세븐틴〉은 헬렌 밸런타인의 초기 리더십 하에 10대 여성들을 위한 독특한 콘텐츠를 제공했으며 광고주들에게는 10대에 특화된 전문 마케팅 채널이 되어주었다. 광고 및 마케팅 잡지 〈애드버타이징 에이지〉Advertising Age는 이런 기사를 실었다. "뛰어난 콘텐츠, 화려한 패션 페이지, 특집 기사 그리고 판매부수의 신속한 증가 같은 요인이 합쳐지면서 이 잡지는 광고주들이 젊은 소비자들에게 접근할 수 있는 완벽한 광고 매체로 떠올랐다."[15] 〈세븐틴〉의 구독자는 창간 첫해에 100만 명을 돌파했으며 밸런타인은 미국의 기업들에게 틴에이저라는 새로운 시장을 소개한 선구자로서 큰 찬사의 주인공이 됐다.

이런 사실들이 암시하는 바는 매우 의미심장하다. 그때까지 기업들이 어린이, 성인, 노인이라는 집단의 존재를 알지 못했던 것은 아니었다. 하지만 모든 마케팅과 광고는 노동 연령층에 속한 성인들에게 집중되었다. 그들이 구매력을 지닌 유일한 집단이라는 인식 때문이었다. 그런 의미에서 길버트와 밸런타인은 기업들이 제품과 서비스를 개발하고 판매하는 방식을 근본적으로 뒤집는, 중대한 전환의 장場을 창조한 셈이다.

'우리는 어른들보다 낫다'

틴에이저와 유스 마켓에 대한 사회적 인식과 젊은이들의 반문화적counterculture 성향은 순식간에 미국인들의 정서에 스며들었다. 라디오와 TV 같은 새로운 대중 매체들은 젊음의 문화가 발산하는 소리와 영상을 미국인들의 가정과 자동차로 실어 날랐고 수많은 광고주를 끌어들였다. 오래지 않아 빌 헤일리 앤드 히즈 코밋츠Bill Haley & His Comets, 보 디들리Bo Diddley, 패츠 도미노Fats Domino, 리틀 리처드Little Richard, 제리 리 루이스Jerry Lee Lewis, 엘비스 프레슬리Elvis Presely, 척 베리Chuck Berry 같은 대중문화의 스타들이 등장했다.

그중에서도 2017년 90세의 나이로 사망한 척 베리는 당대의 어느 누구보다 틴에이저라는 집단을 잘 이해하는 아티스트로서 젊은이들에게 특별한 영향을 미쳤다. 베리는 단지 청소년들을 위해 노래를 불러주었을 뿐만 아니라, 틴에이저의 세계와 그들의 경험을 '스위트 리틀 식스틴' Sweet Little Sixteen 같은 초기 히트작들에 담았다. 언젠가 〈빌보드〉Billboard 지는 이런 기사를 실었다. "베리는 로큰롤 음악에 '우리는 어른들보다 더 많이 안다'라는 당돌한 정서를 불어넣었다. 이는 이전 세대의 선배들이 감히 생각지도 못했던 일이었다. 이런 젊은이 위주의 세계관은 로큰롤을 단순한 음악적 유행에서 누구도 거부할 수 없는 매혹적인 라이프스타일과 사고방식으로 확장함으로써 미국 전역의 10대 청소년들에게 큰 영향을 미쳤다(그리고 이 과정에서 60년대의 대규모 세대 간 갈등으로 이어지는 길을 닦았다)."[16]

여담이지만, 오늘날 우리가 베이비부머들의 전유물이라고 생각하는 수많은 문화적·사회적 생산품 중에는 사실 그들이 직접 만들어내지 않은 것들이 부지기수다. 베이비부머들은 단지 그 산물들을 소비했을 뿐이다.

우리에게 그 사실이 중요한 이유는 앞으로도 베이비부머들이 자신들을 위해 스스로 제품과 서비스를 개발하고 마케팅이나 광고 전략을 혁신하지는 않을 것이기 때문이다. 베이비부머들의 엄청난 인구 기반과 높은 구매력을 활용할 수 있는 사람들은 그들보다 뒤에 등장한 X세대, 밀레니얼 세대, Z세대의 젊은이들이다. 물론 이는 현재의 시대상을 기꺼이 활용할 준비가 되어 있는 사람들에게만 가능한 일일 것이다.

이 시대의 중요한 사회적 격변을 이끈 지도자 중에서도 베이비부머가 아닌 사람이 많다. 작가 겸 비평가 루이스 메넌드Louis Menand는 2019년 〈뉴요커〉에 기고한 기사에서 이렇게 썼다. "베이비부머 중 가장 어린 세대가 고등학교를 졸업할 무렵 로널드 레이건은 이미 미국의 대통령이었으며, 베트남 전쟁은 끝난 지가 7년이 넘었다."[17]

물론 베이비부머들은 당대에 커다란 족적을 남겼다. 하지만 그들이 눈에 띄는 활약을 보인 것은 주로 20세기 후반에 들어서의 일이었다. 1947년생인 엘튼 존이 자신의 첫 번째 히트곡 '아워 송'Our Song을 발표한 것은 1970년이었다. 1948년에 태어난 스티브 닉스Steve Nicks는 1975년이 되어서야 플리트우드 맥Fleetwood Mac 밴드에 합류했다. 패션 디자이너 타미 힐피거는 1951년에 태어나 1985년에 자신의 이름을 딴 브랜드를 출범시켰다. 1955년생인 '마이크로소프트의 아버지' 빌 게이츠는 1975년에야 회사를 설립했다. 1958년에 태어난 마돈나가 '팝의 여왕'이 된 것은 1980년대였다. 1960년생 보노Bono는 1987년 〈조슈아 트리〉The Joshua Tree 앨범을 발표하기 전까지 세계적 명성을 얻지 못했다. 1964년에 태어난 영화배우 산드라 블록은 1994년 액션 스릴러 영화 〈스피드〉Speed에 출연해서야 스타가 되었다. 그리고 베이비부머가 배출한 최초의 대통령 빌 클린턴은 1946년에 태어나 1992년에 대통령에 당선됐다.

20세기 중반에 방영된 TV 프로그램들은 당대의 지배적인 사회적 분위기를 반영하기도 했지만, 동시에 새롭게 등장한 청년 문화와 기존의 권위에 도전하는 젊은이들의 행보를 묘사하기도 했다. 〈왈가닥 루시〉I Love Lucy는 다문화 결혼생활의 이야기를 담았으며 〈신혼부부〉The Honeymooners는 인종 및 성차별의 문제를 다뤘다. 또 〈비버는 해결사〉Leave it to Beaver는 틴에이저가 현대의 미국 가정에 미치는 영향을 그렸다.

이런 TV 프로그램에서 노인들의 모습은 좀처럼 찾아보기가 어렵고 모든 이야기의 초점이 젊은이들에게 맞춰졌다는 사실은 놀랍지 않다. 설사 노인들이 잠깐 스쳐가는 역할이나 비중 없는 조연으로 출연한다고 해도, 프로그램에서 묘사되는 그들의 이미지는 대개 무기력하고, 괴팍하고, 우스꽝스럽고(특히 당대의 전형적인 노인 스타일이 아닌 경우), 삶의 내리막길을 걷는 악의에 가득 찬 늙은이에 불과했다. 그나마도 그들의 존재감은 극중에서 철저히 무시되기 일쑤였다. 이런 터무니없는 편견은 방송을 통해 미국 전역을 포함한 세계 곳곳으로 퍼져나갔고 이로 인해 노인들을 향한 세간의 시선은 더욱 천편일률적이고 부정적인 관점으로 굳어지기에 이르렀다. 이런 대중 매체의 편향성은 TV 시대 초창기부터 시작되어 최근까지 지속됐다. 대중문화 속에서 현실적이고 합리적인 노인의 모습이 그려지는 일이 일반화된 것은 불과 얼마 전의 일이다.

할리우드나 새롭게 등장한 매체들은 젊은이들에게만 초점을 맞춰 프로그램을 제작하던 관행에서 서서히 벗어나는 모습을 보였다. 또 그들이 극중에서 노인들, 특히 나이 든 여성들을 묘사하는 태도도 조금씩 달라졌다. 1980년대 히트한 시트콤 〈골든 걸스〉는 황혼기에 접어든 여성들의 삶을 다룬 최초의 프로그램이다. 최근에 방영된 〈그레이스 앤 프랭키〉Grace and Frankie는 60대, 70대, 80대 그리고 그보다 더 나이가 많은 노인들의 모습을 현실적으로 조명했다. 그 말은 TV 방송국의 경영진이나 제작자들이 이제야 환상에서 깨어나 시니어 시장이나 노인 인구를 주제로 한 이야기의 가치를 인식하기 시작했다는 뜻이다.

젊은이들의 문화는 어떻게 삶의 표준이 되었나

20세기 중반에 변한 것은 미디어뿐만이 아니다. 광고 역시 크게 바뀌었다. 그중에서도 가장 기념비적인 순간은 1963년 펩시콜라가 전국적인 광고 캠페인을 진행했을 때라고 할 수 있다. 펩시는 이 캠페인에서 젊은이들이 수영, 사이클, 스키 등 '젊은이다운' 활동을 하는 이미지만을 강조하고 제품 자체나 그 효과에 대한 언급을 거의 하지 않는 혁신적인 광고 기법을 선보였다. 대신 이 회사는 '살아 움직여라! 당신은 펩시 세대다!'라는 메시지를 통해 젊은이들에게 제품이 아니라 비전을 판매하는 길을 택했다.

  펩시가 진행한 캠페인은 종래의 상식을 뒤엎는 다분히 반反 광고적 시도였다. 아마 이 광고는 1959년 폭스바겐의 '작게 생각하라'Think Small 캠페인에서 영감을 얻었을 것이다. 펩시의 메시지는 당시 새롭게 등장하던 반문화적 분위기를 타고 소비자들에게 큰 울림을 주었으며 젊은이들로 하여금 미래의 성공에 대한 열망을 품게 하는 데 일조했다. 펩시가 광고에서 큰 성공을 거두자, 다른 기업들도 젊은 소비자들에게 접근하기 위해 이 회사의 접근방식을 앞다퉈 활용했다. 지난 2011년 스포츠 의류 기업 파타고니아가 진행한 '이 재킷을 사지 마세요'Don't Buy This Jacket, 2019년 도리토스의 '수준이 다릅니다'Another Level 캠페인 등이 이런 광고 기법을 도입한 사례라고 할 수 있다.

젊은이들에게 마케팅이 집중되는 현상은 한때의 유행으로 그치지 않았다. 이 극적인 변화의 여파는 그 뒤 수십 년 동안 이어지면서 제품과 서비스가 소비자들에게 판매되는 방식뿐 아니라 그 개발 과정에도 큰 영향을 미쳤다. 이제 인류는 젊은이들이 모든 인구통계학적 집단 중에 가장 중요한 그룹이며 젊음이란 다른 무엇보다 소중한 것이라고 믿게 된 것이다.

1960년대에 유스 마켓을 목표로 출범한 브랜드 중 상당수는 오늘날까지 업계를 대표하는 상징적인 제품으로 남아 있다. 나이키, 랄프 로렌, 캘빈 클라인, 갭, 노스페이스 같은 유명 브랜드들의 전략적 핵심은 언제나 유스 마켓이었고 그들이 진행하는 광고는 젊은이들의 시대상을 일관되게 반영해왔다. 다시 말해 이 기업들은 한때 그들의 핵심 고객이었던 소비자들과 함께 나이를 먹는 것이 아니라, 항상 새롭게 등장하는 젊은이들의 문화를 새로운 표준으로 채택하는 전략을 선택했다.

1970년대 말엽에 접어들면서 대부분의 선진국에서 젊은이들 대상의 광고와 청년 문화는 그 자체로 당대의 보편적인 삶의 모습을 상징할 만큼

떼려야 뗄 수 없는 관계가 되었다. 1960년대 반항적인 청년 문화를 상품화한 대기업이나 할인점이 톡톡히 재미를 보는 모습을 지켜본 일부 젊은 기업가들은 다른 사람이 쉽게 흉내 낼 수 없고 소비자들의 독특한 취향과 개성을 만족시켜줄 제품들을 개발하는 데 몰두했다. 대표적인 사례가 1970년대부터 1980년대 초까지 유행한 펑크punk 문화나 1990년대 초를 풍미한 그런지grunge 스타일이다.

1981년 8월 1일, MTV가 출범했다. 이 음악 전문 채널의 목표 시청자는 12세부터 34세 사이의 10대 청소년과 젊은 성인들이었다. MTV는 이 고객층에 특화된 최초의 TV 채널로 그들의 사업 목표는 그때까지 누구도 시도한 적이 없던 24시간 뮤직비디오 방송이었다. 물론 청년 문화를 상징하는 유일한 요소가 음악만은 아니었다. TV와 영화 산업 관계자들도 미국의 젊은이들 사회가 자신들의 중요한 고객 기반이라는 사실을 인식하기 시작했다. 1980년대에 틴 무비teen movie로 유명세를 누린 존 휴즈John Hughes 감독은 자신이 극중에서 창조한 주인공들을 세상에서 무시당하고 오해받으면서도 삶에서 뭔가 의미를 찾기 위해 노력하는 영리한 캐릭터로 묘사했다.

내가 1980년대와 1990년대에 유년기를 보내던 시기에 한창 유행했던 유나이티드 컬러즈 오브 베네통, 게스, 아베크롬비 앤 피치 같은 브랜드는 사회적 규범에 저항하는 젊은이들의 이미지를 만들어내고 시대적인 변화를 상품화해서 우리를 매료시켰다. 내가 속한 X세대(더글러스 커플랜드Douglas Coupland의 저서에서 유래한 용어)의 젊은이들은 롤러스케이트 링크나 쇼핑몰에서 여가 시간을 보냈다. 우리는 MTV에 열광하고 인터넷을 서핑하며 친구들과 교류한 첫 번째 세대였다.

유나이티드 컬러즈 오브 베네통은 1965년 루치아노, 줄리아나, 카를로, 질베르토 베네통 형제에 의해 설립됐다. 1980년대 들어 이 회사는 혁신적인 마케팅 전략을 도입해서 전 세계 유스 마켓 소비자들의 눈길을 사로잡았다. 베네통의 성공에 큰 역할을 한 사진작가 올리비에로 토스카니 Oliviero Toscani는 1982년 이 회사에 합류해서 사회적 불평등, 인종차별, 대기업의 위선 등을 강조하는 마케팅 캠페인을 주도했다. 베네통의 광고 캠페인들이 당대의 시대정신을 적절히 파고들어 유스 마켓을 장악했다는 사실을 감안할 때 미래의 광고주들도 중장년과 노인층을 겨냥한 시장에 비슷한 전략을 활용해야 할 것으로 보인다.

틴에이저들은 대중문화나 소비자 문화에만 도전장을 던졌을 뿐만 아니라 정치적으로도 단결해 세력을 과시하기 시작했다. 그들은 성별, 인종, 성적 취향 등에 대한 기존의 사회적 규범에 반발했으며, 무엇보다 어른들의 권위에 도전했다.

기득권에 저항하는 사고방식이 전혀 새로웠던 것은 아니다. 이런 현상은 모든 세대에서 비슷하게 발생했다. 하지만 20세기 중반 새롭게 등장한 젊은이들은 기성세대에 대한 불신감이 훨씬 강했으며 그런 성향도 매우 보편적이었다. 그들의 주장을 단적으로 말하면 늙는다는 것은 나쁜 일이니 우리 사회는 젊은이들을 누구보다 가치 있게 생각해야 한다는 것이었다. 그러나 그들의 문제점은 모든 사람이 언젠가는 늙을 거라는 사실을 미처 깨닫지 못한 데 있었다. 당시의 젊은이들은 자신의 미래와 앞으로 다가올 슈퍼 에이지를 두고 스스로 불리한 방향으로 내기를 건 셈이었다.

'우리 대 그들'이라는 이분법적 태도가 젊은이들 사이에서 본격적으로 모습을 드러내기 시작한 것은 1964년의 일이었다. 그해 11월, 신좌익New Left 운동과 캘리포니아 버클리 대학 캠퍼스에서 시작된 자유언론운동Free Speech Movement에 앞장섰던 24세의 환경운동가 잭 와인버그Jack Weinberg는 이렇게 선언했다. "30세가 넘은 사람은 누구도 믿지 말라!" 이 말은 향후 이 나라를 사회적·문화적·정치적·경제적으로 장악하게 될 베이비부머들의 슬로건으로 굳게 자리 잡았다.

젊음을 미화하고 노화에 저항하는 메시지는 대중음악 속에도 스며들었다. 1965년 영국의 밴드 후Who는 '마이 제너레이션'My Generation이라는 곡에서 "나는 늙기 전에 죽었으면 좋겠네."라고 노래했고, 비틀즈는 1967년에 발표한 곡 '웬 아임 식스티-포'When I'm Sixty-Four에서 "내가 64세가 되어도 나를 여전히 필요로 하고 돌봐줄 건가요?"라고 물었다. 이렇듯 오직 젊음에 집착하고 늙음을 거부하는 문화(그 두 가지 모두 존재와 마음의 일시적인 상태임에도)가 어느덧 현대인들의 신념 체계 한 가운데를 차지하면서 이제 우리가 이를 바로잡기는 거의 불가능해졌다.

인류 역사의 초기에는 수많은 전통이 대부분 인간의 짧은 수명을 전제로 성립되었다. 젊은이들의 문화가 등장해서 본격적으로 모습을 갖춘 시기에도 유아기와 성년기의 구분은 매우 뚜렷했다.

남성들이 모두 같은 스타일의 복장으로 근무하는 일터만큼 그 사실을 확연하게 관찰할 수 있는 장소는 없을 듯하다. 1950년대에서 1970년대 중반까지만 하더라도 성인 남성들은 사무실에서 회색이나 검정색 또는 군청색 양복을 입고 넥타이를 착용했으며 헤어 스타일링 제품을 사용해서 머리카락을 뒤로 완벽하게 빗어 넘겼다. 성인들의 의상은 나이와 관계없이 유니폼처럼 서로 비슷했다. 그러다 1960년대의 반문화적 풍조가 일터로 확산되면서 이런 분위기는 바뀌기 시작했으며 나이 든 사람들은 조직에서 체계적으로 밀려나게 됐다.

일터에서의 노인 차별

1960년대에 들어 베이비부머들이 사회에 발을 디디면서 업무 현장에는 젊은이들의 문화가 서서히 유입되기 시작했다. 1990년대에는 X세대 젊은이들이 선언한 '평상복을 착용하는 금요일'Casual Friday 문화가 새로운 용어로 기업문화 속에 자리 잡았다. 2000년대에는 밀레니얼 세대가 젊고, 혁신적이고, 기술에 익숙하고, 변화를 갈망하는 젊은층에게 후드 상의와 청바지를 소개하면서 이 복장은 새로운 유니폼이 되었다. 오늘날 사무실에서 정장을 착용하고 있는 사람들은 고지식하고, 시대에 뒤떨어지고, 나이 든 기성세대뿐이다.

따지고 보면 일터에서 나이 든 사람을 차별하는 기업문화와 업무적으로 젊은이를 선호하는 풍조를 초래한 책임의 일부는 베이비부머들에게 있을지도 모른다. 그들은 우리 사회 전반에 연령 차별적인 문화가 확산 및 증폭되는 과정에도 직접적인 영향을 미쳤다. 하지만 그 뒤에 출현한 세대들도 연장자들에 대한 부정적인 인식을 고착 및 확대하고 젊음을 신격화하는 분위기를 부추긴 책임에서 자유롭지 못하다.

현대 기업의 CEO들 역시 나이에 관계없이 젊음을 찬양하는 데 열을 올린다. 밀레니얼 세대인 페이스북의 설립자 마크 저커버그는 "젊은 사람이 훨씬 영리하다."고 선언한 것으로 유명하다.[18] 심지어 알리바바의 공동 설립자이자 전 CEO 마윈馬雲, Jack Ma은 2018년 세계 경제포럼에 참석해서 나이 든 사람들에게 이렇게 충고하기도 했다. "사람이 50세에서 60세 사이가 되면 젊은이들을 교육하고 개발하는 데 시간을 보내야 합니다. 60세가 넘으면 손주들이나 보면서 집에 있는 편이 낫습니다."[19]

일터에서 젊은이들을 떠받들고 연장자들을 천대하는 풍조는 나이 든 사람들이 모두 느리고, 융통성 없고, 기술적으로 무지하다는 근거 없는 선입견에 뿌리를 둔다. 이런 부정적 편견 탓에 요즘에는 아직 30대에 불과한 남성과 여성 중에도 젊은 외모를 유지하기 위해 성형수술을 받는 사람이 늘어나고 있다. 주아드비브르 호텔의 설립자이면서 에어비앤비의 임원을 지낸 칩 콘리Chip Conley는 최근 멕시코의 바하칼리포르니아수르에 위치한 자신의 모던 엘더 아카데미Modern Elder Academy에서 '현대적 노인'이 되는 법을 알려주는 강좌를 열었다. 1주일에 5,000달러, 2주일 과정에 1만 달러가 드는 이 교육 코스의 참가자들은 중년을 포함한 삶의 후반기를 더욱 생산성 높은 시기로 만드는 방법을 배운다고 한다.

고대부터 산업혁명 시기에 이르는 동안 생기 넘치는 젊음은 누구나 열망하는 삶의 특성이 되었다. 20세기 초에 들어서면서 우리 사회의 모든 구성원은 영원한 젊음을 유지하는 일 또는 최소한 젊어 보이려고 애쓰는 일에 엄청난 에너지를 쏟기 시작했다. 오늘날 미국의 뷰티 산업과 화장품 산업이 창출하는 매출액은 연 6,000억 달러에 달하며 2025년에는 8,000억 달러를 돌파할 전망이다.[20] 헬스클럽과 성형수술 업계의 성장도 지속되리라 예상된다. 갈수록 많은 사람이 겉모습에 집착하고 젊은 외모를 유지하기 위해 노력하고 있다. 우리는 너나 할 것 없이 나이 먹는 일을 거부하며 늙음을 외면한다.

안티에이징을 '안티'하라

뷰티, 패션, 건강 분야처럼 젊음을 향해 열렬한 찬사를 보내고 나이가 드는 일에 거세게 저항하는 산업은 없을 듯하다. 모든 일이 다 그렇듯이, 이 분야에도 나름대로 역사적 배경이 존재한다. 이집트의 여왕 클레오파트라는 매일 당나귀 우유로 목욕을 해서 피부를 젊게 유지하려고 애썼다고 한다.[21] 당나라의 유일한 여성 황제 측천무후는 익모초로 만든 '신비의 가루'를 얼굴에 바르고 찬물로 씻어내어 젊은 외모를 유지했다고 전해진다. 잉글랜드의 엘리자베스 1세 시대의 여성들은 날고기를 얇게 저며 얼굴에 펴 바르는 미용 기법을 사용했다.[22] 또 18세기의 프랑스 여성들은 숙성된 포도주로 목욕을 했다고 한다.

　20세기에 들어 젊음을 찬양하고 노화에 저항하는 사회적 메시지는 더욱 증폭되었다. 특히 여성들에게는 실현이 거의 불가능한 미적 기준의 이미지가 수없이 제시되면서 그들로 하여금 자연스러운 노화의 과정과 맞서 싸워야 한다는 도전의식을 갖게 했다. 이 분야에서 최초로 등장한 광고들은 대개 남성이 주도했다. 팜올리브라는 비누 회사가 '중년'의 피부에 대한 문제점을 지적한 광고는 사상 최초의 안티에이징 광고로 유명세를 탔다. 뷰티 기업들은 소비자들이 나이 먹는 일을 수치스럽게 여기도록 만드는 전략을 사업 성공을 위한 핵심 방안으로 채택했으며 여성들을 오랫동안 궁지에 몰아넣은 비현실적인 미적 기준 앞에서 초조해하는 고객들의 주머니를 털었다.

과도한 안티에이징 메시지가 난무하는 것도 문제지만, 각종 매체에서 나이 든 사람의 출연이 부족한 것도 우리가 해결해야 할 숙제 중의 하나다. AARP의 조사에 따르면 미국의 인구 중 3분의 1 이상을 차지하는 50세 이상의 연령층이 미디어에 모습을 드러내는 비율은 전체 이미지의 15퍼센트에 불과하다고 한다.[23]

언제부터인가 우리는 나이를 먹는 것이 감추거나 막아야 하는 부정적인 삶의 과정이라는 메시지를 스스로 내면화하기 시작했다. 광고주들은 유스 마켓을 활용했을 뿐 아니라, 죽음이나 장수에 관련된 인간의 불안감을 부추겼다.

오늘날 60세 이상의 여성 중에 3분의 1은 지난 3개월 이내에 안티에이징 제품을 사용한 적이 있다고 한다.[24] 시장조사 기관 스타티스타는 전 세계 안티에이징 시장의 규모가 5,850억 달러에 달하고 2021년부터 2026년까지 매해 7퍼센트의 평균 성장률을 기록할 거라고 내다봤다.[25]

지난 수십 년 동안 페미니스트들은 녹스제마, 엘리자베스 아덴, 맥스 팩터 같은 유명 브랜드를 내세운 화장품 기업들이 실현 불가능한 미적 기준을 수립하는 데 기여했으며 남녀 할 것 없이 누구나 안티에이징에 목을 매는 사회를 만들었다고 비난했다. 2017년 〈얼루어〉Allure 지는 안티에이징이라는 개념을 거부하는 사회적 움직임의 첫발자국을 내딛었다. 그들은 성명서에서 이렇게 주장했다. "우리는 '안티에이징'이라는 용어를 더 이상 사용하지 않기로 결정했다. 우리가 알게 모르게 이 용어는 노화가 뭔가 싸워서 이겨야 하는 대상이라는 메시지를 강조하고 있기 때문이다. 항불안제antianxiety meds, 바이러스 퇴치 소프트웨어antivirus software, 항균 스프레이antifungal spary 같은 용어들을 생각해 보라."[26] 그들의 행보가 급진적이었던 이유는 〈얼루어〉가 뷰티 전문 잡지이며 뷰티 산업에 속한 광고주들로부터 돈을 받아야 발행이 가능한 매체였기 때문이었다.

소비 지상주의에 물든 매스 미디어는 대중을 상대로 젊음을 찬양하고 노인들을 소외시키는 각종 메시지와 이미지를 융단폭격해서 결과적으로 모든 사람에게 노화에 맞서 싸우라고(마치 인간이 이길 수 있는 싸움이라는 듯이) 종용하고 있다. 그들은 "70세는 새로운 50세."70 is the new 50 같은 슬로건을 외치며 오래도록 생기 있고 활력 넘치는 삶을 유지할 필요성을 강조하고 있다. 하지만 정작 퇴행성 질환을 앓거나, 인지 기능이 쇠퇴했거나, 외로운 처지에서 고통 받고 있는 노인들을 위한 대안을 내놓지는 못한다. 그들이 하는 일이라고는 오직 미래와 늙음에 대한 공포를 불어넣는 것이다.

그런 의미에서 사람이 나이를 먹으면서 점점 생일을 덜 축하하게 되는 것은 전혀 놀랍지 않다. 우리가 노화에 저항하는 일도 지극히 당연하다고 할 수 있다. 하지만 우리는 탄생과 젊음만을 찬양하기보다 로마 시대처럼 '완연한 노년기'로 접어든 사람을 축하할 수 있어야 한다.

어떤 부모든 자녀를 젖먹이에서 어린이로, 어린이에서 청소년으로, 청소년에서 성인으로 키우기 위해서는 엄청난 시간과 에너지 그리고 경제적 자원을 쏟아부어야 한다. 과학자, 사회학자, 의사, 교육자, 정책 입안자를 포함한 각계각층의 전문가들은 젊은 세대가 성인으로 무사히 성장하는 일을 돕기 위한 각종 지침과 기준을 개발해서 그들의 건강이나 사회성, 교육 능력 등이 궤도를 벗어나지 않는지 세심히 측정한다. 참으로 이상한 사실은 우리 사회가 성인기를 지난 사람들의 삶에 대한 준비는 전혀 하지 않는다는 것이다. 어떤 지침도 기준도 없다.

젊음과 늙음을 구분하는 허구의 경계선, 젊음에 대한 사생결단의 집착(감히 '숭배'라고 표현할 수 있을 정도로), 나이 든 사람들에 대한 부정적인 사고방식과 고정관념 등은 우리 모두가 극복해야 할 숙제다. 20세기 중반에 등장한 청년 문화는 젊은이가 나이 든 사람에 비해 모든 면에서 우월하다는 역사적 관점을 굳어지게 했지만, 우리는 그런 사고방식을 되돌려 이 사회에 '안티–안티에이징'anti-anti-aging의 풍조를 정착시켜야 할 것이다.

우리는 삶의 초기를 성공적으로 벗어난 날을 기념해야 한다. 40대에 처음으로 사랑하는 동반자를 만나 결혼한 사람을 축하하고, 50대에 아이를 낳기로 결정한 친구 앞에서 감동할 수 있어야 한다. 60세나 그 이후에 사업가가 되어 꿈을 추구하는 용감한 영혼들에게 갈채를 보내야 한다. 우리의 삶은 25세에 멈추지 않는다. 그랬던 적이 한 번도 없다. 장수를 누리는 노인들을 따뜻하게 대하고 청년기를 지난 삶에 긍정적인 관점을 소유하는 일은 다양한 연령층으로 구성된 새로운 사회, 즉 슈퍼 에이지의 무한한 사회적·경제적 기회를 활용할 수 있는 유일한 길이다. 그렇지 못하면 미래의 약속은 사라지고 경제는 몰락할 것이며 인류가 애써 얻어 낸 장수라는 이득이 소멸하기 시작할 것이다.

장수를 얻은
사람들

1835년, '진화론의 아버지' 찰스 다윈Charles Darwin 은 왕립해군 군함 HMS 비글HMS Beagle 호를 타고 갈라파고스 제도에 도착했다. 그의 탐사 팀은 그곳에서 거북이 한 마리를 포획해서 해리엇Harriet 이라는 이름을 붙여주었다. 그 거북이는 지난 2006년 호주 퀸즐랜드의 어느 동물원에서 176세의 나이로 죽었다.[1]

다윈이 탐사 여행에 나선 이후 캘리포니아의 골드러시, 미국의 남북전쟁, 전구의 발명 같은 사건이 모두 해리엇이 50세가 되기 전에 일어났다. 그 뒤로도 이 거북이는 프랑스가 미국에 자유의 여신상을 선물한 일, 비행기의 등장, 두 차례의 세계대전, 러시아의 볼셰비키 혁명, 스페인 독감, 대공황, 인간의 달 착륙, 베를린 장벽 붕괴, 911 사태 등 굵직굵직한 세계사적 사건들을 지켜보며 꿋꿋이 살아남았다. 물론 장수하는 생물은 해리엇뿐만이 아니다.

2016년 미국 과학진흥협회American Association for the Advancement of Science가 수행한 연구에 따르면, 그린란드 상어Greenland Shark의 평균수명은 해리엇의 일생보다 약 100년이 긴 272년에 달한다고 한다. 북대서양에 서식하는 이 상어 중에는 400년 넘게 생존하는 개체도 있는 것으로 알려졌다.[2]

그 말은 오늘날 죽을 때가 가까워진 평균수명의 그린란드 상어는 스페인이 캘리포니아에 첫 번째 미션mission(스페인이 캘리포니아 정복을 위해 18세기에 수립한 선교 기지 겸 개척지—옮긴이)을 건설한 시기부터 살아 있었다는 뜻이다. 심지어 가장 나이가 많은 그린란드 상어는 1620년 영국에서 출발한 순례자들이 매사추세츠 주 플리머스 바위에 첫발을 내디뎠을 때, 또는 셰익스피어가 〈템페스트〉와 〈헨리 8세〉를 처음 무대에 올렸을 무렵에 태어났을 것이다.

자연계에 존재하는 다른 유기체들도 갈라파고스의 거북이나 그린란드 상어에 비해 훨씬 오랫동안 장수를 누린다. 캘리포니아에 서식하는 소나무의 일종인 므두셀라Methuselah 나무는 수령이 4,800년에 육박하며 지구상에 존재하는 복합 유기체 중 가장 나이가 많다고 전해진다.[3] 볼락류, 조개류, 바닷가재, 해파리 같은 생물체들 역시 노쇠 과정(즉 세포노화)이 매우 더디게 진행되는 가운데 수백 년을 생존한다.

물론 인간이 갈라파고스 거북이나 그린란드 상어처럼 장수하기는 쉽지 않다. 상상력의 한계 때문이겠지만, 인간이 그토록 오랜 수명을 누리는 것은 여전히 이루기도 어렵고 수많은 제약으로 가득한 목표로 남아 있다. 현재 인간 수명의 최대 한계는 120세 정도다. 이 한계를 넘어서까지 생존한 사람 중에 신원이 파악된 이는 프랑스의 잔 칼망Jeanne Calment 뿐인데, 그녀는 태어난 지 122년 164일이 되는 1997년 8월 4일에 세상을 떠났다.

과거에는 의학적 연구의 초점이 대부분 생애 초반기의 건강 상태를 개선하는 데 집중됐다. 그로 인해 영유아의 사망률이 개선되고 아이들이 청소년과 성인으로 성장하는 비율도 높아졌으며 인간의 평균수명 역시 증가했다. 반면 오늘날에는 점점 많은 전문가가 노화와 관련된 질병을 치료하는 데 몰두하고 있다. 인류가 의학적 노력의 초점을 중년기나 노년기에 집중할수록 인간 수명의 한계선은 더욱 넓어질 것이다.

일부 낙관적인 연구 결과에 따르면 인류 역사상 처음으로 150년 넘게 생존할 사람은 이미 세상에 태어났다고 한다. 심지어 인간의 수명에 한계가 있다는 개념 자체에 도전장을 던지는 과학자들도 등장했다. SENS 연구 재단SENS Research Foundation의 저명한 장수 연구 전문가 오브리 드 그레이Aubrey de Grey는 최근 내게 이렇게 말했다. "우리는 수명 탈출 속도 longevity escape velocity에 접근하고 있습니다." 다시 말해 인류가 현재의 기대수명 한계를 돌파하고 난 뒤에는 수명이 걷잡을 수 없는 속도로 늘어날 거라는 뜻이다.

인류는 마치 천국을 향해 손을 뻗고 있는 듯하다. 인간이 유인 우주선을 타고 지구 궤도에 오르는 일은 한때 불가능해 보였다. 그러나 우리는 결국 우주로 진출했고 달에 착륙했으며 우주정거장을 건설했다. 또 최초의 '우주 관광객'이 로켓을 타고 하늘로 날아오르는 모습을 세계가 지켜봤다.

우리가 장수나 노인들에 대한 집단적 사고방식을 바꾸지 않는다면, 아무리 건강한 삶을 오래도록 누릴 수 있다고 해도 의미가 없을 것이다. 사람들 대부분은 노인을 사회적·경제적으로 부담스러운 존재로 생각한다. 인간의 수명을 연장하는 일도 중요하지만 성별, 인종, 지역, 경제적 그룹 사이에 발생하는 수명의 격차를 줄이지 않으면 중장년 및 노인층 시민들의 경제적·사회적 잠재력을 활용하기는 어려울 것이다. 우리는 모든 사람이 생애 전체에 걸쳐 사회의 중요한 일부분으로서 활동할 수 있도록 그들에게 힘을 실어주어야 한다.

우리의 수명은 우리 자신의 손에 달렸다

인간의 역사 거의 전체를 통틀어 사람의 수명은 매우 짧았지만, 우리는 항상 죽음의 문제에 사로잡혀 있었다. 우리 조상들은 이 주제에 너무 집착한 나머지 오직 인간만이 죽음을 인식하는 유일한 생물이라고 생각했다. 1970년대 초 문화인류학자 어니스트 베커Ernest Becker는 퓰리처상을 받은 《죽음의 부정》에서 이렇게 썼다. "죽음에 대한 우리의 지식은 관념적이고 개념적이다. 동물들은 그런 생각에서 자유롭다."[4]

죽음과 관련된 인간의 행위는 대개 종교적 전통에 기반을 두고 있다. 우리는 끝없이 젊음의 샘물을 탐구하고 세상을 떠난 뒤에도 후손들에게 오래 기억될 수 있도록 자신을 기리는 기념비를 세운다. 돌고래, 코끼리, 침팬지, 고래 같은 지구상의 다른 생물들도 죽음을 의식한다는 사실을 인류가 알게 된 것은 불과 얼마 전의 일이다.[5]

인간만이 죽음을 이해하는 유일한 생명체라는 견해는 이제 사라지기 시작했지만, 사람만큼 삶의 마지막 순간에 집착해서 노화의 속도를 늦추고, 수명을 늘리고, 죽음의 신을 속여 넘기기 위해 열심인 종種은 없는 듯하다.

19세기 말에서 20세기 초에 걸쳐 우리 사회는 영양 개선, 위생, 사회복지, 과학적 창의력 같은 요인들에 힘입어 역사상 처음으로 삶의 조건을 개선하고 시민들의 수명을 늘리는 일에 몰두하기 시작했다. 이런 혁신의 목표는 대부분 영유아의 사망률을 낮추는 데 집중되어 있었다. 그러던 중 다소의 행운을 포함한 몇몇 환경적 요인 덕분에 우리는 그렇게 얻어낸 의학적 진보를 인간의 수명을 늘리는 분야에도 적용할 수 있다는 사실을 깨닫게 됐다. 하지만 예전에는 상상조차 하지 못했던 수준으로 인간의 수명을 연장할 수 있다는 가능성에 소수의 과학적 선구자와 대형 투자자들이 본격적으로 시간과 자금을 투자하기 시작한 것은 불과 얼마 전(약 30년 전)의 일이다.

그때까지 선진국과 개발도상국의 모든 연구자들은 신생아의 생존율을 높이고 유아와 어린이의 생활환경을 개선하는 데만 거의 전적으로 에너지와 자원을 투자한 덕분에 인간의 평균수명은 어느 정도 증가했다. 그러나 수명 연장이라는 과제의 초점이 성인들의 건강을 개선하는 영역으로 이동한 일은 과거로부터의 급진적인 출발점이자 슈퍼 에이지의 가장 큰 특징이라고 할 수 있다. 또한 잠재적 수익성이 엄청날 것으로 예상되는 이 분야에는 앞으로 주머니가 두둑한 투자자들이 많은 돈을 배팅할 것으로 예상된다.

미래에 인간의 수명이 획기적으로 늘어날 가능성은 매우 크지만, 그렇다고 무턱대고 장담할 수만은 없는 노릇이다. 내가 이 책을 쓰는 데 영감을 제공했으며 《100세 인생》과 《뉴 롱 라이프》를 공저한 내 동료 앤드루 스콧Andrew Scott은 종종 이런 견해를 펼친다. "본질적으로 인간의 수명과 장수는 환경에 따라 좌우된다."

앤드류의 말은 앞으로 인간의 기대수명이 늘어날 수도 있지만 줄어들 가능성도 있다는 사실을 시사한다는 점에서 희망적이기도 하고 한편으로 불길하기도 하다. 인류가 힘겹게 쌓아올린 기대수명이 개인 구성원들의 잘못된 행동이나 나쁜 공공 정책 탓에 물거품이 된 사례는 역사적으로 (특히 최근의 역사에서) 드물지 않게 발생했다. 그 말은 우리가 인간의 수명을 지속적으로 연장시키기 위해서는 이 목표를 뒷받침할 만한 적절한 의사결정과 투자가 계속 이루어져야 한다는 뜻이다. 특히 각국의 정부는 국민들이 좋은 음식을 섭취하고, 운동 시간을 늘리고, 각종 질병을 예방하는 조치를 취하도록 독려해야 할 것이다.

그럼에도 코로나19 사태처럼 인간의 건강을 위협하는 통제 불가능한 상황이 벌어진다면 우리의 목표는 벽에 부딪힐 수밖에 없다. 미국 질병통제예방센터Centers for Disease Control and Prevention, CDC(이하 CDC)의 2020년도 예비 데이터에 따르면, 코로나19로 인해 미국의 기대수명은 뚝 떨어져서 2006년 수준으로 후퇴했다고 한다.[6] 그리고 2021년 초 미국 정부가

발표한 기대수명 역시 2년 가까이 감소해서 제2차 세계대전 이후 최대 감소율을 기록했다.[7]

우리의 가장 큰 숙제는 정부가 통제력을 행사할 수 있는 분야를 개선하는 것이다. CDC 자료에 의하면 2019년 미국에서는 7만 명이 넘는 사람이 약물 과다복용으로 목숨을 잃어 상해 관련 사망 건 중에 가장 많은 사인死因을 차지했다.[8] 경기 침체에 따른 자살과 마약의 확산, 마약성 진통제의 불법적이고 무분별한 처방 등도 2014년 이래 미국인의 기대수명을 3년 연속 끌어내리는 역할을 했다.[9] 알코올 중독, 흡연, 부실한 식단 같은 요인도 암이나 당뇨병 같은 비전염성 질환자들을 양산해서 미국인들의 장수에 제동을 걸었다.

또 2010년 영국이 금융 위기에 대응하기 위해 내놓은 긴축 정책으로 인해 그동안 이 나라가 애써 늘려온 국민의 평균수명에 부정적인 영향이 가해진 사례를 생각해볼 수 있다. 전염병학 및 공공 보건의 권위자 마이클 마멋Michael Marmot과 그의 팀은 '공정한 사회, 건강한 삶'Fair Society, Healthy Lives이라는 연구 보고서에서 사회복지와 의료 프로그램에 대한 영국정부의 가혹한 긴축 조치 탓에 평균수명을 포함한 부유층과 빈곤층의 격차는 더욱 크게 벌어졌고 불평등도 악화되었다고 지적했다.[10]

또한 마멋 교수는 이 보고서에서 정부의 긴축 정책은 더 많은 사람이 열악한 건강상태로 더 오랜 시간을 생존하도록 방치하는 역할을 함으로써 정부 입장에서 오히려 더 많은 비용을 지출하게 만들 거라고 주장했다. 요컨대 정부의 과도한 긴축 정책 탓에 이 나라가 지난 100년 동안 차곡차곡 쌓아온 기대수명의 증가세는 정체에 빠졌고 저소득 국민들의 수명은 오히려 줄어들 움직임을 보이고 있다는 것이다. 그러다 보면 영국이 슈퍼 에이지 사회로 진입하는 과정도 지연될지 모른다. 이 보고서에 따르면 현재 영국의 가장 빈곤한 지역에서는 기대수명이 전혀 늘지 않고 있으며 그중에서도 하위 10퍼센트 지역에 속한 여성들은 평균수명이 감소하고 있다고 한다.[11]

인간이 건강한 상태에서 20년 또는 30년을 더 장수할 날이 목전에 닥친 오늘날에도 우리는 이와 같은 퇴화적인 상황에 대한 준비를 게을리해서는 안 된다. 과학자들은 노화의 메커니즘을 이해하는 새로운 혁신을 통해 인간 수명의 한계를 끌어올리기 위해 노력하고 있지만, 우리에게는 언제라도 실망스러운 시기가 닥칠 수 있다는 사실을 잊지 말아야 한다. 물론 인류는 언젠가 수명의 한계를 넘어설 것이다. 하지만 우리의 진보는 그릇된 개인적 의사결정, 부실한 공공정책 그리고 심지어 유행병 사태 등에 의해 발목을 잡힐 수 있다.

평균수명 연장의 첫 번째 비결 : 의학과 질병 관리의 발전

1차 산업혁명기(1760~1840년)와 2차 산업혁명기(1860~1920년)를 거치며 한껏 높아진 과학에 대한 인식은 세균 유래설germ theory(모든 질병은 세균 감염 때문에 발생한다는 이론, 세균 원인설이라고도 한다—옮긴이)의 등장으로 이어졌다. 그로 인해 깨끗한 물이 공급되고 위생의 기준이 강화되어 우리가 음식을 생산하고, 소비하고, 쓰레기를 버리고, 삶을 살아가는 방식에 혁명적인 변화가 초래됐다. 또 1847년 헝가리의 의사 이그나즈 제멜바이스Ignaz Semmelweis는 손을 깨끗이 씻으면 질병 예방에 효과가 있다는 사실을 발견했다.[12] 그런데 아이러니하게도 그 자신은 손에 입은 상처가 감염을 일으켜 47세가 되던 1865년에 패혈증으로 사망하면서 사람들에게 조롱을 받기도 했다. 어쨌든 이런 모든 과학적 진보가 합쳐지면서 인간의 수명은 점점 늘어나기 시작했다.

각국의 정부 역시 국민들의 삶을 보호하고 사회적 복지를 제공하는 데 중요한 역할을 담당하기 시작했다. 노동자들에 대한 보호, 특히 아동들을 노동으로부터 보호하는 조치는 세계 어느 곳에서나 보편적인 제도로 자리 잡았다. 정부는 시민들에게 깨끗한 물을 공급했고 하수 및 쓰레기 처리 시설을 구축했다.

뿐만 아니라 식품 제조 과정에 대한 위생기준을 정해서 소비자들의 건강을 보호하기 시작한 것도 이때부터였다. 물론 그 정책들의 상당 부분은 업튼 싱클레어Upton Sinclair의 소설《정글》처럼 식품 기업들의 추악한 민낯을 폭로하는 사회적 움직임에 대응하는 차원에서 수립됐지만, 어찌됐든 그로 인해 시민들의 삶이 개선되고 평균수명이 늘어난 것만은 사실이다.

또 이 시기에는 에드워드 제너Edward Jenner가 천연두 백신을 개발했고, 루이스 파스퇴르Louis Pasteur가 광견병 예방 백신을 최초로 내놓았다. 당시는 세균학의 여명기로서 이 시기를 거치며 식품을 낮은 온도로 가열해서 세균을 제거하고 보관 기간을 늘리는 저온살균법 등이 개발되어 보편적으로 활용되기에 이르렀다.

과학자들은 탄저병, 콜레라, 디프테리아, 페스트, 파상풍, 결핵, 장티푸스 등에 맞서 싸울 수 있는 백신이나 항독성抗毒性 혈청을 속속 개발했고 덕분에 신생아가 유아기를 거쳐 성년기로 성장할 수 있는 가능성도 한층 높아졌다.

2차 산업혁명기가 끝날 무렵 성사된 제1차 세계대전의 종전은 '스페인 독감'이라는 사상 최악의 유행병 사태와 함께 찾아왔다. 'H1N1'이라는 이름의 인플루엔자 바이러스에서 비롯된 이 독감은 미국에서 처음 발생했다고 알려졌다. CDC에 따르면 스페인 독감 때문에 미국 내에서만 67만 5,000명이 목숨을 잃었고 세계적으로 5,000만 명의 사망자가 나왔다고 한다.[13]

스페인 독감의 유행은 전 세계에 빠른 속도로 확산되었던 코로나19에 비해서도 규모가 훨씬 큰 파괴적 사태였다. 이 두 종류의 유행병에서 가장 큰 차이점은 코로나19가 주로 노인층을 위험에 빠뜨리는 데 반해 스페인 독감은 어린아이들에게 집중적으로 피해를 입혔다는 것이다. 코로나19 사망자의 80퍼센트는 65세 이상의 노인인 반면, 스페인 독감으로 인한 사망자의 99퍼센트는 65세 이하의 환자였다.

이 두 차례의 팬데믹 사태로 인해 세계인들이 질병을 대하는 태도와 이에 대응하는 자세는 급격히 달라졌다. 스페인 독감이 유행하던 시기에 미국에서는 일반적인 정부 지침 이외에 오늘날과 같은 국가 차원의 체계적인 대응책이 전무했다. 반면 코로나19 사태를 맞은 현대의 세계는 EU나 WHO 같은 국제기구들의 활약에 힘입어 더욱 효과적인 국제적 대응 체계를 가동하고 있다. 물론 이 질병에 어떤 방식으로 맞서 싸울지

결정하는 것은 여전히 각 나라의 몫이다. 오늘날 백신을 접종하는 일을 제외하고 우리에게 가장 요긴한 조언은 미국 표준국US Bureau of Standards에서 수석 유기화학자로 근무했던 찰스 엘우드 워터스Charles Elwood Waters가 1918년에 쓴 '인플루엔자를 예방하기 위한 규칙'Rules for Influenza이라는 제목의 시詩에 담겨 있다. 요약하면 손을 잘 씻고, 마스크를 착용하고, 사람 많은 장소를 피하라는 것이다.[14]

토론토의 라이어슨 스쿨 오브 인테리어 디자인Ryerson School of Interior Design에서 교수로 재직 중인 로이드 알터Lloyd Alter에 따르면 현대의 건축에도 질병에 대한 인류의 대응과 위생에 관한 사고방식이 반영되어 있다고 한다. 그는 지난 2020년 내게 이렇게 말했다. "현대식 주택의 디자인은 세균 유래설에 기반을 두고 있습니다. 그중에서도 가장 중심적인 원리는 채광, 환기, 개방성 등이죠." 이 세균 유래설의 개념은 오늘날 우리가 익숙하게 사용 중인 화장실과 하수 시스템의 개발에 크게 기여했다.

생명윤리학자 엘리자베스 유코Elizabeth Yuko는 2020년 블룸버그 시티랩Bloomberg CityLab 사이트에 기고한 '전염성 질병은 미국의 화장실을 어떻게 바꿨나'라는 기사에서 이렇게 썼다. "근대식 화장실은 결핵, 콜레라, 인플루엔자 같은 전염병이 창궐하던 시기에 개발됐다. 표준적인 설비, 벽지, 바닥, 마감재 등은 공공보건에 대한 우려가 널리 확산되던 시대에 가족 구성원의 건강과 위생을 증진할 목적으로 설계되었다."[15] 이렇게 가정에서 이루어진 혁신 역시 인간의 사망률을 줄이고 수명을 연장시키는 데 핵심적인 요소로 작용했다.

내 생각에 코로나19 사태가 막을 내린 뒤에는 우리가 일하고, 살아가

제4장 장수를 얻은 사람들 · 111

고, 여가를 즐기는 장소에 몇 가지 변화가 생길 듯하다. 집이나 회사 입구에는 손세정제를 비치하거나 흐르는 물에 비누로 손을 씻을 수 있는 세면대를 설치하는 일이 일반화될 것이다. 또 건축가들은 물을 내리기 전에 자동적으로 뚜껑이 닫히고 스스로 소독을 하는 일본식 비데 스타일의 변기를 도입하게 되지 않을까 싶다. 기업들은 질병의 확산을 방지하기 위해 입구에서 출입자의 체온을 측정할 것이다. 그중에서도 가장 많은 경비와 시간이 필요한 분야는 실내에 음압 기기를 설치해서 주기적으로 외부의 신선한 공기를 유입시키고 이를 통해 각종 질환이 공기로 전염되는 일을 예방하는 방법이다. 이런 조치들은 전염성 질환의 확산을 줄임으로써 사망률 감소와 수명 증가에 기여하게 될 것이다. 스페인 독감이 창궐한 이후 수십 년 동안에도 비슷한 일들이 있었다.

스페인 독감 사태가 종료된 이후, 특히 20세기 중반에 들어 백신 연구와 개발 분야에서는 획기적인 개선이 이루어졌다. 실험실에서 바이러스를 배양하는 기술의 발전은 수많은 발견과 혁신의 초석이 되었다.

대표적인 예가 1955년에 개발된 소아마비 백신이다. 피츠버그 대학교의 조너스 소크Jonas Salk 교수가 발견한 이 약품은 오늘날 가장 위대한 국가적 성공 사례 중 하나로 꼽히고 있다. 소크 교수 덕분에 이 질병은 시간이 흐르면서 세상에서 거의 사라졌지만 파키스탄, 아프가니스탄, 나이지리아 등지의 가난하고 열악한 지역에서는 아직도 환자가 일부 발생하고 있다.

과학자들은 소아마비 이외에도 홍역처럼 아이들에게 흔히 발생하는 질병을 집중적으로 연구했다. 홍역 백신은 1960년대 말에 개발됐고 유행성이하선염(볼거리) 백신은 1967년도에, 풍진 백신은 1969년에 나왔다. 그리고 1971년에는 홍역, 유행성이하선염, 풍진을 한꺼번에 예방할 수 있는 MMRmeasles, mumps, rubella 백신도 등장했다. 이런 모든 발전으로 인해 더 많은 아이가 청소년기를 거쳐 성년기로 진입하게 됐으며, 인간의 기대수명 역시 지속적으로 늘었다.

또 이 시기에는 인간의 장기를 이식하는 수술법이 개발되고 빠른 속도로 확산되어 인류의 수명 연장에 한몫을 했다. 1954년 보스턴의 피터 벤트 브리검 병원Peter Bent Brigham Hospital(오늘날의 브리검 여성 병원)에서는 어느 쌍둥이 형제 사이에 사람 대 사람의 신장 이식 수술이 처음으로 이루어졌다. 1966년에는 미네소타 대학교의 윌리엄 켈리William Kelly와 리처드 릴리헤이Richard Lillehei가 최초의 췌장 이식 수술에 성공했다. 1967년 피츠버그 대학교의 토마스 스타즐Thomas Starzl은 간 이식 수술에 성공한 최초의 의사가 됐으며 같은 해 남아프리카공화국 케이프타운 소재 그루트 슈어Groote Schuur 병원의 크리스티안 바나드Christiann Barnard는 인류 최초로 심장 이식 수술에 성공했다.

미국의 보건복지부에 따르면 2019년 한 해 동안 미국 내에서만 3만 9,718건의 장기 이식 수술이 행해졌다고 한다.[16] 언뜻 보기에 이 숫자만으로는 인간의 평균수명 연장에 그렇게 큰 영향이 없을 것 같지만, 이런 진보 덕분에 장·단기적으로 목숨을 건지는 사람이 많아진다면 인류의 평균 기대수명은 전체적으로 증가할 수밖에 없을 것이다.

평균수명 연장의 두 번째 비결 : 깨끗한 물과 풍부한 음식

1960년대 말, 미국의 의회는 국민들의 생활환경 개선을 위한 각종 법률을 대규모로 통과시켰다. 이를 근거로 미국 전역에서는 유해 공기 배출을 줄이고 수백 개의 강과 하천을 청소하는 프로젝트가 진행되었다. 또한 연방정부의 지원 하에 환경보호청Environment Protection Agency이라는 영구적 조직이 설립되어 1970년부터 활동에 들어갔다. OECD에 가입한 유럽과 아시아 각국에서도 이와 비슷한 조치들이 시행됐다. 이로 인해 보건에 관한 국제적 기준이 개선되고 인간의 평균수명이 증가했음은 물론이다.

미국에서 65세 이상의 노인 인구를 집계하기 시작한 첫해인 1900년에 65세 이상의 인구는 300만 명으로 전체의 4.1퍼센트였다.[17] 1950년에는 8퍼센트로 늘었고 2000년에는 12.4퍼센트로 뛰었다. 2020년, 미국에서 65세 이상의 인구는 전체의 16.9퍼센트에 달하는 5,600만 명까지 증가했다. 2050년에는 이 숫자가 전체 인구의 22퍼센트에 해당하는 9,600만 명까지 늘어날 전망이다.[18] 그 말은 미국이 슈퍼 에이지에 돌입한 직후인 2040년이 되면 65세 이상의 인구가 100년 전 미국의 전체 인구보다 많아질 거라는 뜻이다.

1900년에는 미국의 사망자 중 30퍼센트가 5세 미만의 어린이였다. 20세기 말에는 아동 사망자가 전체의 1.4퍼센트로 줄었다.[19] 이런 감소 추세는 '유아 사망률 측정을 위한 UN 합동 조사기구'가 관련 자료를 수집하기 시작한 1950년 이후 전 세계적으로 비슷하게 나타났다. WFP에 따르면 1990년 이후 5세 미만의 아동 사망률은 3분의 2로 감소했다고 한다. 1990년에는 어린아이 1,000명 중 93명이 사망했지만 2018년에는 39명으로 줄었다.[20] 바꿔 말하면 1990년에는 전 세계의 어린이 11명 중 한 명이 5세가 되기 전에 목숨을 잃었으나 2018년에는 26명 중 한 명만이 사망했다는 것이다.

22세기, 인간의 평균수명은 100세가 된다

과학자들이 유아 사망의 문제를 어느 정도 해결하자, 일단의 연구자 그룹은 삶의 반대쪽 단계로 눈을 돌려 인간의 수명을 더욱 획기적으로 연장할 수 있는 분자 생체역학molecular biodynamics이나 DNA의 복잡한 구조와 관련된 연구에 돌입했다. 이 연구들은 주류 과학계에서 아직 논란의 대상으로 남아 있는 노화 자체를 정복하려는 목적에서 시작됐다기보다, 심장병이나 당뇨병처럼 노인들에게 흔한 질환에 대한 새로운 약물이나 치료법의 개발에 초점을 맞춰 진행되었다. 추후 이 연구가 성공한다면 훌륭한 수익을 얻을 수 있을 거라고 믿는 억만장자들과 벤처캐피탈 투자자들도 이들 프로젝트에 많은 자금을 투자하고 있다.

인체가 노화하면 여러 가지 질병, 특히 만성적인 비전염성 질환의 발생 위험이 증가한다고 알려져 있다. 미국 고령화협의회National Council of Aging에 따르면 미국의 노년층 중 80퍼센트는 최소 한 가지의 만성 질환에 시달리고 있으며 70퍼센트는 두 가지 이상의 병을 앓고 있다고 한다.[21] 가장 흔한 질병은 고혈압, 관절염, 당뇨병 등이다. 2017년 미국 랜드 연구소RAND Corporation는 다음과 같은 연구 결과를 발표했다. "성인 미국인 중 60퍼센트는 최소 한 가지, 42퍼센트는 두 가지 이상의 만성 질환을 가지고 있다."[22]

1980년대에 들어 천연두가 완전히 소멸되었듯이, 위생적인 환경이 도입되고 과학이 발전함에 따라 많은 전염병이 정복됐다. 인구가 점차 고령화되면서 전염병의 유행이 감소하는 추세가 지속된다면, 앞으로는 주로 비전염성 질환이 우리의 건강을 위협하고 많은 자원을 낭비하게 될 것이다. 2018년 밀켄 연구소Milken Institute가 발표한 보고서에 의하면 오늘날 미국에서 상위 일곱 가지의 비전염성 질환에 대한 치료비와 이 질병으로 인한 노년층의 생산성 손실 비용을 합한 금액은 연간 1조 달러에 육박한다.[23]

물론 2020년에 미국을 비롯해 전 세계를 덮친 코로나19 사태는 가장 최근에 발생한 극히 예외적인 경우로, 이번 팬데믹은 미국에 수조 달러의 피해를 입히고 경제를 극도의 침체 속에 몰아넣었다.

우리 개인들도 건강한 삶을 더 오래 누리기 위해 나름대로 할 수 있는 일이 많다. 일례로 탐험가 겸 작가 댄 뷰트너Dan Buettner는 2008년에 펴낸 《블루 존》Blue Zones이라는 책에서 세계의 일부 공동체(일본의 오키나와, 이탈리아의 사르데냐, 코스타리카의 니코야 등)에 거주하는 사람들이 유독 장수하면서 질병에 걸리는 비율도 낮은 이유를 탐구했다. 뷰트너는 이 '블루 존'의 주민들이 유대관계가 긴밀한 공동체 생활을 하고 육체적·정신적으로 활동적이며 현지에서 생산되는 건강한 음식을 섭취한다는 사실을 발견했다. 특히 이 지역의 노인들은 서로 밀접한 관계 속에서 살아가고 공동체 안에서 사회적·경제적으로 끈끈하게 조직화되어 있는 모습을 보인다.

의사와 공공보건 분야의 관료들은 우리에게 일생동안 음식을 잘 섭취하고 많이 움직여야 한다고 조언한다. 또 과도한 음주나 흡연의 위험에 대해서도 경고한다. 하지만 최근에는 다른 사람들과 긴밀한 사회적 유대감을 구축하는 일도 인간의 장수에 중요한 영향을 미친다는 증거가 속속 발견되고 있다. 2015년 브리검 영 대학교Brigham Young University에서 진행한 연구에 따르면, 사람이 사회적으로 고립되는 일은 하루에 담배를 15개비 피우거나 알코올 사용 장애에 빠지는 것과 비슷한 건강상의 위험을 초래한다고 한다.[24] 다시 말해 우리가 가족이나 친구들과 가깝게 지내고 공동체에서 활발하게 활동하기만 해도 건강한 상태에서 몇 년의 삶을 추가로 살아갈 수 있다는 뜻이다.

이렇듯 건강한 습관, 끈끈한 사회적 유대감, 과학적 발전 등이 합쳐진다면, 앞으로 인간은 얼마나 오래 살 수 있을까? 일부 열렬한 장수 연구지지자들은 인간의 수명을 수십 년 정도 늘리는 데는 전혀 문제가 없다고 장담한다. 다른 전문가들은 대부분 그보다 조금 낮은 수준으로 수명이 연장될 거라고 믿는다. 그렇다면 그때가 언제일까? 10년 뒤? 20년 뒤? 또는 50년 뒤? 만일 노화라는 현상을 하나의 질병으로 생각하는 패러다임의 전환이 일어난다면 세상에는 어떤 일이 생길까? UN의 발표에 따르면, 향후 획기적인 과학적 발전이 이루어지지 않는다 해도 다음 세기에 인류의 평균수명은 선진국에서 100세에 달하고 개발도상국에서도 90세에 근접할 거라고 한다.

노화는 질병이다

인체의 노쇠 현상, 즉 세포 노화가 발생하는 원인에 대해서는 대체로 두 종류의 생물학적 이론이 받아들여지고 있다. '프로그램 이론'이라고 불리는 첫 번째 학설은 인간의 신체에는 특정 시점에 이르렀을 때 생물학적 프로세스가 종료되는 '노화 시계'가 존재한다는 이론이다. 두 번째 '손상 이론' 또는 '오류 이론'이라고 불리는 학설에 따르면 사람이 나이를 먹으면 인체의 세포나 조직에 손상이 가해지기 때문에 노화 현상이 발생한다고 한다.[25]

두 학설 모두 인간이 늙을수록 질병과 맞서 싸울 수 있는 능력이 떨어져 신체적으로 쇠퇴하고 피폐해진다는 사실을 지적하는 면에서는 다를 바가 없다. 또 노화는 머리카락이 회색으로 변하고 피부에 주름이 지는 것과 같은 신체의 외부적 변화도 초래한다.

모든 사람에게 건강한 100세의 삶을 선사하는 것은 추구할 가치가 있는 목표일뿐 아니라 세계의 다른 긴급한 현안들을 해결하는 데 필요한 자원을 확보할 수 있는 방법이기도 하다. 《회춘》Juvenescence 이라는 책을 공동으로 펴낸 저자이자 수십 개의 장수 의료 기업에 투자를 집행한 영국의 억만장자 짐 멜론Jim Mellon은 지난 2020년 내게 이렇게 말했다. "사람이 오래 살아도 건강하지 못하다면, 그로 인한 사회적 비용은 우리가 도저히 감당하지 못할 수준이 될 겁니다." 하지만 모든 사람이 100세까지 산다는 말은 우리가 노년기라는 삶의 단계에 대한 사고방식을 바꿔야 한다는 의미이기도 하다.

멜론에 따르면 조만간 장수 연구를 둘러싼 많은 실험이 어떤 형태로든 결실을 맺을 것으로 예상되지만, 그중 대부분이 사람을 대상으로 한 임상실험 단계에 도달하기 전에 실패할 거라고 한다. "세포의 수준이나 생쥐와 같은 동물을 대상으로 한 실험에서는 이미 많은 병을 치료하는 일이 가능합니다. 그러나 우리의 모델은 인간이라는 존재의 노화를 고려하지 않고 있습니다. 우리는 이 가설들을 실제 상황에서 더욱 많이 검증해야 합니다."

장수의 열쇠를 푸는 인류 최초의 중요한 발견은 1993년 샌프란시스코 캘리포니아 대학교의 노화생물학자 신시아 케니언Cynthia Kenyon 박사에 의해 이루어졌다. 그녀는 건강하고 번식력 좋은 선충의 특정 유전자 한 개에 변이를 일으키면 수명이 두 배로 증가한다는 사실을 밝혀냈다. 그녀의 발견은 우리가 인간의 노화를 어느 정도 통제할 수 있다는 사실을 최초로 입증하는 역할을 했지만, 동시에 일부 윤리적 논란의 여지를 낳기도 했다. 그중에서도 가장 큰 논쟁거리는 이 기술이 인간의 수명 연장에 적용될 경우, 누구나 이 혁신에 접근할 수 있을지 아니면 오직 부유한 사람에게만 허락될지의 문제였다.

미래의 역사가들은 케니언 박사의 발견을 장수라는 이름의 골드러시, 즉 장수 과학에 대규모 투자가 집중되고, 수많은 혁신이 이루어지고, 인간의 수명이 획기적으로 연장되어 우리가 삶을 살아가는 방식이 극적으로 바뀌는 시기의 출발점으로 생각할지도 모른다. 그의 발견은 수많은 과학자들에게 학문적 영감을 선사했는데, 그중 한 명이 《노화의 종말》이 라는 책의 저자이자 하버드 대학교의 생물학자 데이비드 싱클레어David Sinclair 교수였다. 싱클레어는 매사추세츠 공과대학교MIT에서 박사 후 연 구원 과정을 밟을 때 효모균의 노화를 야기하는 메커니즘을 발견했다. 그의 연구에 따르면 '시르투인'sirtuin이라는 단백질 그룹이 일으킨 '기능 장애'로 인해 노화가 초래된다고 한다. 싱클레어의 연구가 앞날의 전망이 밝기는 하지만, 아직 완벽하게 입증되지는 않았다.

또 로라 데밍Laura Deming은 롱제비티 펀드Longevity Fund라는 벤처캐피탈 을 설립해서 장수 과학을 연구하는 회사들에게 3,700만 달러의 자금을 지원한 생물학자 겸 투자자다. 데밍 역시 케니언 박사의 연구에 영감을 받은 사람 중 한 명으로 모든 사람이 노년기의 대부분을 신체적으로 쇠약 하고 피폐한 상태에서 보내야 하는 노화의 '본질적 부당함'을 개선하는 데 관심이 많다. 그녀는 인류가 처음 지구를 떠나 우주로 여행했을 때처 럼, 장수 과학 분야에서도 전 인류를 고무시킬 만한 커다란 의학적 성공 사례가 하나라도 탄생해야 한다고 믿는다.

만일 그런 일이 일어난다면 우리가 인간의 수명을 진정으로 그리고 측 정 가능한 방식으로 연장할 수 있다는 사실을 모든 사람에게 상기시킬 것 이다. 또 그것은 인류 역사상 가장 기념비적이고 극적인 순간이 될 것 이다.

내 생각에 인류의 수명 연장에 의미 있게 기여할 몇몇 혁신적 발전은 우리의 생애가 끝나기 전에 소규모로 충분히 이루어질 수 있을 듯하다.

그러나 태아의 유전자를 조작하는 일에 대한 논란처럼 이런 기술적 발전에는 일부 윤리적 의사결정의 문제가 개입될 소지도 있다.

대부분의 장수 연구 전문가들은 향후 몇 년 내에 수명 연장 분야에서 최초로 커다란 혁신이 탄생할 거라고 믿는다. 이 분야의 선구적 연구자 중 하나인 니르 바질라이Nir Bazilai 박사는 2019년 사상 최초로 노화라는 분명한 목표를 향해 임상실험에 돌입했다. 그는 또한 인체 내에 존재하는 '장수 유전자'를 처음 발견한 인물로도 유명하다. 그는 HDL이라는 '좋은' 콜레스테롤의 생성을 촉진하는 유전자 변형체가 인간의 건강한 노후 및 장수와 깊은 관련이 있다는 사실을 발견했다.

바질라이 박사가 최근 진행 중인 '메트포르민을 통한 노화 방지'Targeting Aging with Metformin 프로젝트 역시 인간의 노화 과정을 근본적으로 바꾸어놓을 가능성이 있다. 젊음의 샘물처럼 인간에게 영원한 청춘을 선사하거나 아예 시간을 거꾸로 돌릴 수 있는 기술이 개발될 가능성은 희박하다. 반면 바질라이가 개발 중인 약물 요법의 목표는 노화와 관련이 깊은 각종 심신 쇠약성 질환의 발병을 늦추거나 방지함으로써 인간의 노화 과정을 개선하는 데 있다. 인류가 젊음 자체를 되찾지는 못하겠지만, 우리가 더욱 건강하게 오랜 삶을 누릴 수 있다는 사실만으로도 이 사회에는 큰 의미가 있다.

이 분야에서 앞날의 전망이 밝고 미래지향적인 또 다른 프로젝트는 2020년 임상실험에 돌입한 장기 재생 분야다. 장기 재생 프로그램 전문기업 리제네시스LyGenesis가 피츠버그 대학교 산하의 혁신연구소와 협력 관계를 맺고 진행 중인 이 프로젝트의 목표는 림프절lymph node의 기능을 활용하는 것이다. 인간 신체 내에서 일종의 생물반응장치bioreactor(생체 내에서 발생하는 물질의 분해, 합성, 화학적 변환 등의 생화학적 반응 프로세스를 인공적으로 재현하려는 시스템—옮긴이) 역할을 하는 림프절은 질병에 맞서 싸우고 조직을 재생하는 데 탁월한 능력을 발휘한다. 인체에는 약 500개에서 600개 정도의 림프절이 존재한다.

　리제네시스는 재생생물학을 활용한 치료법을 통해 인체의 조직이나 이소성 기관(정상 위치에 자리 잡지 못한 기관—옮긴이)을 재생하는 연구를 진행 중이다. 이 회사의 과학자들은 생쥐와 돼지를 대상으로 한 실험에서는 이미 성공적인 결과를 얻어냈다. 리제네시스의 목표는 이식 거부반응의 위험이 없는 인간의 간肝을 인공적으로 만들어내거나, 이식 수술을 기다리는 환자들이 대기 도중 생존할 수 있도록 가교 치료bridge therapy 요법에 자사의 연구를 활용하는 것이다.

　내가 리제네시스의 공동설립자 겸 CEO 마이클 허포드Michael Hufford에게 첫 번째 임상실험이 완료된 이후의 계획을 물었더니, 그는 이렇게 대답했다. "우리(인간)가 생존할 수 있는 이유는 외부의 감염에 대항할 수 있는 능력을 태생적으로 어느 정도 타고났기 때문입니다. 림프절은 인체의 곳곳에 존재하는 작은 공장과도 같습니다. 우리는 이 기관을 활용해서 외부의 질병에 맞서 싸울 수 있는 다른 기관들, 예를 들어 T세포를 생산하는 흉선thymus(가슴의 중앙부에 위치하는 나비 모양의 림프 기관—옮긴이)을 새롭게 자라나게 할 수 있을 겁니다." 우리가 인간의 흉선을 재생할 수만 있다면 노인들이 코로나19 같은 새로운 전염병 그리고 전체 사망자의 78퍼센트가 65세 이상의 노인층에 집중되고 있는 독감과 폐렴 같은 기존의 질병들과 싸우는 데 큰 도움이 될 것이다.

사람이 더욱 건강하고 오래 산다는 말은 병을 치료하는 데 들어가는 시간과 돈이 절약될 뿐만 아니라 노인들이 튼튼한 신체를 바탕으로 경제적 생산성을 발휘할 수 있는 시간이 늘어난다는 뜻이다. 이런 변화가 일어난다면 국가는 국민들의 건강관리에 소비하는 비용을 줄이고 GDP를 증진하는 효과를 거둘 수 있을 것이다. 질병이 창궐하면서 생산성이 감소하고 환자를 돌보는 비용이 늘어나는 현상은 국가의 발전을 저해하는 큰 장애물이다. 물론 돌봄 서비스의 사회적 비용 증가에 따라 이에 관련된 경제 활동이 부분적으로 활성화되는 측면도 있겠지만, 국가 전체 차원에서는(특히 노인층 인구가 많은 국가에서는) 생산성의 감소로 인해 경제 전반의 순손실이 초래될 수밖에 없다.

우리의 목표는 단순히 수명을 연장시키는 것이 아니라 사람이 건강하게 살 수 있는 기간과 그렇지 못한 기간 사이의 격차를 줄이는 것이다. 기대수명이란 단순히 사람이 얼마나 오래 생존하는지를 수치적으로 나타내는 지표이지만, '건강한 기대수명'은 인간이 건강한 상태에서 얼마나 오랫동안 수명을 누릴 수 있는지를 측정하는 기준이다. 전 세계적으로 이 두 수치 사이의 격차는 점점 커지는 추세로 현재 시점에서 약 8년에 달한다. 물론 지역이나 계급간의 사회적·경제적 여건을 고려하면 이 격차는 더욱 벌어진다. 늘 그렇듯이 가난한 사람들은 이 기준에서 보더라도 최악의 상황에 직면해 있다.

환자 보호단체들은 새로운 치료법이나 의학적 혁신이 등장한다 해도 환자들 입장에서 가격이 너무 비싸기 때문에 오직 사회의 가장 부유한 구성원들만이 이를 활용하는 일이 가능할 거라고 주장해왔다. 즉 형편이 넉넉지 못한 사람들에게는 이런 혁신의 결과물이 균등하게 배분될 수 없을지도 모른다. 그 말은 가난한 사람들에 비해 이미 훨씬 오랜 삶을 누리고 있는 부유층은 이런 발전 덕분에 더욱 획기적으로 수명을 늘리게 될 거라는 뜻이다.

그러나 멜론 같은 투자자들은 장수 연구의 목적이 몇 안 되는 억만장자들의 삶을 늘리는 데 있었다면 애초에 자신들이 이 분야에 뛰어들지 않았을 거라고 말한다. 투자자들 중에 사회적 불평등을 확산하는 데 관심이 있는 사람은 아무도 없다는 것이다. 그들은 인류가 노화라는 질병을 고칠 수 있다면 이와 관련된 모든 질병(암, 심장병, 기타 등등) 역시 치료가 가능할 것이며 덕분에 우리 사회는 수조 달러의 의료비용을 절약할 수 있기 때문에 결국 모두가 승리하는 게임이 될 거라고 주장한다.

로라 데밍은 한 발 더 나아가 장수 시대의 미래, 롱제비티 펀드의 목표 등과 더불어 노인들을 향한 자신의 솔직한 생각을 이렇게 한마디로 정리한다. "우리는 사람이 최고의 기능을 발휘할 수 있는 삶의 시간을 늘림으로써 모든 개인이 사회에 기여하는 시간을 늘리고 싶습니다."[26] 슈퍼 에이지 사회를 뒷받침할 가장 중요한 사고방식은 바로 이런 마음가짐이 아닐까 싶다. 데밍은 장수의 과학이야말로 에이지즘을 극복할 수 있는 최선의 방법이라고 믿는다. "우리는 사람의 외모를 개선할 수 있는 치료법과 미용 목적의 약품도 개발 중입니다."

오늘날 우리의 앞길을 가로막는 가장 큰 장애물은 실용적이면서도 효율적인 사고방식을 지닌 훌륭한 스타트업 설립자가 부족한 현실 그리고 역사상 어느 때보다 고령화되고 있는 인구를 따뜻하게 감싸주지 못하는 사회적 풍토일 것이다.

SUPER AGE EFFECT

제2부

인구통계학적 디스토피아

: 슈퍼 에이지가 불러올 최악의 시나리오는 무엇인가

제5장

황금 노후는
없다

우리가 슈퍼 에이지를 현실로 받아들이기 쉽지 않은 이유 중의 하나는 이 사회에 노년기나 은퇴라는 개념을 묘사하는 두 종류의 극히 상반된 서사가 존재하기 때문일 것이다. 하나는 유복하고, 멋진 옷을 차려 입고, 건강한 커플이 골프장에서 라운딩을 끝낸 뒤 클럽하우스 테라스에서 비슷한 부류의 친구들과 음료수를 즐기는 모습이다. 또 다른 장면은 허리가 구부정한 부랑자 여인이 쓰레기더미를 뒤져 병이나 캔 같은 재활용품을 찾고 버려진 샌드위치를 집어드는 그림이다. 이 두 가지 이미지 모두 오늘날 우리 눈앞에 실제 벌어지고 있는 상황이며 누구도 부정할 수 없는 현실이지만, 이렇듯 지나치게 양극화된 서사가 이 사회를 지배하면서 우리가 노년층이라는 집단의 무한한 다양성을 올바로 이해하는 데 지장을 초래하고 슈퍼 에이지를 대비하는 능력을 저하시키고 있다.

그러므로 우리는 이런 과장된 선입견이나 비현실적인 서사가 어떤 과정을 거쳐 정착되었는지 정확히 이해할 필요가 있다. 〈골든 걸스〉, 〈코스비 쇼〉The Cosby Show 같은 유명 TV 드라마나 〈아직은 사랑을 몰라요〉Sixteen Candles, 〈크리스마스 대소동〉National Lampoon's Christmas Vacation, 〈코쿤〉Cocoon 등의 블록버스터 영화에서 묘사된 노인들에 대한 왜곡된 이미지는 그들이 삶에서 겪는 진정한 현실과 거리가 멀다. 역사적으로 노인들이 안락한 은퇴기를 누리는 일은 절대 다수에게 성취 불가능한 목표였고, 사회의 다른 집단들에게 순순히 받아들여지지도 않았다. 우리가 삶을 살아가며 겪는 경험(특히 노년기의 경험)은 예나 지금이나 사람에 따라 천차만별이다. 그러므로 현대인들이 노년층의 삶에 대해 품고 있는 획일적인 관념 역시 근본적으로 오류일 수밖에 없다. 노인이 되면 일에서 손을 떼고 경제적으로 편안한 여생을 누릴 수 있다는 사고방식은 대개 삶의 초기 단계에 형성되어 가족, 대중매체, 직장 등을 통해 강화되는 경향이 있다. 우리들 대부분은 이에 대해 정확한 지식도 관심도 없다.

그러나 노년기에 대한 비현실적인 묘사는 너무나 압도적인 모습으로 우리 사회 곳곳을 지배하고 있다. 구글 검색창에 '은퇴'retirement 라는 키워드를 입력하면 유복해 보이는 노인 커플(주로 백인)이 플로리다나 지중해 같은 휴양지를 배경으로 카메라를 향해 미소 짓는 이미지들이 화면을 가득 메운다. 이런 이상적인 모습을 담은 광고들은 대개 20세기 중반 매디슨 애비뉴Madison Avenue (뉴욕 시의 광고업계가 밀집되어 있는 거리—옮긴이)의 광고업계에서 드라마 〈매드맨〉Mad Men에 등장하는 돈 드레이퍼Don Draper 같은 사람들에 의해 만들어졌다. 그리고 지난 수십 년간 열광적인 인기 속에서 여기저기 팔려나가는 과정을 반복하며 어느덧 노년기에 대한 사회적 인식의 중심부를 차지했다. 그러나 우리가 이런 과거의 패러다임에만 의존한다면 슈퍼 에이지라는 장수의 시대와 함께 찾아올 진정한 기회를 놓치게 될 것이다.

안락하고 활동적인 은퇴에 대한 개념은 매디슨 애비뉴의 광고 제작자들이 이 아이디어에 손을 뻗치기 한참 전에 탄생했다. 미국에서 은퇴 생활이라는 주제가 대중 앞에 구체적인 형태로 처음 모습을 드러낸 것은 1920년대였다. 이 시기에 일단의 친목 협회, 노동조합, 종교 단체 등은 나이 든 회원이나 신도들의 노년기 삶을 지원하기 위해 나라 전체에 몇몇 공동체를 건설했다. 이 공동체들은 17세기의 국가들이 도움이 필요한 시민들에게 돌봄 서비스를 제공할 목적으로 설계한 빈민구호소, 요양병원, 양로원 같은 복지시설들을 모델로 해서 구축되었다.

20세기 중반, 몇몇 혁신적 사업가들은 틴에이저 이외에도 은퇴자라는 새로운 인구통계학적 집단의 존재를 포착해서 이들에게 접근이 쉽고 안락한 은퇴 생활을 판매하기 시작했다. 오늘날 미국인 중 57퍼센트가 자신이 은퇴 후에 편안한 삶을 누릴 수 있는 돈을 충분히 갖고 있다고 믿는다. 그들이 은퇴에 대해 이렇게 비현실적인 생각을 갖게 된 이유는 당시의 노인들이 넉넉한 공적 연금과 기업 연금 덕분에 이전 세대에 비해 경제적으로 훨씬 여유가 있었기 때문이다. 게다가 정부의 정년퇴직 규정이나 기업의 감원조치 때문에 노동자들은 나이가 들면 무조건 일터를 떠나야 했으므로 노인들에게는 자유로운 시간이 많았다.

유스 마켓의 발전과정과 마찬가지로 일련의 선구자들은 이렇듯 새로운 부와 자유로운 시간을 손에 넣은 사람들에게서 커다란 기회를 발견했다. 그들이 은퇴자들 앞에 제시한 이상적인 비전은 일에서 손을 뗀 뒤에도 경제적 기반을 잃거나, 의료 혜택을 상실하거나, 일거리를 찾아다닐 필요 없이 여유 있게 여가를 즐기는 노인들의 모습이었다. 그들은 현대식 은퇴의 창조자들이었다.

은퇴라는 달콤한 환상

은퇴 이후의 노년기 삶이 어떤 모습으로 펼쳐질지에 대한 우리의 사고방식에 가장 근본적인 영향을 미친 사람들로는 현대의 은퇴 산업을 개척한 세 명의 설계자를 들 수 있을 것이다. 미국 퇴직교사협회National Retired Teachers Association, NRTA(이하 NRTA)의 설립자 겸 이사이자 AARP의 공동설립자 겸 이사를 지낸 에델 퍼시 앤드러스Ethel Percy Andrus, AARP의 또 다른 공동설립자이자 65세 이상의 노인들을 위한 선구적 보험사 콜로니얼 펜 그룹Colonial Penn Group의 설립자 겸 CEO 레너드 데이비스Leonard Davis 그리고 세계 최초의 은퇴자 공동체 선 시티Sun City를 창설한 델버트 유진 웹Delbert Eugene Webb이다.

1947년, 고등학교 교장으로 근무하다 퇴직한 에델 퍼시 앤드러스는 미국 퇴직교사협회를 창설했다. 전설처럼 전해지는 이야기에 따르면 앤드러스는 자신의 선배 교사를 방문했을 때 그 사람이 닭장 같은 곳에서 극도의 가난을 겪으며 살아가는 모습에 충격을 받고 퇴직교사들을 위한 이익단체를 만들기로 결심했다고 한다. 또 그녀가 협회 설립 과정에서 은퇴한 교사들에게 제공될 혜택(의약품, 음식, 거주지) 중 하나를 포기하라는 압력을 받고 고심 끝에 거주지를 포기했다는 전설도 전해진다. 앤드러스는 노인들의 권익 보호를 위한 각종 단체를 조직하는 일에 앞장섰으며 사회보장제도Social Security나 메디케어처럼 막대한 비용이 들어가는 정부의 복지 프로그램들을 이끌어내는 데도 중요한 역할을 담당했다.

1955년, 앤드러스는 NRTA 회원 중에 특정 연령층을 대상으로 한 보험을 인수해줄 보험회사를 찾아다니다 뉴욕 주 포킵시Poughkeepsie에서 보험중개인으로 일하던 레너드 데이비스를 만났다. 데이비스는 시카고의 어느 보험사를 접촉해서 NRTA의 회원들을 위한 보험 상품을 인수하도록 설득했을 뿐만 아니라, 1958년 그녀가 AARP를 설립할 때도 5만 달러의 초기 자본금을 투자했다.[1]

그 뒤 데이비스는 65세 이상의 노인들을 위해 전문적으로 보험 상품을 판매하는 콜로니얼 펜 그룹을 설립했다. 이 회사는 설립 초기부터 AARP와 맺은 밀접하고 독점적인 관계 덕분에 미국에서 가장 큰 보험회사의 하나로 성장했지만, 나중에 미국 국세청IRS은 개별유권해석 제도private ruling letter(납세자가 어떤 특정한 거래에 있어 과세 여부 등 세무 관련 사항을 사실 관계를 적시해 질의할 경우 국세청이 이를 질의자에게 적용되는 법령 등을 명확하게 답변해 주는 제도를 말하며 법적 구속력과 효력이 인정된다—옮긴이)를 통해 이 배타적 관계에 제동을 걸었다.

AARP는 콜로니얼 펜의 보험 상품만이 아니라 회원들의 필요를 충족할 수 있는 수많은 제품과 서비스를 판매했다. 오늘날 이 단체는 여행 상품(비행기, 크루즈, 열차, 렌터카, 호텔 등), 우편주문 의약품, 신용카드, 보청기, 휴대전화, 식당, 극장, 웨이트워처스Weight Watchers(다이어트 제품과 프로그램을 서비스하는 브랜드—옮긴이) 회원권 등 은퇴자들이 필요로 할 만한 거의 모든 상품에 대해 할인 서비스를 제공한다.

또 AARP는 당대의 시대 상황을 적절히 파고들어 협회가 자체적으로 운영하는 마케팅 및 미디어 채널을 통해 3,600만 명에 달하는 미국의 회원들에게 잡지, 뉴스레터, 신문 등을 포함한 각종 정보를 제공했다. 이 미디어 채널이 협력업체들에게 광고를 판매해서 얻은 매출 덕분에 AARP의 수익은 더욱 늘어났다.

은퇴자들을 돕는 활동을 통해서도 충분히 수익을 얻을 수 있다는 데이비스의 믿음은 결국 선견지명이었던 것으로 판명됐다. 그리고 AARP는 그 덕분에 오늘날처럼 강력한 힘을 행사하는 조직으로 성장할 수 있게 됐다. 만일 AARP가 은퇴자들에게 제품이나 서비스를 판매하는 일을 핵심 비즈니스 모델로 채택하지 않았다면 이 단체의 엄청난 성공과 영향력은 지금까지 지속되지 못했을 것이다. 현재 AARP의 회원은 3,800만 명이며 연간 매출은 18억 달러에 육박한다. 세간에서는 이렇듯 막강한 힘과 영향력을 지닌 AARP를 800파운드의 고릴라 또는 비대한 오랑우탄이라고 부른다. 〈포브스〉지는 보험 영업사원으로 사회 경력을 시작한 데이비스의 자산이 1980년 이전에 이미 2억 3,000만 달러를 넘어섰다고 평가했다.[2] 이는 현재 가치로 7억 5,000만 달러에 해당하는 금액이다. 그는 재산 일부를 기증해 오늘날 미국에서 최고의 노인학 연구기관으로 평가받는 서던캘리포니아 대학교 레너드 데이비스 노인학 대학USC Leonard Davis School of Gerontology을 설립했으며 이 대학 내에 에델 퍼시 앤드러스 노인학 센터Ethel Percy Andrus Gerontology Center를 개설하기도 했다.

AARP가 출범한 지 몇 년 뒤, 부동산 개발업자이자 뉴욕 양키즈 야구팀의 공동 구단주인 델버트 웹은 은퇴한 성인들에게 여가와 취미 생활을 제공하는 새로운 형태의 공동체를 구축한다는 혁신적인 비전을 수립했다. 1960년 1월, 델 웹 개발 회사Del Webb Development Corporation, DEVCO는 애리조나 주에 사상 최초의 계획형 은퇴자 공동체 선 시티를 오픈했다.[3] DEVCO는 3년 동안 1,700채의 주택을 판매한다는 목표를 세웠으나 분양 첫해에만 2,000채를 팔아치우는 기적 같은 실적을 올렸다.

델버트 웹의 선 시티가 은퇴자들에게 안락하고 활동적인 노후를 제공한다는 아이디어로 큰 성공을 거두자, 이를 모방한 혁신가들도 플로리다의 빌리지스Villages를 포함한 선벨트Sunbelt(연중 날씨가 따뜻한 미국의 남부 및 남서부 지역—옮긴이) 전역에 비슷한 형태의 공동체들을 건설했다. 웹은 1962년 〈타임〉지의 표지를 장식할 정도로 전국적인 유명세를 누렸으며 은퇴 산업을 설계한 선구자이자 혁신적인 리더로서 입지를 굳혔다.

그러나 이렇게 안락한 은퇴 생활과 노년기를 누구라도 당연히 누릴 수 있는 권리인 듯이 홍보하는 것은 명백한 오류다. 그런 꿈같은 비전을 만들어낸 사람들이 대개 그로 인해 수익을 올리는 대규모 조직들이다. 기업 연금은 사라지고 공적 연금은 축소되며 개인 저축은 바닥을 드러내고 있는 요즘의 상황에서 편안한 노후가 보장된 사람은 그리 많지 않다.

AARP 같은 단체들은 노년기의 긍정적인 측면만을 부각시켜 마치 그런 모습이 우리 시대의 표준을 상징하는 듯이 포장하지만, 그들이 은퇴자들에게 제시하는 그림은 삶의 후반기를 어떻게 보낼지 마음대로 선택할 수 있는 일부 부유층에만 한정된 지나치게 낙관적인 미래상일 뿐이다.

이 단체들은 우리 사회의 어딘가에 나이를 먹는 일을 결코 즐거워할 수 없는 사람들이 존재한다는 사실을 잘 모른다. 게다가 그들은 노화라는 과정 자체가 부자들을 포함한 모든 사람에게 신체적·감정적·정신적으로 큰 도전을 안겨준다는 점도 깨닫지 못한다. 게다가 그들은 나이가 들고 몸이 쇠약해지고 죽음에 이르는 과정 모두가 삶의 일부일 뿐이라는 진리조차 인정하지 않는다. 아마도 그 사실을 받아들이면 사업에 지장이 있기 때문일 것이다.

정부가 은퇴자들을 위한 혜택을 될수록 줄이려는 행보를 취하고 기업들은 확정급여형 연금의 금액을 점점 낮추고 있는 이 판국에 늙어서 편안한 말년을 누릴 거라고 장담할 수 있는 사람은 아무도 없다. 요즘의 근로자들은 자신의 은퇴 이후 삶이 20세기에 사회복지 프로그램이 등장하기 이전의 모습과 비슷하게 펼쳐질 거라는 새로운 현실을 받아들이기 시작했다. 물론 새로운 현실이라는 말의 가장 중요한 의미는 그때가 되면 우리 모두가 물리적으로 가능한 시기까지 쉬지 않고 일을 해야 한다는 것이다.

은퇴자들에게 소득을 제공할 책임이 정부나 기업에서 개인의 몫으로 되돌아오는 것은 슈퍼 에이지 사회의 가장 큰 특징이다. 밀레니얼 세대나 그 이후에 태어난 젊은이들은 이런 현실을 40세가 넘은 성인들에 비해 더욱 잘 알고 있다. 이 젊은이들은 지속적으로 닥쳐오는 경제 위기에도 불구하고 은퇴 이후를 대비해 안정적인 소득을 확보하려고 열심히 일한다. 밀레니얼 세대의 4분의 3이 노후를 위해 저축을 한다. 그들이 처음 저축을 시작하는 시기는 부모 세대인 베이비부머들이 은퇴 자금을 모으기 시작한 시점보다 거의 10년을 앞선다. 밀레니얼 중에 3분의 1 이상은 자신이 70세가 넘어도 일을 해야 할 거라고 믿는다.

개인에게 더 많은 책임이 돌아간다는 말은 사회적·경제적 불평등의 문제를 삶의 초반부에 해결하는 일이 갈수록 중요해진다는 뜻이다. 불평등 문제를 초기에 해소하기 위한 다양한 저축 프로그램은 소득의 불균형을 완화할 수 있는 한 가지 방법이다. 또한 역사적으로 사회에서 소외되었던 사람들의 다양한 삶의 경험을 이해하는 것도 보다 평등한 삶, 특히 평등한 노년기를 만들어가는 데 중요한 요소라고 할 수 있다.

누구나 행복하게 나이 드는 것은 아니다

어느 개인이 삶의 후반기에 이르기까지 획득한 사회적 위치나 경제적 기반은 대체로 그 사람이 태어난 환경의 범주를 크게 벗어나지 못한다. 물론 '아메리칸 드림' 같은 신분 상승의 기회가 완전히 사라진 것은 아니다. 그러나 사회가 불평등할수록 신분 상승은 어려워지며, 특히 BIPOC(흑인, 아메리카 원주민, 유색인종)와 LGBTQ(레즈비언, 게이, 양성애자, 트랜스젠더, 퀴어 등을 포함한 기타 성 소수자)처럼 전통적으로 사회에서 소외된 집단은 그 점에서 더욱 불리하다. 다시 말해 인종, 성, 성적 취향 등에 대한 조직적이고 제도적인 편견 탓에 빈곤의 악순환에 시달리고 건강을 해친 사람들은 노후에 안락한 은퇴 생활을 누릴 확률도 매우 낮다.

하지만 노년기의 부와 성공에 대해 여전히 이 나라를 지배하는 서사는 노인들(특히 백인 노인들)이 미국의 국부國富를 좌지우지하면서 안락한 삶을 누리고 있다는 메시지다.[4] 그러나 실상을 들여다보면 미국에서 55세 이상 인구의 29퍼센트는 은퇴 시기를 대비한 저축이 한 푼도 없고 나머지도 저축액이 매우 적다.[5]

65세가 넘는 미국인 중 1,500만 명 이상이 경제적으로 불안정한 상태, 즉 평균 소득이 연방 빈곤선의 200퍼센트 이하(2021년 현재 1인 가구 기준 연간 2만 5,760달러)에 해당하는 상태에 놓여 있다.[6] 그들은 치솟는 주택 임대료와 의료비, 부족한 영양 공급, 대중교통 이용의 어려움, 줄어드는 은행 잔고, 뒷걸음치는 사회적 지원, 일자리 상실 등에 시달린다. 이런 사람들이 노년기를 대비해 저축을 하고 편안한 은퇴 후 삶을 누리기는 점점 어려워질 뿐만 아니라, 사실상 불가능하다. 빈곤선을 살짝 넘는 위치에 놓인 노인들도 삶에서 큰 재난이 한 차례만 닥친다면 그동안 밝았던 경제적 미래가 순식간에 악몽으로 바뀔 수 있다.

그 재난의 대표적인 사례가 최근 전 세계를 휩쓸었던 코로나19 사태다. 빈곤층, 특히 유색인종 빈곤층은 고객을 일선에서 대하는 업무나 서비스 산업 같은 직종에 종사하는 경우가 많기 때문에 코로나19에 감염되기 쉽고 사망률도 높다. 이들은 주로 육류 포장 공장, 식품점, 소매점, 식당, 바 등 폐쇄된 작업 환경에서 대인 접촉이 많은 업무를 수행한다. 고위험군 직종에 종사하지 않는 사람들도 코로나19 사태로 인한 해당 산업 분야의 감원 열풍에 휩쓸려 수없이 일자리를 잃었다. 저소득 노동자들은 먹고살기 위해 목숨 걸고 최저임금 일자리를 선택하거나 아니면 임시직 직업을 전전해야 하는 형편이다. 그렇지 않은 사람들도 소위 'K자형' 경기회복 탓에 본의 아니게 직장을 떠나고 사회에서 소외된다.

K자형이라는 용어의 의미는 코로나19로 인해 무너진 경기의 회복이 경제 부문, 산업, 인적 집단 등에 따라 고르지 않게 진행된다는 뜻이다. 가령 정보통신 분야에서 일하는 사람들은 이미 수입이 크게 회복됐고 일부는 경기가 하락하기 전보다 주머니 형편이 오히려 나아졌다. 반면 여행이나 관광업계 종사자들은 이들에 비해 소득에서 한참 뒤쳐져 있거나 예전의 경제적 기반을 되찾기 위해 안간힘을 쓰고 있다. 미국의 억만장자 630명은 이 기간 동안 자산이 5,000억 달러 가까이 늘었지만, 같은 시기에 4,000만 명의 시민이 일자리를 잃었다.[7] 2020년 5월 기준으로 미국에서 가장 부유한 사람 400명의 자산 총액은 하위 3분의 2에 해당하는 미국인의 재산을 모두 합친 금액과 비슷하다.

예를 하나 들어 보자. 내가 이 글을 쓰는 시점에 내 제2의 고향이라고 할 수 있는 워싱턴 D.C.에서는 전체 인구의 절반 정도에 해당하는 백인들이 이 도시의 고소득 전문 직종 대다수를 차지하고 있다. 하지만 이곳에서 백인들이 코로나19에 감염된 비율은 전체의 20퍼센트에 불과하다. 이에 반해 이 도시 인구의 또 다른 절반을 점유하는 흑인들은 주로 사람들을 직접 상대하는 일선 업무에 종사하기 때문에 코로나19에 감염되는 비율이 백인의 두 배가 넘는다. 그러다 보니 이 도시에서 발생한 코로나19 관련 사망자의 74퍼센트도 흑인 중에서 나왔다.

평생 허리띠를 졸라매고 검소하게 저축하면서 살아온 평범한 시민들은 가족 구성원이 병석에 눕거나 경기 침체로 일자리를 잃어버리는 순간, 하루아침에 삶이 엉망이 되어버리는 처지로 내몰렸다. 어마어마한 의료비와 줄어든 수입이라는 두 가지 치명적인 악재는 그동안 규칙을 지키며 정직하게 살아온 사람들을 정상적인 삶의 궤도로부터 이탈시키는 파괴적인 결과를 불러왔다. 특히 코로나19 사태는 흑인, 아메리카 원주민, 유색인종 같은 소외집단에게 치명적인 타격을 입혔다.

오늘날 이런 비극이 벌어지고 있는 이유는 과거부터 꾸준히 축적되어 온 미국의 흑인들을 향한 전통적이고 전면적인 차별의식 때문이다. 이들은 대부분 최저임금 수준의 필수 직종(의료, 농업, 물류, 통신, 전력 및 수도, 약국, 슈퍼마켓 등 사회 기능 유지에 중요한 직종)에 종사하면서 주에서 제공하는 공동주택 같은 열악한 거주 시설에서 살아간다. 세간에서는 이런 빈곤 지역을 저렴하고 영양가 있는 음식을 찾아보기 힘든 곳이라는 의미로 '식품 사막'food desert이라고 부른다. 흑인 남성들은 범죄를 저질러 교도소에 갈 확률이 백인에 비해 훨씬 높고 교도소에서 1년 복역하는 동안 2년의 기대수명이 감소된다. 이런 요인들로 인해 흑인들이 젊은 시절에 사망하는 비율은 더욱 높아지고 있다. 특정 집단에 속한 사람들 사이의 평균 기대수명 차이를 의미하는 수명 격차longevity gap도 점점 벌어지는 추세다.

흑인들이 직면한 극심한 불평등의 문제는 단순히 수명의 불균형을 야기할 뿐만 아니라 미국 전체의 평균수명을 끌어내리고 경제 성장에도 부정적인 영향을 미치고 있다. 물론 빈곤한 백인들이나 라틴 계열의 소수

민족이 처한 상황도 그 점에 있어서는 다를 바가 없다. 스탠퍼드 대학교의 라즈 체티Raj Chetty 교수가 빅데이터를 활용해서 불평등의 현황을 조사한 결과, 현재 미국의 수명 격차는 1870년대 이후 최대치인 20년까지 벌어졌다고 한다.[8] 그가 수행한 연구의 대상기간(1980~2014년)에 미국 전역에 존재하는 카운티county(주의 하위 단위 행정구역 — 옮긴이)의 11.5퍼센트에서 25세부터 45세에 해당하는 주민들의 사망 위험도가 증가했다. 체티 교수는 향후 이 수치가 더 늘어나리라고 전망한다.

이전에 실시된 어느 연구에서도 부유층과 빈곤층의 수명 격차가 20년 가까이 벌어졌다는 결과가 나온 적이 없었다. 그리고 이로 인해 경제적·정치적 불안정이 심화될 가능성도 한층 커졌다. 체티 교수의 연구에서는 인종에 관계없이 모든 사람의 수명을 평균을 내서 수치를 도출했지만, 일부 극단적인 대상들로 모집단을 한정하면 불평등의 양상은 더욱 심화된다.

이제 선택된 소수를 제외한 미국의 국민들이 편안한 은퇴 생활을 누릴 가능성은 거의 사라진 듯하다. 현재의 인구통계학적 추세가 지속될 경우, 미국이 슈퍼 에이지에 돌입한 지 15년 후인 2045년이 되면 미국은 소수 민족이 인구의 대다수를 차지하는 국가로 바뀔 공산이 크다. 그런 점에서 유색인종으로 대표되는 소외 계층의 수명이 줄어드는 현상은 미국의 성장에 치명적인 타격을 줄 수 있다. 또한 사회적 불평등이 기하급수적으로 증가하는 현상도 이런 문제에 기름을 부으면서 더욱 많은 사람으로부터 안락한 여생에 대한 꿈을 앗아가고 있다.

이는 비단 미국에만 국한된 현상이 아니다. 국가 대 국가, 지방 자치단체

대 지방 자치단체로 비교의 대상을 바꾸면 수명 격차는 더욱 커진다. 예를 들어 세계에서 수명이 가장 짧은 국가인 차드Chad의 평균 기대수명은 50.6세이며 수명이 가장 긴 나라 모나코의 기대수명은 89.4세로 38.8세의 차이가 난다. 또 미국 내에서 수명이 가장 짧은 지역인 오클라호마 주 스틸웰의 기대수명은 56.3세인 반면, 가장 수명이 긴 노스캐롤라이나 주 페어링턴 빌리지의 기대수명은 97.5세로 두 지역 사이의 수명 격차는 41.2세다. 두 경우 모두 기대수명이 가장 낮은 그룹과 가장 높은 그룹 사이에 무려 두 세대(40년)의 차이를 보인다. 이 사례들만 보더라도 우리의 사회와 경제에 불평등이 얼마나 심화되어 있는지 알 수 있다.

기대수명의 격차가 벌어진다는 말은 페어링턴 빌리지의 주민들이 이 세상에서 누릴 수 있는 시간이 더욱 많아진다는 뜻이다. 즉 그들이 인생에서 가장 소득이 높은 시기(여성은 34세부터 54세, 남성은 45세부터 64세)를 포함해 더욱 오랜 기간 동안 재산을 모아 자손들에게 물려줄 수 있다는 사실을 의미한다. 또 삶의 시간을 추가로 얻은 사람들은 아이를 돌보거나 남에게 봉사하는 일을 포함해서 가족이나 공동체를 위해 비금전적인 방식으로 기여할 시간도 풍부하다. 페어링턴 빌리지의 주민들은 앞으로 점점 더 부유해지고 평균 연령도 늘어날 것이다. 반면 스틸웰의 거주자들은 계속 가난하게 살아가다 다른 지역의 사람들보다 더욱 이른 나이에 세상을 떠날 것이다.

뉴욕 대학교 의과대학의 인구보건과Department of Population Health 연구진이 도시 건강 지표City Health Dashboard 사이트의 자료를 활용해서 조사한 결과, 미국의 도시들 내에서도 기대수명의 불평등 현상이 극적으로 증가하고 있다는 사실이 밝혀졌다.[9] 그들이 2019년에 내놓은 분석 자료에 따르면 미국에서 부유층과 빈곤층의 수명 격차가 가장 큰 도시는 시카고로 이곳에 거주하는 백인 부유층과 흑인 빈곤층의 기대수명 차이는 30.1세에 달한다고 한다. 워싱턴 D.C.와 뉴욕 시도 각각 27.5세와 27.4세의 수명 격차를 기록했다. 이 도시들은 미국 내에서도 인종적 분리와 갈등이 가장 극심한 곳으로 꼽힌다.

이런 수명 격차가 발생하는 가장 큰 이유는 인종과 성별에 관계없이 모든 사람에게 영향을 미치는 당뇨병이나 약물 남용 같은 비전염성 질환의 증가 때문이다. 그러나 개인의 경제적 상황이나 재산 축적의 기회에 대한 접근성 등도 기대수명에 중대한 영향을 미친다는 증거가 속속 드러나고 있다. 세간에서는 이런 요인들을 '건강의 사회적 결정요인'social determinants of health 이라고 부른다. 이 결정요인들은 사람이 태어나고, 성장하고, 일하고, 나이를 먹는 과정에서 주어지는 외부적 조건을 뜻하며 종종 사회 전체의 시스템과 깊은 관련이 있다. 예를 들어 개인의 사회경제적 위치, 교육, 이웃을 포함한 물리적 환경, 고용, 사회 지원 네트워크, 의료에 대한 접근성 등이 대표적인 사회적 결정요인에 속한다.

소외 계층 시민들이 인종의 벽에 가로막혀 성공의 기회에 접근하지 못하는 문제는 우리 사회에 오랫동안 누적되어온 병폐다. 그리고 이로 인해 삶의 후반기를 살아가는 노인들의 신체적 건강과 경제적 상황은 심각한 위기에 빠지기 일쑤다.

재산이 많은 사람은 의료 서비스에 접근하거나 건강한 생활 습관을 유지하기가 쉽다는 점에서 인간의 수명은 주로 그 사람이 소유한 재산에 좌우되는 경향이 있다. 또 의료 서비스와 건강한 생활습관을 누릴 수 있는 환경은 당사자의 인종과 밀접하게 연관된다. 미국을 포함한 세계 모든 곳에서 기대수명이 가장 낮은 지역에 거주하는 사람들은 역사적으로 우리 사회에서 철저히 소외당해온 집단이다. 차드의 국민은 모두 아프리카인이고, 스틸웰의 주민은 대부분 아메리카 원주민으로 두 지역의 거주자들 모두 극도의 빈곤 속에서 허덕인다. 반면 페어링턴 빌리지의 주민들은 거의 다 부유한 백인들이다.

이런 사회적 불평등으로 인해 가난한 사람들, 특히 가난한 BIPOC들은 남들과 경쟁하는 데 매우 불리한 상황에 놓여 있다. 그들은 세상에서 살아갈 날이 적기도 하지만, 수명이 짧으면 돈을 벌 수 있는 시기가 줄어들기 때문에 세대가 바뀌면서 축적할 수 있는 부에 한계가 있다. 가족 내에서 여러 세대가 교체되어도 재산을 쌓는 능력이 증가하지 않는다는 말은 앤드러스, 데이비스, 웹이 20세기 중반에 내세웠던 안락한 은퇴 생활을 즐기며 오랫동안 화려한 삶을 누릴 수 있는 사람들과 그렇지 못한 사람들 사이에 간극이 더욱 커져간다는 뜻이다.

'은퇴 불평등'을 겪는 여성과 성 소수자

인간의 수명을 결정하는 또 다른 중요한 요인은 바로 성별이다. 이성애자 여성은 지리적 위치나 출신 국가를 막론하고 이성애자 남성에 비해 평균 6년에서 8년을 더 오래 산다.[10] 미국 내에서는 아시아계 이성애자 여성의 평균수명이 가장 길고, 러시아에서는 이성애자 여성이 남성보다 10년 이상을 더 오래 생존한다. 남성과 여성 사이의 수명 차이는 100년 전쯤부터 벌어지기 시작해서 오늘날에도 격차가 점점 커지는 추세다. 물론 미래에는 남자들이 음주나 흡연을 줄이고, 식사를 개선하고, 운동량을 늘리는 등 개인 습관을 바꾸면서 일부 국가에서는 이 차이가 줄어들 거라고 예상하는 연구 결과도 나오고 있다.

표면적으로는 남성보다 더 오래 생존하는 것이 여성에게 좋은 일처럼 보이지만, 우리 사회에 남아 있는 구조적인 성차별주의와 가부장적인 사고방식을 감안하면 꼭 그렇지도 않다. 특히 타인에게 고용되어 일하는 여성들은 항상 남성에 비해 적은 돈을 받으면서 밖에 나가 돈을 버는 와중에도 부모와 아이들을 돌보고 집안일(요리, 청소 등)을 해야 하는 책임을 떠안고 있기 때문에 일과 삶의 균형이 고르지 못하다. 최근 많은 선진국이 성별에 따른 임금 격차를 줄이기 위해 애쓰고 있지만, 이 문제는 여성들이 장기적인 경제 기반을 쌓는 데 여전히 심각한 장애물로 작용하고 있다.

미국을 포함한 여러 나라에서는 소득을 올리는 직업에 종사하지 않고 오직 집안일과 가족을 돌보는 데만 전념하는 이성애자 여성에게 두 가지의 불리한 상황이 닥친다. 첫째, 자신의 일생 동안 경제적 자유를 얻기가 불가능하고 둘째, 노년기의 경제적 안정성이 결혼 여부나 남편의 경제적 성공에 좌우되는 것이다. 어쩌다 보니 우리 사회의 시스템이 이런 식으로 설계되기는 했지만, 사실 남편에게 의존하는 것은 가장 형편없는 은퇴 대비책 중의 하나다.

심지어 미국의 대표적인 사회안전망 중 하나인 사회보장제도라는 은퇴 제도조차 갖가지 성차별적인 요소로 가득하다. 물론 그런 요소들이 애초에 의도적이었는지에 대해서는 다소 논란의 소지가 있다. 그러나 1930년대 이 프로그램을 설계한 입법자들은 대부분 백인 남성이었다. 또 1935년에 처음 통과된 이 법안에 따르면 오직 근로자들만이 은퇴 연금을 받을 수 있었으며 당시의 근로자들은 거의 남성이었다. 1939년에 이 법안이 수정되면서 여성들도 비로소 이 제도의 수혜자로 이름을 올릴 수 있게 됐다. 이 정책들은 당대의 전통적인 미국 가정의 상황, 즉 남성들이 주요 소득자 내지 부양 책임자로서 가족의 생계를 맡고 여성은 전업주부로서 가사를 담당하는 상황에 근거해서 만들어졌다. 여성들이 사회보장제도의 배우자 혜택을 받기 위해서는 적어도 10년 이상 결혼생활을 유지해야 했다. 그 과정에서 이혼이나 배우자 사망 같은 문제가 발생할 경우 이에 관련된 복잡한 규정들을 이해하기는 숙련된 보험계리인조차 쉽지 않았다.

오늘날 남편에게 은퇴 이후의 삶을 의존하지 않는 여성들도 그들이 받는 사회보장 혜택은 평균적으로 남성의 80퍼센트 수준에 불과하다. 이는 여성들이 대체로 남성에 비해 적은 소득(남성의 82퍼센트)을 올리는데다, 사회보장제도의 성별 중립적 취지에도 불구하고 이 시스템에 담긴 규칙들이 본질적으로 성차별적인 입장을 견지하고 있기 때문이다.

결국 여성들은(이성애자든 동성애자든) 남성에 비해 오래 살면서도 경제적 자원이 부족하기 때문에 그들이 삶의 후반기에 경제적 어려움에 빠질 위험도는 매우 높다. 미국의 경우 노인 빈곤층의 3분의 2가 여성이고 65세 이상 여성의 16퍼센트가 빈곤층에 속해 있다. 특히 BIPOC 여성이 빈곤에 시달리는 비율은 백인 여성에 비해 두 배나 높다. 또 미국에 거주하는 양성애자나 트랜스젠더 여성 중 절반 가까이가 연방 빈곤선의 200퍼센트 이하의 소득으로 살아간다.[11] 이 통계 수치가 충격적인 이유는 그들이 소득의 안정성이라는 측면에서 이미 우리 사회에서 가장 큰 타격을 입은 인구통계학적 집단이기 때문이다. 여기에 지리적 위치(도시 또는 농촌) 같은 요인을 추가로 고려하면 불평등의 정도는 더욱 심화된다. 성 소수자 그룹 중에 백인 이성애자 남성을 포함한 다른 모든 집단을 경제적으로 능가하는 그룹은 백인 게이 남성들뿐이다.

미국 여성법률센터National Women's Law Center의 조사 결과를 보면 취약 계층의 일생 전체에 걸쳐 인종과 성별의 불평등이 얼마나 극심하게 작용하는지 더욱 확연히 드러난다. 이 단체의 발표에 따르면 코로나19 사태가 발생하기 전 백인 남성이 1달러의 소득을 올릴 때 흑인 여성은 62센트의 소득을 올리는 데 그쳤다고 한다.[12] 이 말은 흑인 여성이 백인 남성의 소득 수준을 따라 잡기 위해서는 1년에 8개월을 더 일해야 한다는 뜻이다. 이는 물리적으로 불가능하다. 흑인 여성들은 2020년의 경기 침체가 닥치면서 특히 큰 타격을 입었다. 결과적으로 흑인 여성들은 일생에 걸쳐 40년 치의 소득, 즉 94만 1,600달러에 달하는 소득 불균형 상태에 놓여 있다.[13] 물론 최근 수많은 저소득 노동자를 곤경에 몰아넣은 코로나19 사태가 발생하기 전의 얘기다.

당신에겐 100만 달러가 있습니까?

오늘날 미국에서는 461만 8,400명의 노년층 여성이 빈곤선 이하의 삶을 살아간다. 이는 아일랜드의 전체 인구에 육박하는 수치다. 미국이 현재와 같은 인구 증가세를 유지할 경우 2030년에는 7,310만 명의 노인 인구를 보유한 슈퍼 에이지 국가가 될 것으로 전망된다.[14] 그런 상황에서 이 나라가 노년층의 소득 불평등이 확대되는 문제에 아무런 조치를 취하지 않고 다른 요인들이 현재와 똑같은 상태로 유지된다면 2030년에 빈곤선 이하에 놓인 노년층 여성의 인구는 현재의 세 배 가까운 1,169만 6,000명으로 늘어날 것이고 노인 빈곤층 남성의 수는 872만 2,000명에 달할 것이다.[15]

수많은 사람이 일자리를 잃거나 불완전 고용 상태에서 빈곤선 이하의 삶을 살아가는 것은 국가 경제의 측면에서 결코 바람직한 신호가 아니다. 특히 앞으로도 이 수치가 계속 늘어날 것으로 전망된다면 상황은 더욱 비관적이다. 이런 트렌드는 경제 시스템이 제대로 기능을 수행하지 못하고 비효율적으로 작동하고 있다는 사실을 시사한다. 게다가 많은 사람이 빈곤선 이하에서 허덕이게 되면 구매력을 잃어 지출이 줄어들고 소비가 위축되면서 경제적 산출물이 감소하며 그로 인해 경제 전반의 성장세에도 제동이 걸릴 수밖에 없다. 만일 우리 사회가 소외 계층을 경제에 적극적으로 참여시키는 보다 포용적인 시스템을 창조하지 못한다면 시간이 흐를수록 이 문제가 증폭 효과를 일으켜 우리에게 닥친 경제적 난관들을 더욱 악화시킬 것이다.

금융 분야의 싱크탱크 파이낸셜 헬스 네트워크Financial Health Network 의
조사에 따르면 자신이 경제적으로 풍족한 상태라고 생각하는 미국인은
전체 인구의 29퍼센트인 7,300만 명에 불과하다.[16] 하지만 그렇게 응답
한 사람 중에서도 은퇴를 제대로 준비한 사람의 수는 당황스러울 만큼 적
다. 금융 서비스기업 노스웨스턴 뮤추얼Northwestern Mutual은 전체 미국인
중 22퍼센트가 은퇴를 대비해 모아놓은 저축액이 5,000달러 미만이라고
발표했다.[17] 5퍼센트는 5,000달러에서 2만 4,999달러를 모았고 20만 달
러 이상을 모은 사람은 전체 인구의 16퍼센트뿐이었다. 46퍼센트는 자
신의 저축액이 얼마인지 잘 모른다고 응답했다. 또 범미 은퇴연구센
터Transamerica Center for Retirement Studies 의 2019년 조사 결과에 의하면 미국
의 베이비부머들은 평균 15만 2,000달러의 저축액을 갖고 있으며 25만
달러가 넘는 사람은 전체의 40퍼센트에 그쳤다.[18]

하지만 은퇴 전문가들은 미국인들이 안락한 은퇴 생활을 누리는 데
필요한 퇴직 저축액이 대체로 100만 달러에서 150만 달러 사이라고 조
언한다. 이 금액을 계산하는 방법은 다양하지만, 일반적으로 통용되는
규칙은 당사자의 연평균 소득 70~80퍼센트를 은퇴 이후 처음 10년 동
안 매년 지출한다고 가정하는 것이다. 어쩌면 이 금액도 너무 적을지 모
른다.

미국 사회보장국은 현재 65세의 남성은 83세까지, 65세의 여성은 86세
까지 수명을 누릴 거라고 예상한다.[19] 하지만 그들 중 최소한 절반은 그
보다 오래, 그것도 아주 오랜 시간을 살게 될 것이다. 만일 인류가 코로나
19 사태를 탈출한 뒤에 차곡차곡 평균수명을 늘려간다면(나는 그럴 거라

고 예상한다), 지금 태어난 신생아는 이번 세기가 훨씬 지난 시점까지 생존할 확률이 매우 높다.

이런 세상에서 은퇴를 계획하는 일은 아무런 쓸모없는 헛수고일지도 모른다. 만일 지금 태어난 아이들이 나중에 나이가 들어 일에서 손을 놓을 시기가 됐을 때도 지난 20세기 중반에 형성된 안락한 은퇴의 개념이 아주 조금이라도 남아 있다면(현재의 사회경제적 추세로 보아 그럴 가능성이 거의 없다고 믿지만), 그런 여유 있는 은퇴 생활이 시작될 시점은 현재의 평균 기대수명(미국의 경우 코로나19 사태 이전에 78.7세였으며 2020년에는 77.3세로 떨어졌다)을 훨씬 초과한 나이대가 될 것이다.

안락한 은퇴 시기를 설계하는 데 관심이 많은 사람들은 본인의 기대수명을 과소평가해서 자신이 노후에 소득이 없는 상태로 오랜 시간을 생존할 때 필요한 비용을 잘못 계산하는 실수를 저지른다. 우리 주변의 여러 금융기관, 비영리단체, 정부기관 등에서는 시민들의 은퇴 자금을 계산해주는 도구를 다양하게 제공한다. 그러나 이 계산기들은 미리 은퇴를 계획할 만큼 여유가 있는 사람들의 평균 기대수명이 남들보다 높다는 사실을 고려하지 않는다. 또한 개인의 건강 관련 습관에 따른 긍정적·부정적 요인으로 인해 기대수명이 늘거나 줄 수도 있다는 점도 계산에 반영하지 않는다. 노인 사망률은 80세가 넘으면 오히려 감소하기 시작하고 105세 이후에는 안정 상태를 유지한다. 요즘은 사람이 80세까지 사는 일이 더 이상 부자들의 전유물이 아니라 모든 사람에게 당연히 받아들여지는 표준적인 과정이 되었다.

나 자신을 예로 들어 보자. 나는 미국에 거주하는 비교적 건강한 중년의 백인 남성이다. 내가 생활습관을 바꾸지 않고 지금의 방식 그대로 살아갈 경우, 통계적으로 내 수명은 80대 초반 정도가 될 확률이 크다. 말하자면 2061년에 다시 지구를 찾게 될 핼리 혜성을 내가 살아서 보게 될 가능성이 50퍼센트가 넘는다는 뜻이다. 내가 그때까지 살다가 세상을 떠난다면 1977년에 태어날 때의 기대수명보다 13년을 더 살게 되는 셈이다.

만일 내가 식습관을 건강하게 개선하고 운동도 꾸준히 하는 가운데 사회적·과학적 발전이 오늘날과 똑같은 상태로 유지된다면, 내 수명은 10년 정도 늘어날 것이다. 그러나 이 계산에는 우리가 앞서 살펴본 인류의 과학적 진보가 현실화됐을 때 생길 수 있는 일이 반영되어 있지 않다. 내 세대에 속한 수많은 사람처럼 나 역시 앞선 세대의 선배들에 비해 더욱 건강히 오래 살 수도 있겠지만, 반면 경제적으로는 매우 곤란한 처지에 빠질 가능성도 없지 않다(왜냐하면 경제적 예측은 과학적 진보를 고려하지 않기 때문이다. 나는 장수라는 이름의 쓰나미를 맞게 될 수도 있다). 한마디로 인류의 미래는 나에게 긴 수명과 함께 극도의 경제적 어려움을 가져다줄지도 모른다.

이는 비단 미국에만 국한된 현상이 아니다. 인간의 기대수명은 세계 모든 곳에서 증가하고 있다. 국민들에게 넉넉한 은퇴 연금을 제공하는 나라에서는 이 혜택이 장기적으로 지속 가능하지 않기 때문에 은퇴 연령을 상향 조정하거나 혜택의 규모를 축소해야 한다는 경고의 목소리가 높아지고 있다. 어느 경우든 슈퍼 에이지 사회가 닥치면 우리 모두가 지난 세대에 비해 훨씬 오래도록 일해야 한다는 사실만큼은 분명하다.

일하기 위해 살기 vs. 살기 위해 일하기

나와 동년배나 나보다 어린 세대의 젊은 노동인구는 우리의 부모, 조부모, 증조부모 세대가 누렸던 편안한 은퇴 시기가 자신이 65세가 될 시점에는 이 세상에서 사라질 거라는 사실을 잘 알고 있다. 요즘에는 그보다 좀 더 나이가 든 성인들도 서서히 그런 현실을 인식하는 추세다. 우리 중 많은 사람이 향후의 은퇴 비용을 감당하지 못할 거라는 명백한 데이터가 존재할 뿐만 아니라, 노동 연령층에 속한 미국의 성인들은 그동안 두 차례(2008년과 2020년)의 혹독한 경제 위기를 겪었기 때문이다. 그로 인해 은퇴를 위해 저축한 돈이 바닥나고, 일자리를 잃고, 돈을 벌 수 있는 시간이 줄어든 현대인들은 생계를 위해 은퇴 시기가 한참 지난 시점까지 일해야 하는 상황으로 내몰리고 있다.

게다가 요즘에는 저축액도 비교적 넉넉하고 삶에 영향을 끼칠 만큼 심각한 금전적 타격을 입지 않은 사람들조차 더 오랫동안 일하는 길을 택하고 있다. 그들은 사회적으로 활발하게 활동하기를 원하고 경제적으로도 생산적인 삶을 살고 싶어 한다. 물론 노동 시간을 늘리면 소비에 필요한 돈을 더 많이 벌어들일 수 있고, 덕분에 은퇴를 대비해서 저축한 돈이 고갈되는 속도도 줄일 수 있는 것은 당연한 이치다. 게다가 어떤 사람들은 정말로 일하는 것을 즐기기도 한다. 이런 두 가지의 상반된 현실이 충돌하는 현상은 우리로 하여금 "일하기 위해 사느냐, 살기 위해 일하느냐"라는 딜레마의 의미를 새롭게 고찰하도록 만든다.

세상에는 전통적인 은퇴 시점이 지난 시기까지 일에서 손을 놓지 않고 있는 사람이 이미 무수히 많다. 우리는 그들의 사례를 통해 인류가 지금보다 훨씬 오랜 시간을 일하게 될 미래의 모습을 엿볼 수 있다. 코로나19 사태가 시작되기 전에 미국에서 65세, 75세, 심지어 85세가 넘게 일하는 근로자의 수는 이미 2008년의 경제 위기 이전 수준의 두 배에 달했다. 2018년 미국 노동통계청Bureau of Labor Statistics 의 발표에 따르면 이 노년층 노동인구는 2030년까지 적어도 50퍼센트 이상 증가할 거라고 한다. 믿기 어렵겠지만 코로나19 사태가 발발하기 전 미국에서는 25만 5,000명에 달하는 85세 이상의 노동인구가 정식 노동시장에서 일하고 있었다. 물론 85세가 넘는 근로자가 상대적으로 드물기는 하지만, 그들의 존재가 유별나게 감춰져 있다거나 특정 인종이나 지역에만 한정돼 있는 것은 아니다. 이 고령층 노동자들은 대체로 육체적 활동에 대한 요구가 적은 분야에서 일하고 있다.[20]

이 노동자 집단 중에 일터를 떠나는 사람도 점점 늘어나는 추세다. 본인이 원해서든 회사에서 해고당해서든 업무 현장을 떠난 노인들은 자신의 회사를 직접 설립하고, 소규모 사업체의 주인이 되고, 비정규직 노동자가 되어 열심히 일한다. 직종을 가리지 않고 우리 사회의 모든 곳에서 찾아볼 수 있는 이 노동자들의 존재는 종종 우리를 놀라게 한다.

2018년, 노스웨스턴 대학교 산하 켈로그 경영대학원은 '고성장 스타트업과 창업가의 연령에 대한 연구'라는 보고서를 내놓았다. 이 연구에 따르면 고속 성장세에 놓인 기술 스타트업의 창업가 평균 연령은 45세라고 한다. 또한 나이가 50세인 창업가들은 30세 전후의 창업가들에 비해 사업에서 성공할 확률이 두 배가 높았다.[21]

2019년 JP 모건 체이스 연구소JP Morgan Chase Institute가 발표한 보고서에서도 중장년 및 노년층이 설립한 소규모 업체의 성공 비율이 더 높다는 사실이 드러난다.[22] 60세 이상의 창업가가 설립한 회사가 개업 첫해에 실패할 확률은 8.2퍼센트인데 반해, 30세의 창업가가 실패할 확률은 11.1퍼센트였고 45세 창업가의 실패 확률은 9.6퍼센트였다. 고령층 사업가들은 주로 소규모 기업의 소유주로 일하고 있으며 그들의 활동 비중이 가장 높은 분야는 금속 및 기계(47퍼센트), 첨단 제조업(43퍼센트), 부동산(41퍼센트), 의료 서비스(40퍼센트) 등이다.

비정규직 경제도 중장년 및 노년층 노동자들에게 좋은 활동무대가 되어준다. '차량 공유시장의 전문가'로 불리는 해리 캠벨Harry Campbell에 따르면 미국의 우버 기사 54퍼센트가 50세 이상이고 25퍼센트는 61세 이상이라고 한다.[23] 일본의 택시 기사 평균 나이는 2018년 기준으로 59.9세다. 또 한국에서는 택시 기사의 37퍼센트가 65세 이상이며 가장 나이가 많은 기사는 93세라고 한다.

그 밖에도 전 세계적으로 수많은 사람이 노점, 야시장, 건물 관리인, 경비원, 식품점 점원 및 포장 담당자, 공원 관리자, 가사 도우미, 안내원, 고객 서비스 담당자 등으로 은퇴 시기를 훨씬 지난 시점까지 사회의 한 구석에서 묵묵히 일하고 있다. 어떤 사람들은 이런 일자리를 남들의 눈에 잘 띄지 않는 저숙련 직업이라며 무시할지도 모르지만, 우리 사회가 유지되고 번창할 수 있는 것은 모두 이런 직업들 덕분이다. 게다가 나이든 사람들이 이런 일자리를 점유하는 비율도 매년 늘어나는 추세다.

우리는 이런 사례들을 통해 슈퍼 에이지에 대두될 새로운 표준이 어떤 모습일지 짐작할 수 있다. 그때가 되면 독자 여러분과 나를 포함한 우리 모두가 이전 세대에 비해 더욱 오래 살고, 배우고, 돈을 벌 수 있게 될 것이다. 우리는 정부나 기업이 제공하는 연금을 앉아서 챙기기만 하는 수동적인 수급자가 아니라 활발한 소비자로서 이전 세대에 비해 더욱 오랜 시간을 살아가야 한다. 노년기에 일을 한다는 것은 단지 거주지나 먹거리의 문제를 해결하는 차원을 넘어 활발한 경제 활동을 통해 정신적·육체적으로 건강한 삶을 누릴 시간을 더욱 오래 연장한다는 의미가 있다. 시민들이 생산적인 활동에 종사할 수 있는 시간을 늘리기 위해서는 세수 증가, 소비자 기반의 확대, 건강에 악영향을 미치는 돌발 사태의 감소 및 의료비 절감 등의 세 가지 핵심 조건이 선결되어야 한다.

본인이 원해서든 환경 때문이든, 오늘날 전통적인 은퇴 연령이 훨씬 지난 시점까지 활발하게 일하고 있는 모든 개인은 슈퍼 에이지와 '반은퇴'anti-retirement라는 새로운 현실의 개척자들인 셈이다.

제6장

에이지즘에 잠식된
사회

사회에 거대한 변화가 밀어닥치는 시기에는 모든 사람이 합심해서 새로운 문제를 해결하는 데 팔을 걷어붙이고 나서야 한다. 그 점에 있어서는 슈퍼 에이지도 다를 바가 없다. 역사상 그 어느 때보다 다양한 세대가 존재하게 될 미래에는 긴밀한 세대 간 화합을 바탕으로 모든 구성원이 사회적 문제를 해결하는 데 각자의 몫을 담당해야 한다. 이는 사회적 이행기의 초기든 후반기든 마찬가지다.

　지난 세기 내내 세대 간 갈등이라는 주제가 사회적·경제적 서사의 중심부를 차지하면서 오늘날에는 젊은 세대와 나이 든 세대 사이에 유대를 강화하려는 노력이 헛수고일 뿐만 아니라 심지어 어리석은 일처럼 여겨지고 있다. 하지만 이제 그런 상황을 바꿀 때가 됐다. 에이지즘이 젊은이와 노인들의 잠재력을 훼손시키기 때문만이 아니라, 미국을 포함한 전세계가 직면한 사회적·경제적 정의의 문제와 노화와 장수의 문제가 종종 교차하기 때문이다.

젊은이들은 종종 사회적·경제적·인종적 정의를 실현하기 위한 운동의 전위부대 또는 선봉장 역할을 떠맡아 현실을 거부하고 급진적인 변화를 요구한다. 그들은 자신의 '워크니스'wokeness(미국 흑인들이 주로 사용하는 표현으로 특정 사안에 대해 지속적인 경각심을 갖는 행위Stay woke를 의미한다)를 명예로운 훈장처럼 가슴에 품고, 격렬한 대중 저항 운동을 통해 기성세대가 지배하는 이 나라의 장로長老 정치에 불만을 표출하거나 변화의 필요성을 부르짖는다.

참고로 '블랙 라이브즈 매터'Black Lives Matter('흑인의 목숨도 소중하다'는 의미로 아프리카계 미국인을 향한 폭력과 인종주의에 반대하는 사회운동—옮긴이) 운동이 한창이었을 때 116대 의회의 하원 의원 평균 연령은 58세였으며 상원은 63세였다. 그리고 도널드 트럼프 대통령은 당시 74세였다.[1] 게다가 2020년 기준으로 국가 전체의 중위연령이 38.2세였다는 사실을 감안하면, 젊은이들 입장에서 자신의 목소리가 정치인들에게 들리지 않을 거라고 생각한 것도 무리는 아니다.

모바일 앱 분석 업체 모바일왈라Mobilewalla에 따르면 2020년 애틀랜타, 로스앤젤레스, 미니애폴리스, 뉴욕 등지에서 '블랙 라이브즈 매터' 시위가 벌어졌을 때 참가자 중 3분의 2가 18세에서 34세 사이의 젊은이였다.[2] 그리고 두 번째로 참여도가 높은 연령대는 55세 이상의 참가자들로 그들은 코로나19 사태로 인한 건강상의 위험을 무릅쓰고 로스앤젤레스에서 20퍼센트, 애틀랜타와 미니애폴리스에서 24퍼센트 그리고 뉴욕에서 23퍼센트라는 높은 참가율을 나타냈다. 이에 반해 35세에서 54세 사이의 그룹은 전체 참가자 중 10퍼센트를 넘지 못했다.[3] 그 말은 젊은이들과 중장년 및 노년층이 이들 도시의 거리에서 손에 손을 맞잡고 가장 큰 목소리로 정의를 부르짖었다는 것이다.

이 시기에 청년층과 노년층이 이렇게 흔치 않은 유대감을 선보였다는 것은 이들 그룹 사이에 호환 가능한 가치가 존재하지 않을 거라는 기존의 사고방식이 시대착오에 불과하다는 사실을 시사한다. 특히 우리 사회가 직면한 가장 중차대한 도전 앞에서 세대 간의 공통점을 발견하기 어렵고 일정 수준의 결속력을 달성하기가 불가능하다는 서사는 단순한 오류일 뿐이다. 이렇듯 세대 간 단절을 통해 창출된 힘은 '블랙 라이브즈 매터' 시위뿐만이 아니라 2020년 대통령 선거에서 조 바이든이 당선되는 데도 큰 기여를 했다. 젊은이들은 투표장에 대대적으로 모습을 드러냈고 일부 노년층은 도널드 트럼프에게 등을 돌렸다. 미국의 시민 대다수는 그들이 분열과 공포로 얼룩진 미래가 아니라 공평하고 일치된 비전의 가치를 추구한다는 사실을 입증했다.

정체성, 편견 그리고 젊음

나이는 인간의 정체성을 구성하는 핵심 요소 중 하나다. 우리는 나 자신이 어떤 사람인지 표현할 때 성별, 인종, 직업, 국적, 출신지 등을 밝히고 거기에 종종 연령과 세대를 덧붙인다. 어떤 사람들은 인권 운동이나 사회, 경제, 인종적 정의를 실현하기 위한 운동의 중요한 일부가 바로 연령 차별에 저항하는 일이라고 생각한다. 사실 UN은 1948년부터 이미 노인들의 인권을 보호하는 문제를 논의해왔다(UN은 아직 노인권리협약Convention on the Rights of Older Persons이라는 구속력을 갖춘 조약을 통과시키지 않고 있다).[4]

연령 차별이란 인권 법이 지향하는 취지와 반대로 사람들을 오직 나이라는 기준만으로 불공평하게 대우하는 행위를 의미한다. 대개 이런 차별적 행위는 다른 종류의 차별에 비해 사회적으로 그리 심각하게 받아들여지지 않지만, 피해를 입는 당사자에게 경제적, 사회적, 심리적으로 치명적인 타격을 준다는 점에서는 다를 바가 없다.

인권 관련 논의에서 연령 차별의 문제는 늘 뒷전으로 밀려나는 경향이 있다. 그 이유는 이 사안이 오직 일부 시민(즉 나이 든 사람)에게만 장애물로 작용할 뿐만 아니라 에이지즘, 즉 나이를 기준으로 특정 개인이나 집단을 차별하고 그들에 대한 고정관념을 갖는 일의 칼끝이 우리 사회에서 가장 연령이 높은 구성원들을 향하는 경우가 대부분이기 때문이다. 우리가 남들과 대화를 나눌 때 생각 없이 던지는 '건망증은 노화의 신호' 같은 농담, 안티에이징이라는 메시지를 앞세우는 제품, 노인을 무시하거나 어린애 취급하는 태도, 나이 든 사람들은 판단력이 떨어지고 기술이 부족하다는 선입견 그리고 단순히 젊은 사람을 선호하는 성향 등은 모두 에이지즘의 단편적인 모습이라고 볼 수 있다.

에이지즘은 종종 일자리의 상실, 신용 거절, 소매점이나 식당의 불친절한 서비스, 임상실험 참가 기회 박탈, 의료 전문가의 부실한 보살핌 같은 심각한 결과로 이어지기도 한다. 최근에는 이 용어의 적용 대상이 젊은이들을 포함한 다른 연령층으로도 확장되는 추세지만 노인들의 권익만을 대변하는 일에 앞장선 조직들은 그런 사실을 인정하려 들지 않는다.

하지만 젊은 사람들도 분명 에이지즘을 경험한다. 에이지즘으로 인한 최악의 사례가 대부분 노년기를 살아가는 사람들에게 발생한다는 이유만으로 젊은이들이 겪는 연령 차별의 경험을 무시해서는 안 된다. 또 젊은이들을 향한 에이지즘이 노인들에게만큼 심각한 결과를 낳지 않을 거라고 속단하지도 말아야 한다. 이 두 그룹에 속한 사람들이 에이지즘을 가장 뼈저리게 체험하는 장소는 바로 직장이다.

〈인사관리 저널〉Human Resource Management Journal이 2006년 발표한 연구 결과에 따르면 업무 현장에서는 '근로자의 나이가 너무 많다'는 이유로 발생하는 차별 못지않게 '너무 어리다'는 이유로 인한 차별도 자주 발생한다고 한다.[5] 이런 편견은 근로자의 정신적·신체적 건강을 해칠 뿐 아니라 그들이 만들어내는 업무적 결과물의 품질에 부정적인 영향을 미칠 수 있다.

젊은 직원들이 직장에서 자신을 무시하고 비하하는 언어 공세에 노출되는 일은 매우 흔하다. 예를 들어 관리자가 특정 젊은 직원의 나이가 너무 어리고 경험이 부족하다는 사실을 대놓고 지적하거나, 직원들을 '그 아이' 또는 '새로 들어온 애'로 낮춰 부르는 사례는 어디서나 비일비재하다. 연령 차별적인 성향이 강한 고용주는 30세 이하의 직원들을 채용하기를 꺼린다. 젊은 사람들은 어떤 식으로 행동할지 예측이 어려운 데다 무엇보다 '일하는 방법을 잘 모르기 때문'이라는 것이다. 아니면 단순히 젊은 직원들이 자신의 발전에 필요한 경험과 기술을 축적하는 일을 고용주가 돕고 싶어 하지 않기 때문일 수도 있다. 개중에는 전문적인 기술이 필요한 자리에 인턴십 프로그램이라는 명목으로 젊은이들을 무료 또는 낮은 인건비로 채용해서 비용을 절약하려는 고용주들도 없지 않다.

나도 젊은 직장인으로서 한창 왕성하게 일하던 시절, 뜻밖의 시기에 뜻밖의 장소에서 에이지즘을 겪은 적이 있다. 내가 30대 초반 AARP에서 일할 때 담당했던 업무는 회원들이 쉽고 간단히 사용할 수 있는 디지털 콘텐츠를 기획하는 일이었다. 당시 나는 전 세계의 혁신적인 노인 정책들을 다루는 짧은 동영상을 제작해서 유튜브를 포함한 소셜 미디어 채널을 통해 국내외 시청자들에게 배포하자고 제안했다.

이 프로젝트를 주도한 사내 프로듀서는 내 제안을 무시하지 않고 반갑게 받아들였다. 하지만 그가 회의를 마치며 한 말은 아직도 귓가에 쟁쟁하다. "아, 자네가 그렇게 젊지만 않았다면 그 동영상에 발표자로 출연할 수 있을 텐데." 그 말은 내가 제시한 아이디어가 얼마나 훌륭한지, 또는 내가 전략을 실행에 옮기는 능력이 얼마나 뛰어난지에 상관없이 나는 동영상에 등장할 수 없다는 뜻이었다. 좀 더 나이가 들었거나 그 자신이 은퇴자처럼 보이는 'AARP와 더욱 어울리는 사람'이 기술이나 재능과 무관하게 그 역할을 대신해야 한다는 말이기도 했다. 내가 에이지즘을 맛본 것도 그리고 나이나 세대에 관계없이 남에게 모욕감을 주면 당사자에게 정말로 해로운 영향을 미친다는 사실을 깨달은 것도 그때가 처음이었다.

팬데믹에서 드러난 노인을 향한 에이지즘

2020년 〈노인학 저널〉Journals of Gerontology에 실린 '무시당하고 과소평가 당하는 사람들: 젊은이, 중년, 노인이 겪는 에이지즘의 경험에 관하여'라 는 연구 보고서에 따르면, 젊은 성인들이 직장에서 겪은 에이지즘의 가 해자는 주로 함께 일하는 동료들이라고 한다.[6] 물론 고령층 직장인들도 일터에서 에이지즘을 경험한다. 뿐만 아니라 나이 든 사람들이 소매점에 서 제품이나 서비스를 구매하는 과정에서 에이지즘의 피해자가 되는 사 례도 빈번하게 보고되고 있다. 에이지즘의 가해자는 젊은이들뿐만 아니 라 중년 또는 그 윗세대의 성인들까지 다양했다. 연령 차별을 당한 사람 들은 나이에 관계없이 상대방의 '부정확한 가정'이나 '존중 부족'의 형태 로 에이지즘을 경험했다. 예를 들어 나이 든 직원은 기술이 부족하다는 그릇된 편견의 희생물이 되거나, 시류와 유행에 뒤떨어진다는 이유로 무 시당하는 경우가 많다고 한다.

최근에 발생한 코로나19 사태만큼 노인들을 향한 현대 사회의 에이지 즘이 그 수치스러운 민낯을 드러낸 사례는 없을 것이다. 우리가 인정하 든 안 하든, 우리는 이 사회에서 가장 취약한 노인들을 언제라도 쉽게 버 릴 수 있는 소모품으로 취급했다. 심지어 텍사스 주의 부지사 댄 패트 릭Dan Patrick 같은 정치인들은 코로나19로 망가진 경제를 다시 활성화하기 위해 노인들이 '기꺼이 목숨을 거는' 용기를 내야 한다는 망언을 쏟아내 기까지 했다.[7] 이는 단순한 에이지즘이 아니라 나이를 기준으로 한 끔찍 한 우생학eugenics(인류를 유전학적으로 개량할 목적으로 수행하는 학문—옮긴이)을 내세워 이 질환의 실체(즉 이 병의 사망원인은 나이보다 건강 상태에 좌우된다는 사실) 앞에서 많은 사람의 눈을 멀게 한 행위와 다름없다. 팬데믹 동안 미국의 젊은 사람 가운데서도 점점 많은 감염자, 입원환자 그리고 사망자가 발생한 상황은 그야말로 '뿌린 대로 거둔' 결과라고 할 것이다.

통계적으로 노인들이 코로나19에 감염되어 사망하는 비율이 높다고 해서 그들을 희생양으로 삼는 일은 도덕적으로 결코 정당하지 않다. 우리 할아버지와 할머니가 목숨을 잃는다고 해도 경제를 살리는 일이 급선무라는 미국과 세계 각지 지도자들의 안일한 태도는 이 질병에 대한 사회적 대응의 결정적인 지연을 초래했다. 그로 인해 우리는 젊은이와 노인들을 포함해 수십만 명의 사망자가 발생하는 값비싼 대가를 치렀으며, 코로나19 감염 후 몇 주 또는 몇 개월간 후유증에 시달리는 수많은 환자를 양산했다(이 글을 쓰는 시점에서 코로나19 사태로 인한 전 세계 사망자 수는 400만 명이 넘었다).

1918년에 시작되어 아동과 청소년들에게 집중적인 피해를 입힌 스페인 독감과는 달리, 코로나19는 애초에 노인들에게만 치명적인 영향을 미치는 질병으로 알려졌다.[8] 이 바이러스의 유행 초기에 미국에서 발생한 코로나19 사망자의 80퍼센트가 65세 이상의 노인이었기 때문이다. 이 통계는 코로나19로 사망하는 사람들이 대체로 비만, 당뇨병, 심장병 같은 기저질환의 소유자라는 보다 정확한 예측 변수에 주의를 기울이지 못하게 함으로써 수많은 사람의 안전 감각을 마비시키는 결과를 가져왔다.

미국의 보건 관련 비영리 단체 카이저 가족재단Kaiser Family Foundation 에 따르면 코로나19에 희생된 사람 대부분이 65세 이상의 노인이었지만 그보다 더욱 높은 비율의 사망자가 바로 양로원에서 발생했다고 한다.[9] 전체 사망자의 40퍼센트가 이런 집단 시설들과 관련된 사람들이었다는 것이다. 이 통계 수치가 끔찍한 이유는 양로원에서 기거하는 노인들이 이미 우리 사회에서 철저히 버림받은 소외 계층이었기 때문이다. 그런 시설에 몸을 맡긴 사람들 대부분은 스스로를 돌볼 능력이 없고, 그렇다고 집에서 요양 서비스를 받을 형편도 되지 않는 가난한 노인들이었다.

코로나19 사망자 통계가 대부분 65세 이상의 노인 전체를 대상으로 하지만 더 구체적으로 분석해 보면, 전체 사망자의 60퍼센트는 75세 이상, 30퍼센트는 85세 이상의 노인들에게서 발생했다. 65세에서 74세 사이의 연령층에서는 전체 사망자의 21퍼센트가 나왔고 64세 미만의 사망자는 20퍼센트였다. 우리가 앞장에서 살펴본 대로 인간의 수명 연장 분야에 뛰어든 과학자들은 단순 기대수명과 '건강 기대수명'과의 격차를 줄이는 분야에서도 활발하게 연구를 진행 중이다. 덕분에 미래에는 코로나19뿐만 아니라 주로 노인들에게 심각한 피해를 입히는 독감 등 기타 질환에 있어서도 특정 연령 위주의 사망률 쏠림 현상이 개선될 것으로 기대된다.

코로나19를 비롯한 여러 질환에 대처하는 과정에서도 연령 차별이 벌어지고 있지만, 그 외에도 에이지즘이 가장 심하게 기승을 부리는 곳은 바로 직장이다. 2018년 AARP가 발표한 조사 보고서에 따르면 미국의 근로자 다섯 명 중 한 명은 55세 이상이라고 한다.[10] 슈퍼 에이지 사회로 접어들면 이 비율은 더욱 증가할 것이다. 이들 중 65퍼센트가 일터에서 나이에 관한 각종 차별을 경험했다고 밝혔다. 응답자 중 많은 수(58퍼센트)가 직장에서 에이지즘이 시작되는 나이는 50세 전후라고 생각했다. 이 보고서에서는 젊은 근로자들을 조사 대상에서 제외했다.

또 나이 든 성인들은 에이지즘 탓에 직장에서 오래 일하기도 어렵다. 업무 현장에서 발생하는 에이지즘은 근로자들에게서 일자리를 빼앗고 그들이 이전과 비슷한 수준의 일자리(아니면 다른 어떤 일이라도)에 접근하지 못하도록 막는 주된 요인 중 하나다. 공공 정책 관련 비영리기관 프로퍼블리카ProPublica와 경제 및 사회정책 연구를 전문으로 수행하는 도시연구소Urban Institute가 2006년에 공동으로 진행한 연구에서는 다음과 같은 결과가 나왔다. "나이 든 직장인 중 56퍼센트는 경제 여건이 어려워지면서 직장에서 감원되거나 스스로 회사를 그만둔 적이 최소 한 번은 있다고 한다. 그들은 자발적으로 조직을 떠났다기보다 강제로 밀려났을 가능성이 크다."[11] 그렇게 직장을 그만둔 퇴직자 가운데 이전과 같은 수준의 급여를 제공하는 일자리를 얻은 사람은 10명 중 한 명에 불과했다. 나머지 90퍼센트는 직장을 바꾼 뒤 심각한 수입 감소를 경험했다.

그동안 기업들은 '죽은 나무'처럼 쓸모없는 사람 취급을 받는 베이비부머들을 수천 명씩 감원했다. 요즘은 X세대의 구성원들도 이력서에 적힌 나이 때문에 새로운 직장에 취업하기가 만만치 않고 기존의 자리를 지키는 일도 위태로운 형편이다. 그리고 다음 차례는 가장 나이 많은 멤버가 40세를 넘긴 밀레니얼 세대가 될 것이다. 이런 상황이 발생하는 주된 이유는 오직 젊은 노동인력을 확보하는 데 정신이 팔린 기업들이 "어떻게 하면 직원들의 고용을 5년에서 10년 정도만 유지할 수 있을까?"라는 전략에 따라 회사의 채용 정책이나 복리후생 제도를 기획하기 때문이다. 그들은 "어떻게 하면 직원들이 이곳에서 보내는 마지막 5년에서 10년 동안 최선의 성과를 발휘하게 만들 수 있을까?"라는 질문에는 관심이 없다.

나는 인적자원관리협회Society for Human Resource Management, SHRM에 기고한 기사에서 공공 부문의 고령층 직원들은 젊은 근로자들에 비해 한 직장에서 더 오랫동안 일하는 경향이 있다고 지적했다. 그 말은 연령이 높은 직원들이 조직의 훌륭한 자산으로서 풍부한 잠재력을 지니고 있지만, 그들을 위한 교육과 훈련이 지속적으로 필요하다는 뜻이다. 나와 가까운 친구이자 베스트셀러《최고의 성과》Peak Performance의 공동저자이기도 한 브라이언 엘름스Brian Elms는 이렇게 역설했다. "회사는 마치 사회 기반시설을 대하는 것처럼 직원들을 끊임없이 보살피고 그들에게 투자해야 한다. 조직에서 가장 강력한 자산인 직원들의 업무 참여도를 높일수록 노동력 전반의 창조력과 혁신은 강화되기 마련이다."[12]

나이 든 사람들, 특히 나이 든 여성에 대한 편견이 가장 확연하게 드러나는 곳 중의 하나는 엔터테인먼트 산업이다. 이 분야에서는 나이가 많은 배우일수록 화면에 얼굴을 비추기가 어렵다. 2019년 서던캘리포니아 대학교의 아넨버그 신문방송대학Annenberg School for Communication and Journalism이 발표한 '1,200편의 영화에서 드러난 불평등: 2007년부터 2018년까지 성별, 인종, 성 소수자 및 장애 여부에 따른 출연 비율 조사'라는 보고서에 따르면, 2018년 극장에서 개봉한 상위 100편의 영화 가운데 45세 이상의 여성이 단독 또는 공동 주연을 맡은 작품은 11편에 불과하다.[13] 2017년의 다섯 편에 비해 두 배가 늘어나기는 했지만, 45세 이상의 남자

배우가 단독 또는 공동 주연으로 나선 2018년 개봉작 24편에 비해서도 절반에 미치지 못하는 수치다. 게다가 2018년에 개봉한 상위 100편의 영화 가운데 45세 이상의 유색인종 여성이 단독 또는 공동 주연을 맡은 작품은 고작 네 편이었다. 그나마 앞으로 이런 상황이 좀 나아질 거라고 기대되는 이유는 2021년 아카데미상 4개 배우부문 수상자 중 세 명(〈노매드랜드〉의 프랜시스 맥도먼드, 〈더 파더〉의 앤서니 홉킨스, 〈미나리〉의 윤여정)이 모두 나이 든 배우였고 그들이 극중에서 분한 캐릭터도 노인 역할이었기 때문이다. 어쨌든 영화나 TV에서 노인들의 출연이 부족하다는 사실은 사람이 나이가 들면 세상에서 사라지기 마련이라는 세간의 인식을 더욱 굳어지게 만드는 듯하다.

나이에 대한 편견으로 가장 크게 고통 받는 당사자는 바로 노인이고 우리 대부분이 삶의 후반기에 에이지즘의 부정적인 효과를 가장 절실하게 경험한다는 것은 분명한 사실이다. 그 이유는 우리의 개인적 정체성을 규정짓는 다른 요소들과는 달리, 처음부터 늙은 상태로 태어나는 사람은 아무도 없기 때문이다. 성별, 성적 취향, 인종 같은 태생적인 특징들과 달리 노년기는 시간이 흐르면서 조금씩 다가오는 법이다. 그 사실이 더욱 곤혹스럽게 느껴지는 이유는 우리의 서류상 나이와 스스로 인식하는 본인의 나이가 서로 다르기 때문이다. 대개의 경우 양자 사이에는 10년에서 15년의 격차가 발생한다. 더욱이 내 나이가 얼마쯤 될 거라는 남들의 판단이 여기에 가세하면 이 격차는 더욱 벌어진다.

우리 모두는 에이지즘을 확산하는 데 일정 부분의 역할을 담당한 책임감을 느껴야 한다. 나이 든 사람들에 대한 편견은 대부분 '악의 없는' 농담에서 시작된다. 젊은 사람들은 연장자들의 구식 옷차림이나 행동을 놀려대기 일쑤고, 중년에 접어든 사람들은 "나이가 드니 기억이 깜빡거린다."는 식으로 스스로를 조롱한다. 그리고 삶의 막바지에 들어 주위의 웃음거리가 되거나, 더 심한 경우는 무시당하고 사람들의 기억에서 아예 사라진다. 젊은 시절의 우리는 항상 미래의 나이 든 자신에게 해가 되는 쪽으로 내기를 건다. 물론 그로 인해 가장 큰 피해를 보는 사람은 가장 늙었을 때의 나 자신이다.

나이 든 사람들은 이 사회에서 널리 통용되고 받아들여지는 부정적인 조롱이나 편견을 주기적으로 참고 견뎌야 한다. 나는 연장자들을 흉내 내느라 희희낙락하는 젊은이들과 이 책의 독자들에게 단 하루만이라도 연령 차별적인 태도를 없애고, 젊은이나 노인들을 조롱하는 농담에 끼어들지 말고, 자신보다 나이가 많거나 적은 사람들을 차별하는 언행을 삼가라고 당부하고 싶다.

연령 차별의 비용

에이지즘은 전 세계 어느 곳에서나 친구, 가족, 지인, 동료 그리고 대중매체 및 뉴스 등을 통해 매일같이 우리에게 영향을 미친다. 뿐만 아니라 제품 및 서비스 디자인, 공공 정책, 노동인구와 업무 현장, 마케팅 및 홍보, 의료 정책 등을 통해 수시로 그 추한 모습을 드러낸다. '미투'MeToo, '러브윈스'LoveWins(동성결혼 합법화 운동―옮긴이), '블랙 라이브즈 매터' 같은 사회적 움직임이 한창이었을 때, 이 운동에 동참한 사람들은 세간의 선입견이나 그릇된 행동으로 고통을 겪은 피해자들에게 공감을 나타내며 그들을 위해 싸웠다. 그럼에도 불구하고 일종의 '용인된 편견'인 에이지즘은 여전히 그 기세가 조금도 수그러들지 않고 있다. 우리는 자신보다 나이가 많은 사람들에게 손톱만큼도 관심을 보이지 않는다.

나이에 대한 편견은 각 개인에게 내면화된 가치관인 동시에 사회 전체적으로 제도화된 통념이기도 하다. 에이지즘은 사회적 불평등을 악화시키고 노인들의 건강에 부정적인 영향을 미칠 뿐만 아니라, 실업자를 양산하고 인간의 수명을 줄이는 결과를 낳는다. 이는 전 세계 모든 국가에서 사회적·경제적 성공의 지체를 유발하는 요인으로 작용할 수 있다. 다시 말해 우리가 나이에 대한 부정적 편견을 버리지 않는다면 미래의 사회 및 경제 시스템은 철저히 파괴될지도 모른다.

2007년 〈노인학 저널〉이 발표한 논문에 의하면 자신이 사회에서 쓸모없는 존재라고 느끼는 노인들은 뚜렷한 삶의 목적을 지닌 사람에 비해 장애를 얻을 확률이 세 배가 높고 조기에 사망할 확률도 네 배나 높다.[14] 또 직장에서 밀려난 사람들은 건강상태가 악화되어 수명이 줄어들 가능성이 크다. 예일 대학교의 전염병학자 베카 레비Becca Levy 박사와 그의 연구팀은 구체적인 데이터를 바탕으로 에이지즘으로 인해 야기되는 사회적·경제적 비용을 도출해냈다.

레비 박사와 그녀의 팀은 2018년에 수행한 연구(2020년에도 후속 연구를 실시했다)를 통해 에이지즘으로 인해 발생하는 각종 질병을 치료하는 데 미국 내에서만 한 해 630억 달러의 추가적인 의료비가 소요된다는 사실을 밝혀냈다.[15] 에이지즘이 우울증을 포함한 정신건강의 악화와 수명 단축과 같은 신체적 건강의 쇠퇴를 초래한다는 증거는 무수히 많다. 또 노인들은 적절한 의학적 치료에 대한 접근성이 떨어지고 치료를 받는다고 해도 기간이나 빈도가 충분치 않아 좋은 결과를 얻기가 어렵다. 레비 박사의 연구에 따르면 에이지즘은 연령, 성별, 인종을 막론하고 나이 든 사람 모두에게 영향을 미친다.

630억 달러는 미국에 거주하는 60세 이상의 시민이 한 해 여덟 가지의 고비용 질환, 즉 심혈관계 질환, 정신 질환, 만성 호흡기 질환 등을 치료하는 데 소요되는 전체 비용의 7분의 1에 해당하는 금액이다. 그러니 여기에 내포된 아이러니를 생각해 보라. 에이지즘은 전 세계적으로 수백만의 노인을 각종 질병 속으로 몰아넣지만, 정작 의사나 의료 전문가들이 그 편견의 피해자들인 노인들을 제대로 치료하지 못하게끔 발목을 잡는다. 결국 이 파괴적 편견의 가해자 역할을 한 이 사회가 그 비용을 고스란히 감당해야 하는, 값비싸고 지속 불가능한 악순환이 벌어지고 있는 것이다.

레비 박사의 획기적인 연구가 발표된 이후, WHO는 그녀에게 전 세계의 에이지즘 현황을 분석해 달라고 요청했다. 이 연구는 WHO가 194개국의 지원을 바탕으로 진행 중인 '에이지즘 퇴치를 위한 글로벌 캠페인'의 일환으로 실시됐다.[16] 2020년에 발표된 레비 박사의 연구에는 사상 최대 규모의 모집단을 대상으로 에이지즘이 인류의 건강에 미치는 영향을 조사한 내용이 담겼으며, 그 결과 5개 대륙의 45개 국가에서 연령 차별이 노인들의 건강에 피해를 입힌다는 구체적인 증거가 도출됐다. 도합

700만 명의 조사 대상자가 참여한 이 연구에서는 전 세계에서 작성된 422개의 논문을 체계적으로 검토해서 분석이 이루어졌는데 전체 논문의 96퍼센트에서 에이지즘이 노인들에게 미치는 부정적인 영향의 증거가 확인됐다.

WHO는 에이지즘이 심혈관계의 스트레스를 유발하고 자기 효능감 self-efficacy(자기가 어떤 일을 성공적으로 해결할 수 있다고 기대하는 마음이나 신념―옮긴이)을 낮추고 생산성을 저하시키며 삶의 의지를 약화시킬 뿐만 아니라, 건강한 생활방식에 대한 욕구를 떨어뜨리고 질병의 회복을 더디게 하며 스트레스를 가중시키고 수명을 감소시키는 등 정신적·육체적 건강에 심각한 결과를 초래한다는 결론을 내렸다. 연령 차별로 인한 부정적인 경험에 노출됐던 성인들은 평균수명이 7.5년이나 줄어들었다. 우리가 이 사회를 지금처럼 아프고 고통을 겪는 사람들이 아닌 건강하고 행복한 노인들이 살아가는 장소로 만들기 위해서는 모두가 에이지즘에 맞서 싸워야 할 것이다.

미국 심리학회American Psychological Association는 에이지즘을 성별, 인종, 장애에 대한 차별 못지않은 중차대한 사안으로 다뤄야 하지만, 다른 종류의 차별과 이를 동일시하지 말아야 한다고 조언한다. 에이지즘의 폐해에 대한 대중의 인식을 제고함으로써 부정적인 효과를 일부 완화할 수는 있어도 그것은 시작에 불과하다는 것이다.[17] 세계 각국이 슈퍼 에이지로 진입해서 노인 인구가 지속적으로 증가한다면 젊은이와 노인들을 향한 에이지즘을 근절하거나 최소화하는 대책을 세우는 일이 더더욱 중요해질 것이다.

직장에서 발생하는 에이지즘으로 인해 기업들이 감당해야 할 의료비용도 점점 증가하는 추세다. 2018년 다국적 컨설팅 기업 PwC는 'PwC 황금 세대 지표: 근로수명을 늘려 묻혀 있는 3.5조 달러의 보물을 찾아라'라는 보고서에서 OECD 국가들이 나이가 들었다는 이유로 직원들을 강제로 퇴직시키는 관행을 답습하지 않고 보다 포용적인 고용정책을 추구한다면 무려 3.5조 달러의 경제 부양 효과를 거둘 수 있을 거라고 지적했다.[18] 가령 기업의 채용 안내 서류에 모든 연령의 후보자가 지원할 수 있다는 사실을 명시하고, 디지털 네이티브digital native(태어날 때부터 디지털 기기를 자연스럽게 접해서 이를 자유자재로 사용하는 젊은 세대—옮긴이)만이 지원 가능하다는 조건을 빼고, 지원 서류에서 생년월일이나 대학 졸업에 관한 항목을 삭제하는 간단한 조치만으로도 큰 효과를 거둘 수 있다는 것이다. 또한 고용주와 피고용인들이 합심해서 다양한 연령대를 포괄하는 팀을 구축하거나 재택근무, 일자리 나누기job-sharing, 단계별 채용 및 퇴직, 시간제 근무 같은 인재 관리 전략을 수립하는 방법도 생각해 볼 수 있다.

그 어느 누구도 일터를 포함한 사회 전반에 에이지즘의 확산을 부추긴 책임에서 자유롭지 못하다. 우리는 공공 부문과 민간 부문을 막론한 어느 곳에서든 더 이상 에이지즘이 번지지 못하도록 막아야 한다. 그리고 그 출발점은 먼저 우리 마음속에 내면화된 에이지즘의 뿌리를 공략하는 일이다. 하지만 다른 형태의 차별과 마찬가지로 연령 차별 풍토가 창조한 가장 큰 장애물은 예나 지금이나 국가의 묵인 하에 쌓아올려진 거대한 장벽이다. 따라서 우리가 이 사회적 편견과 맞서 싸우기 위한 최전선은 전 세계의 수도에 존재하는 여러 입법 기관들이 되어야 할 것이다.

정년퇴직은 또 다른 형태의 에이지즘이다

사회에서 소외된 집단이 다른 사람들에게 문화적으로 받아들여지는 시기는 이를 뒷받침하는 공공 정책이 발효되는 때에 비해 항상 늦는다. 과거 인구가 폭발적으로 증가하던 아날로그 시대에는 나이 든 노동인구를 일터에서 밀어내는 공공 정책에 전혀 문제가 없는 듯이 보였지만, 오늘날에는 이런 정책들로 인해 우리의 미래 성장이 위협받고 있다.

그동안 거의 모든 국가의 사법부는 임금 노동자들의 은퇴 시기를 법적으로 규정하는 제도를 폐지했다. 그러나 일본과 한국을 포함한 일부 지역에서는 고용주에게 오직 나이를 기준으로(경우에 따라서는 55세라는 이른 시기에) 직원들을 퇴직시킬 권한을 부여한다. 이런 시스템이 초래하는 결과 중 하나는 퇴직자들로 인해 노동 시장이 두 단계로 형성된다는 것이다. 또한 노동자들이 기존의 일터를 떠나 저숙련·저임금 일자리로 옮겨감으로써 국가 전체의 인적 자원에도 커다란 손실이 가해진다.

애초에 이런 공공 정책들은 젊은 노동자들에게 노동 시장에 참여할 기회를 더 많이 제공한다는 취지에서 실시됐다. 하지만 퇴직 연령을 강제로 규정하는 정책이 원래의 의도와는 달리 노동인구의 중요한 일부이자 가장 생산성 높은 사회 구성원인 숙련된 노동자들의 능력을 빼앗아갈 뿐, 정작 젊은이들을 위한 일자리를 창출하지 못한다는 사실은 이제 누구나 알고 있다.

이런 시스템이 가동되는 곳은 일본과 한국만이 아니다. 아시아 개발은행, OECD, UN, 세계은행World Bank 같은 조직도 65세 이전에 직원들을 강제로 퇴직시킨다. 다만 몇 년의 임기를 추가적으로 협상할 힘을 지닌 최고위급 리더들은 예외다. 미국을 포함한 여러 국가에서도 비행기 조종사나 경찰관 같은 특정 직업에는 연령 제한이 적용된다. 물론 그 일을 수행하는 데 있어 당사자의 능력과 나이 사이에는 아무런 관계가 없다.

그동안 미국 등 일부 국가에서는 대부분의 직업에 대해 연령 제한을 법으로 금지했다. 1967년에 발효된 고용 연령 차별 금지법Age Discrimination in Employment Act, ADEA 은 직장에서의 연령 차별을 금지하는 세계 최초의 법안으로 40세 이상의 피고용인에게 채용, 해고, 승진 및 부서 이동, 감원, 급여, 복리후생, 직무 할당, 훈련 등을 포함한 채용상의 어떤 조건이나 특혜에 대해서도 불이익을 받지 않을 권리를 보장한다. 이 법에 따르면 고용주들은 구직 광고나 채용 안내 서류에 특정 연령의 후보자를 선호한다는 문구를 포함시킬 수 없고 직원 훈련 프로그램에 나이 제한을 두지 말아야 한다. 또한 회사의 연령 차별 행위에 대해 소송을 제기했거나 연령 차별 행위에 대한 정부 조사에 협조한 직원들에게 복수하지 말아야 하고 예외적인 경우를 제외하고는 특정 연령에 도달한 직원들을 강제로 퇴직시켜서는 안 된다.

연령 차별의 사례 중에는 직원을 채용할 때 특정 나이에 대한 선호도를 밝히거나 조직 개편이나 감원 시기에 젊은 직원들에 비해 나이 든 직원들을 더 많이 해고하는 행위 등이 포함된다. 물론 회사가 순수한 비용

절감 차원에서 경험이 많고 급여가 높은 직원들을 포기하는 대신 경험이 부족하더라도 임금이 저렴한 젊은 근로자들을 선택하는 일은 그렇게 지탄받을 만한 의사결정이 아닐지도 모른다. 하지만 기업들은 나이 든 직원들을 해고하는 일의 이해득실을 따질 때 이로 인한 전문성(그리고 조직 전체의 집단지성)의 상실을 계산에 넣을 필요가 있다. 회사가 나이가 많고 급여가 높은 직원들을 꼭 해고해야 하는 상황이라면, 그들에게 일자리 나누기나 단계적 퇴직 같은 프로그램을 제공하는 방법도 고려해 봄직하다. 다시 말해 연령이 높은 직원들의 업무 부담을 줄여주고 일정 기간 같은 자리에서 근무하도록 허용함으로써 그들이 상근 업무에서 완전 퇴직까지의 과정을 단계별로 밟을 수 있도록 배려하는 것이다. 과거 10년간 이런 프로그램들을 도입한 조직이 많아졌다는 사실로 미루어 보면, 이 제도가 고용주나 피고용인에게 모두 좋은 선택지라는 증거가 될 수 있을 듯하다. 특히 전통적인 노동인구가 줄어들기 시작하는 슈퍼 에이지 사회의 고용주들은 이런 종류의 유연한 고용 프로그램을 반드시 필요로 하게 될 것이다. 그때가 되면 탄력근무제가 우리 사회의 지배적인 노동 형태로 자리 잡을 가능성이 크기 때문이다.

일부 기업은 젊은 직원들에게만 유리한 채용 조건을 제시하거나 좋은 직무를 배정하고 반대로 나이 든 직원들을 새로운 훈련 프로그램에서 제외하거나 이들을 위해서는 아예 직원 훈련 프로그램을 개발하지 않는 방식으로 연령 차별을 행한다. 업무 현장에서는 어느 곳을 막론하고 기업 문화나 조직 절차 등을 포함한 해당 직무에 관련된 기술 훈련이 매우 중요하게 여겨진다. 연령이 높은 직원들은 그런 기술들을 이미 보유하고 있을 수도 있지만 정보기술이나 통신 같은 새로운 기술들을 익힌다면 더 우수한 역량을 축적할 수 있을 것이다. 하지만 교육의 기회가 거의 제공되지 않는 나이 든 직원들은 젊은 동료들과 일할 때 상대적으로 불리한 입장에 놓일 수밖에 없다.

에이지즘을 금지하는 법률의 존재 여부와 관계없이, 2018년에 AARP가 수행한 연구에서는 45세에서 74세 사이의 노동자 중 3분의 2가 일터에서 에이지즘을 목격했거나 직접 경험했다는 결과가 나왔다.[19] 조사 대상을 특정 지역이나 특정 경제 시스템으로 좁히면 이런 경향은 더욱 심해진다. 가령 '테크 브로'tech bro (기술 산업에 종사하는 부유한 젊은이를 의미한다—옮긴이)들의 고향이라고 할 수 있는 실리콘밸리에서는 백인 남성들이 비슷한 부류의 젊은이들과 파티를 하며 여가시간을 즐긴다. 또 상위 150개 대기업으로 대표되는 기술 산업은 인종 및 성별에 대한 차별보다 나이에 관한 편견이 더욱 심하다는 비난을 10년 넘게 받아왔다. 하지만 이는 도무지 이해가 되지 않는 일이다. 노스캐롤라이나 주립대학교의 연구진이 스택 오버플로Stack Overflow (컴퓨터 프로그래밍을 주제로 Q&A를 제공하는 개발자들의 온라인 커뮤니티—옮긴이)의 멤버들을 대상으로 조사한 결과, 50대의 프로그래머들은 젊은 개발자들에 비해 더 많은 영역에서 전문성을 갖추고 있다는 사실이 밝혀졌다.[20]

기업의 조직적인 연령 차별 행위가 사상 최대 규모의 공식 소송으로 이어진 것은 2020년 여름의 일이었다. 미국 평등고용기회위원회Equal Employment Opportunity Commission, EEOC (이하 EEOC)는 다국적 기술 대기업이자 전 세계적으로 38만 3,000명의 직원을 고용하고 있는 IBM(이 회사는

2010년부터 미국의 직원 수만 별도로 집계해서 발표하는 일을 중단했다)이 지난 2013년부터 2018년까지 미국에서만 나이 든 직원 수천 명을 해고하는 조직적인 연령 차별 행위를 저질렀다고 발표했다.[21]

EEOC의 자체적인 조사에 따르면, IBM의 고위급 임원들은 나이 든 근로자의 수를 대폭 줄여서 젊은 직원들에게 자리를 만들어주라는 지시를 관리자들에게 일방적으로 하달했다고 한다.[22] 이로 인해 6,000명의 직원이 피해를 입었으며 IBM은 연방 법원에 제소당해 수백 만 달러의 합의금을 물어야 했다. EEOC의 임시 의장 빅토리아 립닉Victoria Lipnic은 이렇게 말했다. "우리가 고용 연령 차별 금지법ADEA의 발효를 기념하기 위해 지난 한 해 동안 직장에서의 연령 차별 현황을 조사한 결과, 에이지즘과 직장 내 괴롭힘 사이에는 비슷한 점이 많다는 사실을 발견했습니다. 직원들이 다른 직원을 따돌리고 괴롭히는 행위처럼 연령 차별도 모든 직종의 근로자에게 매일같이 일어나지만, 그 사실을 터놓고 이야기하는 사람은 거의 없습니다. 말하자면 공공연한 비밀인 셈이죠."[23]

유럽 각국은 미국에 비해 연령 차별 금지 제도가 입법화된 시점이 상당히 늦었다. 그럼에도 그들은 사회 전체적으로 깊은 관심을 갖고 이 문제에 접근하고 있으며 연령 차별이 젊은이들과 나이 든 사람 모두에게 악영향을 미치는 편견이라는 사실을 정확히 인식하고 있다.

예를 들어 독일이 2006년 통과시킨 일반평등대우법General Equal Treatment Act에 따르면, 직장에서 연령 차별을 받았다고 느낀 사람은 나이에 관계없이 고용주를 상대로 민사소송을 제기하거나 고용 법률 재판소에 자신의 사례를 제소할 수 있다. 이런 독특한 접근방식 덕분에 오늘날 독일 국민들은 누구나 에이지즘에 저항할 기회를 얻게 됐다. 이 법이 최초로 큰 시험무대에 오른 것은 독일 연방노동법원이 공무원의 나이에 따라 휴가 일수를 차등적으로 적용하는 행위를 금지한 판결을 내렸을 때다. 이 판결이 나기 전에는 30세 미만의 직원에게 연간 26일의 휴가가 주어졌으며 30세부터 40세 미만은 29일, 40세 이상 직원에게는 30일의 휴가가 제공됐다. 하지만 공공기관들은 이제부터 모든 직원에게 30일의 휴가를 똑같이 주어야 한다. 또 이 법정은 비행기 조종사 같은 사람들을 오직 나이가 들었다는 이유로 강제로 직장에서 내보내는 정년퇴직 제도도 금지했다.

영국 정부도 2010년 평등법Equality Act을 통과시키고 정년퇴직 제도를 폐지함으로써 2011년부터는 고용주가 직원들을 강제로 퇴직시키지 못하도록 했다. 또 이 법률에는 나이가 어린 직원들에게 적은 급여를 주거나 그들을 무시하는 행위, 나이가 많은 사람들을 채용 및 고용 유지의 기회에서 배제하는 일도 금지한다고 명시되어 있다.

물론 언론매체들의 보도, 법적 소송, 입법 행위 등은 우리 사회를 고령자 포용적인 장소로 바꾸는 데 중요한 역할을 담당할 것이다. 그러나 그것만으로는 충분치 않다. 다른 소외 집단들은 이 사회에서 자신들의 정당한 자리를 찾기 위해 지난 수십 년 또는 수백 년을 싸워왔다. 노인들의 권리 역시 다르지 않다. 중요한 것은 법적인 세부사항이 우리에게 주어진 권리의 전부가 아니라는 사실 그리고 언젠가 새로운 문화적 변화가 영원히 정착되리라는 희망을 바탕으로 사회 구성원들의 지지와 인식을 지속적으로 이끌어낸다면 이 편견도 결국에는 사라질 거라는 사실을 기억하는 일이다.

에이지즘 극복이 경제 성장을 좌우한다

미국 기업의 경영진은 유색인종, 여성, 성소수자 같은 소외 계층을 조직의 구성원으로 통합하려는 노력이 부족하다는 비난에 종종 휩싸인다. 그리고 그 말이 어느 정도 사실이기도 하다. 하지만 1940년대와 1950년대에 일단의 선지자들은 수익성과 도덕성이라는 두 가지 상반된 관점을 바탕으로 기업의 인종적 통합 정책에 훌륭한 가치가 있다는 사실을 이미 간파했다.

그중 첫 번째는 다양한 인종적 배경을 지닌 직원을 공정하게 채용하는 편이 기업의 수익성이라는 측면에서 훨씬 실리적이며, 반대로 차별적인 인사정책은 불리하다는 견해다. 이는 슈퍼 에이지 사회에서 치열한 경쟁을 벌일 현대의 기업들에게 반드시 필요한 관점이라고 할 수 있다. 다시 말해 직원이나 소비자의 피부 색깔이 다르다는 이유로 그들을 배척하는 행위는 회사의 잠재적 수익성에 지장을 초래하기 때문에 전혀 합리적이지 못하다는 것이다. 물론 연령을 기준으로 사람을 차별하는 일도 마찬가지다.

스키드모어 칼리지Skidmore College의 제니퍼 델턴Jennifer Delton은 2009년에 펴낸 저서 《1940~1990년 미국 기업들의 인종 통합》Racial Integration in Corporate America, 1940~1990에서 미국 노동인력의 인종 통합이라는 민감한 문제를 파헤쳤다. 그녀는 이 책에서 1952년에 흑인 직원을 과감하게 채용했던 어느 광고 기업의 임원이 자신의 의사결정에 대해 언급한 말에 주목했다. "나는 십자군 같은 투사가 아닙니다. 이것은 전적으로 회사의 수익성만을 냉정하게 계산해서 내린 결정입니다. 나는 누구에게도 압력이나 종용을 받지 않았습니다."[24]

물론 당시의 시대적 상황을 고려할 때 기업들이 인종 포용적인 채용 관행을 채택하는 일이 회사의 수익성 제고를 위해 정말 시의적절한 조치였는지에 대해서는 다소 의문의 여지가 있지만(그런 관행을 구축하기 위해서는 많은 대가를 치러야 했을 테니까), 미국에서 가장 큰 기업들은 너도나도 이 아이디어에 공감을 드러내기 시작했다. 바야흐로 미국 경제의 앞길에는 인종 통합을 향한 녹색불이 환하게 켜졌다.

흑인들의 시장이 갈수록 성장할 거라는 예측 그리고 흑인 소비자들의 욕구를 만족시키기 위해서는 흑인 남성과 여성을 미리 직원으로 채용해서 미국의 노동인력으로 통합할 필요가 있다는 그들의 선견지명은 오늘날 각종 통계 자료를 통해 이미 입증됐다. 보스턴 컨설팅 그룹Boston Consulting Group에 따르면 경영진의 인종적 다양성이 평균 이상인 기업은 평균 이하인 기업에 비해 매출액은 19퍼센트, 수익은 8퍼센트가 높다고 한다.[25] 하지만 당황스러운 사실은 전 세계 대기업 임원 중 83퍼센트가 연령적으로 다양화된 노동인력을 구축하는 것이 비즈니스의 성장과 회사의 성공에 핵심적인 전략이라고 인정함에도, 막상 연령에 관한 편견이 존재하지 않는 채용 정책을 도입한 회사는 전체의 6퍼센트에 불과하다는 것이다.

현명한 기업들은 직원들의 세대 간 다양성을 골치 아픈 문제가 아니라 소중한 자산으로 받아들인다. 그들은 지금보다 더욱 다양한 세대가 노동인력의 울타리 안에서 함께 공존하게 될 슈퍼 에이지의 현실을 이미 생생하게 체험하고 있다. 왜냐하면 슈퍼 에이지는 이 사회와 시장 곳곳에서 이미 모습을 드러내기 시작했기 때문이다. 가령 에어비앤비는 유능한 호텔 창업가였던 '현대적 노인'modern elder 칩 콘리Chip Conley가 이전에 근무하던 회사에서 퇴직하자 그를 채용해서 회사의 전략을 총괄하는 자리를 맡겼고, 콘리는 이 회사를 성공적인 호스피탈리티 기업hospitality company(숙박, 음식, 음료, 여행 및 관광 등을 망라하는 포괄적인 서비스 기업—옮긴이)으로 키워냈다. 나이 든 근로자들은 노인층 소비자들에 대한 통찰이 필요한 회사 입장에서 제품 및 서비스 디자인과 개발 업무의 비밀 무기가 될 수도 있다.

미국은 다양한 연령대의 노동자들을 통합하고 활용하는 속도가 다른 나라에 비해 더딘 편이다. 그 이유는 이에 관한 명확한 강제 규정이 존재하지 않거나, 미국 경제를 구성하는 노동인력이 상대적으로 젊다는 이유로 기업의 임원들이 미래의 기술 부족 현상을 우려하지 않기 때문이라고 생각된다. 하지만 미국을 포함한 여러 국가는 앞으로 노동인구의 고령화에 따라 커다란 변화에 직면하게 될 것이다.

나는 AARP에서 근무할 때 고령층 직원을 채용, 유지, 관리하는 데 있어 세계에서 가장 혁신적인 조직 및 국가들과 함께 일할 기회를 얻었다. 내가 그곳에서 수행한 가장 중요한 프로젝트인 'AARP 고령자 친화기업 국제 대상'BEI은 일터에서 에이지즘을 척결하는 데 최고의 관행을 보인 세계 각국의 조직을 발굴 및 포상하는 프로그램이었다. 수상자들은 독일 아헨에 소재한 직원 25명의 소규모 목공 회사 브라마츠 슈라이네라이 운트 펀스터바우Brammertz Schreinerei & Fensterbau(이하 브라마츠), 싱가포르 환경청, 영국 최대 통신기업 브리티시 텔레콤British Telecom 등이었다. 이들은 규모와 활동 범위가 각기 다르지만 연령 차별 정책이 비즈니스에 피해를 입히고, 반대로 고령자 포용적인 전략이 조직의 수익성을 강화한다는 데 의견이 일치했다.

2009년, 독일의 자동차회사 BMW의 경영진은 노동인력의 고령화 현상에 따라 앞으로 10년 내 회사에 심각한 인력부족 현상이 닥칠 거라는 사실을 감지했다. BMW는 그런 현실을 회피하지 않고 직원들과 긴밀한 협의를 통해 독일 딩골핑Dingolfing에 고령자 친화적인 공장을 건설할 방법을 모색했다. 그들은 그리 큰 금액을 투자하지 않고도 작업이 수월하고 인체공학적인 업무 환경을 구축했다. 덕분에 근무 환경이 획기적으로 개선됐고 직원들의 근로수명이 늘어났으며 생산품의 품질이 개선됐다. BMW의 고령자 포용적 공장 디자인은 이제 글로벌 표준으로 자리 잡고 이 회사의 전 세계 생산기지로 확산되고 있다.

아시아 최대의 유통 그룹이자 세계적인 대형 소매업체인 일본의 이온AEON은 노년층 고객을 위한 자사의 전략이 시대에 뒤떨어졌다는 사실을 인식하고 3개의 매장을 고령자 전용 마트인 '그랜드 제너레이션'Grand Generation 쇼핑센터로 개조했다. 이들 매장에서는 노인 고객들을 위한 제품들을 전면에 배치하고 연령이 높은 소비자들에게 각종 사회활동 및 건강 프로그램을 제공했다. 또 식품부에서는 1인 가구 고객들을 위해 1인용으로 포장된 제품들을 판매해 나이와 관계없이 혼자 사는 소비자들에게 모두 좋은 반응을 얻었다. 동시에 이 회사는 나이 든 고객들을 열렬히 환영하는 직원 문화를 구축해서 쇼핑센터의 이익을 10퍼센트 이상 끌어올렸으며 이를 통해 노인 대상의 비즈니스도 수익성이 높을 수도 있다는 사실을 입증했다.

때로는 기업보다 특정 개인의 사례가 우리에게 교훈을 안겨주기도 한다. 프란츠 하우렌헤름Franz Haurenherm도 그런 사람 중의 하나다. 1934년 독일에서 태어난 프란츠는 1994년부터 82세로 세상을 떠난 2016년까지 브라마츠에서 일했다. 그는 60세가 되던 해에 근무하던 회사가 폐업하면서 일자리를 잃고 브라마츠에서 새로운 인생을 시작했다. 이 회사의 임원인 알리스 브라마츠Alice Brammertz에 따르면 어느 날 프란츠가 불쑥 찾아와 혹시 '나이 든 목수'가 필요하지 않느냐고 물었다고 한다. 회사는 곧바로 그를 채용했다.

프란츠가 브라마츠의 직원들 사이에서 '만능 해결사' 역할을 할 정도로 인기가 높았던 이유는 단지 그의 능력이 뛰어나고 태도가 친절했을 뿐만 아니라, 자신이 평생을 바쳐 갈고닦은 기술에 대한 열정이 누구보다 강했기 때문이다. 브라마츠는 프란츠의 경험을 십분 활용했고 일터에서의 에이지즘을 극복했으며 그를 나이 어린 견습생들과 짝을 지어주는 방식으로 세대 간 협력의 힘을 이끌어냈다. 프란츠는 때로 나이가 17세에 불과한 어린 도제徒弟들과 함께 일하며 자신이 이해하는 전통적 세계의 기술과 그들이 새로운 세계에서 익힌 기술을 서로 교환했다.

또 시카고의 '올드 돌스'Old Dolls처럼 현재의 시대 상황을 적절히 반영하는 사례도 있다. 노스웨스턴 메모리얼 병원에서 근무하는 여성 간호사들로 이루어진 이 그룹은 평균 경력 40년에 달하는 풍부한 현장 경험을 바탕으로 코로나19 사태에 정면으로 맞섰다. 비록 자신들이 바이러스에 감염될 확률이나 사망 가능성이 비의료계 종사자들에 비해 통계적으로 훨씬 높았지만, 그들은 목숨을 걸고 공공의 이익을 위해 전쟁터로 뛰어들었다. 그들의 행동에 고무된 젊은 간호사들도 이 대열에 속속 합류하면서 자연스럽게 다양한 세대로 구성된 팀이 조직됐다.

우리는 나이를 먹는 일이 무조건 나쁘다는 사회적 인식에서 벗어나야 한다. 사실상 인구 고령화는 우리가 죽기 전에 경험할 수 있는 가장 큰 혜택이자 비즈니스의 기회일지도 모른다. 오늘날 미국에서 50세 이상의 인구는 1억 명에 달하며 중국은 같은 연령대의 인구가 4억 4,000만 명이 넘는다. 미국의 사회과학 연구소 브루킹스 연구소Brookings Institution는 다음과 같은 연구 결과를 발표했다. "앞으로 50세 이상의 인구가 소비하는 돈은 2020년의 8.7조 달러에서 향후 15조 달러(2011년 구매력 평가 기준)까지 증가할 것으로 전망된다."[26] 2020년대가 마무리될 무렵에는 65세 이상의 인구가 소비하는 금액만 15조 달러를 넘을 것으로 보인다. 따라서 이 사회의 경제적 성공이 지속될지의 여부는 우리가 고령층 인구를 얼마나 적극적으로 경제 시스템에 끌어안느냐에 달려 있다.

우리가 에이지즘을 공략하는 데 실패하고, 다양한 세대로 이루어진 팀을 구축하지 못하고, 고령자 포용적인 제품과 서비스를 개발하는 작업을 도외시한다면 경제는 성장을 멈춘 채 깊은 침체의 늪으로 빠져들게 될 것이다. 예를 들어 향후 30년 동안 OECD 국가들의 예상 경제 성장률은 연평균 3퍼센트에 가깝지만, 이 문제를 해결하지 못했을 때는 성장률이 연 2퍼센트 미만에 머물 것으로 전망된다. 가장 큰 이유는 경제적 지원과 의료 혜택이 필요한 노인들에게 돈을 지불할 경제 활동 인구가 점점 줄어들고 있기 때문이다. 이 노인들은 손에 쥔 돈도 변변히 없이 일터에서 강제로 밀려나거나 너무 일찍 일에서 손을 놓은 사람들이다. 만일 우리가 기존에 걸어온 길만을 고집한다면 바로 이것이 우리 눈앞에 펼쳐질 미래의 현실이 될 것이다.

제7장

'탄광의 카나리아', 농촌이 소멸한다

현대인들은 농촌 지역을 과거와 연결된 곳으로 인식하고 도시를 미래지향적인 장소로 받아들이는 경향이 있다. 이런 관점은 우리 사회 및 경제의 모든 영역에서 공통적으로 발견된다. 하지만 농촌은 인류가 슈퍼 에이지를 얼마나 잘 관리하느냐에 따라 초래될 긍정적·부정적 결과를 예고하는 '탄광의 카나리아'canaries in the coal mine (과거 광부들이 유해가스를 탐지하기 위해 호흡기가 민감한 새 카나리아를 갱도로 데리고 내려간 데서 유래한 말로, 다가올 위험을 미리 알려주는 존재라는 뜻―옮긴이)가 될 수도 있다. 다시 말해 농촌 지역은 고령자 포용적인 혁신의 실험실로서 모든 세대에게 경제적 기회를 안겨줄 뿐만 아니라 노인 인구가 젊은이의 수를 훨씬 능가할 미래의 모습을 미리 엿보게 해주는 창문의 역할을 하게 될 것이다.

언뜻 보기에는 도시와 농촌의 양극화 현상이 유독 미국에서 심하게 나타나는 것 같지만, 이는 한 나라에만 국한된 문제가 아니다. 2007년, UN은 인류 역사상 처음으로 전 세계의 도시 지역 거주자가 농촌 지역 거주자의 수를 넘어섰다고 발표했다. 영국의 브렉시트 투표나 프랑스를 떠들썩하게 했던 '노란 조끼'gilet jaunes 시위에서 드러났듯이 농촌 지역과 도시 지역의 갈등은 세계 곳곳에서 점점 악화되는 추세다. 또 아르헨티나, 말레이시아, 일본 등지에서도 농촌 지역에 거주하는 노년층 유권자들이 총선에 큰 영향을 미치고 선거의 향방을 좌지우지했다.[1] 호주에서는 반反도시 운동을 부르짖는 극우파 국수주의 정치가들이 농촌 지역의 '부동표'를 적지 않게 흡수했다. 하지만 농촌과 도시 사이에 발생하는 불협화음은 이야기의 일부에 불과하다. 우리는 세계화, 도시화, 디지털화 같은 여타의 트렌드들이 인구통계학적 변화나 인구 고령화 현상과 어떻게 얽혀 있는지 잘 모른다.

예를 들어 도시화와 인구 고령화가 급속도로 진행 중인 중국에서는 일할 만한 젊은이들이 너도나도 논밭을 떠나 공장으로 향하면서 농촌 마을 전체가 텅 비었다. 남아 있는 사람이라고는 노인들과 학교에 다니는 몇몇 어린아이가 전부다. 그런 변화가 너무 빠르게 진행되다 보니, 2013년 중국 정부는 '노인 권익 보장법'을 제정해서 성인이 된 자녀들에게 나이든 부모를 신체적·정서적으로 돌봐야 한다는 의무를 부과할 정도였다.[2] 하지만 이는 총을 맞은 자리에 반창고를 붙이는 것처럼 임시방편일 뿐이다.

정부가 이런 조치까지 취했다는 것은 인구 고령화 및 도시화가 중국에서 얼마나 빠른 속도로 진행 중인지 여실히 입증하는 사례라고 할 수 있다. 이 두 가지 트렌드가 합쳐지면서 전통적인 가족 구조와 인적 네트워크가 붕괴되었고 젊은이들이 도시로 대대적으로 이주함에 따라 뒤에 남은 농촌 지역에는 극도의 세대 간 불균형이 발생했다. 게다가 젊은이들의 도시 이주를 장려한 쪽은 사실 중국 정부다. 이 법의 이면에는 이런 기묘한 아이러니가 존재하는 것이다.

전 세계 어디에서나 자동화, 통합화, 세계화, 기후 변화, 저출생 같은 근대화의 현실에 가장 가혹하게 노출되어온 곳은 바로 농촌 공동체. 그러다 보니 농촌 거주자들 입장에서 가족이 소유한 논밭을 계속 경작하거나 전통적인 형태의 전원생활을 이어가기는 점점 어려워지고 있다. 오늘날 미국에 존재하는 220만 개의 농장 중 96퍼센트는 모두 가족 소유의 땅이다. 하지만 미국 농무부 산하 식품 및 농업연구소National Institute of Food and Agriculture에 따르면 앞으로 20년 후에는 "가족 중 농업 기술을 지닌 차세대 농부가 없거나 농사를 계속할 의사가 없다."는 이유로 전체 농지 중 70퍼센트가 다른 사람의 손에 넘어갈 것으로 예상된다고 한다.[3] 그 말은 그 엄청난 넓이의 땅이 모두 카길Cargill이나 몬산토Monsanto 같은 대기업에게 팔려나갈 거라는 뜻이다.

게다가 농촌 공동체는 현대화, 연령과 인종의 다양성, 기반시설 건설 및 공공기관 유지에 필요한 세수 확보 등에서 다른 지역에 비해 한참 뒤쳐져 있다.[4] 물론 일부 농촌 지역에서는 지금도 간혹 인구가 늘어나는 경우도 있지만, 이는 대부분 전원생활을 즐기려는 은퇴자들이 그곳으로 이

주했기 때문이다. 은퇴자들은 생산 연령대의 젊은이들처럼 세금을 내서 공공 재정에 기여하지 못하므로 농촌 공동체는 여러모로 생사의 기로에 몰려 있는 셈이다.

그러므로 불과 몇 년 뒤 도래할 슈퍼 에이지 사회에서는 극단적인 인구 고령화나 인구 감소 현상을 포함한 농촌 지역이 직면한 각종 인구통계학적 문제를 해결하는 일이 가장 중요한 숙제로 대두될 것이다. 이제는 농촌 주민과 도시 거주자 사이의 사회적 불평등이나 경제적 격차가 더 이상 무시할 수 없는 수준에 이르렀다. 물론 단기적으로는 농촌 공동체 주민들을 직접적으로 지원하는 정책이 필요하지만, 그런 가운데서도 일부 공동체는 슈퍼 에이지의 모든 사회 구성원에게 혜택을 줄 수 있는 이상적인 혁신의 근거지로 다시 태어날 것이다. 농촌의 땅은 우리로 하여금 이모든 도전을 극복하게 해줄 새로운 개척지다.

위축되는 농촌 사회

전 세계의 농촌 공동체는 슈퍼 에이지의 가장 극적인 도전에 직면해 있다. 새로운 시대로의 이행은 빠른 속도로 진행 중인데 주민들에게는 의료, 교육, 금융 기관 같은 각종 자원이 절대적으로 부족하다. 농촌 지역에 자원 고갈과 경제적 어려움이 닥친 이유는 한창 일할 나이의 노동인구가 대규모로 이곳을 빠져나갔기 때문이다. 그러나 한 가지 확실한 사실은 이 문제가 농촌 공동체에만 국한된 현상이 아니라, 다만 그곳에서 가

최고령 카운티와 최연소 카운티 : 2018년 미국 카운티의 중위연령

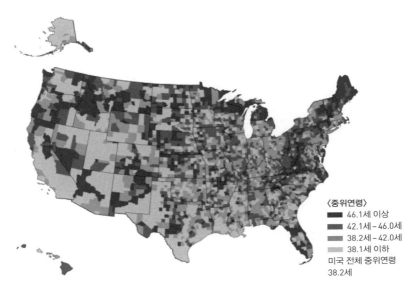

〈중위연령〉
- 46.1세 이상
- 42.1세 – 46.0세
- 38.2세 – 42.0세
- 38.1세 이하

미국 전체 중위연령
38.2세

*출처 : 미국 상무부 경제 통계국Economics and Statistics Administration, 미국 인구조사국, 2018년 인구 예측. www.census.gov/programs–survey/poptest.html.

장 먼저 감지되고 있을 뿐이라는 것이다. 그러므로 우리가 이 문제를 얼마나 성공적으로 해결하느냐에 따라 나중에 도시나 교외 지역에 닥칠 도전을 얼마나 잘 극복할 수 있을지가 판가름날 것이다.

미국에 존재하는 카운티의 3분의 1은 이미 65세 이상의 인구가 전체의 20퍼센트에 달하는 슈퍼 에이지의 요건을 충족하고 있다. 그중 90퍼센트가 농촌 지역이다.[5] 그 말은 가뜩이나 경제적으로 불리한 처지에 놓인 농촌 공동체들이 앞으로 심각한 인구통계학적 변화로 인해 더욱 큰 타격을 입게 될 거라는 뜻이다. 이미 10여 개의 카운티에서 65세 이상의 인구가 25퍼센트가 넘는 현상이 나타나고 있으며 중위연령이 50세가 넘는 농촌 지역도 점점 늘어나는 추세다.

농촌 공동체의 인구 고령화를 촉진하는 요인은 두 가지 트렌드다. 소비 성향의 변화 및 통합화에 따라 젊은 노동인구가 제조나 서비스 분야의 일자리를 찾아 농촌을 떠나 도시로 향하는 가운데 뒤에 남겨진 사람들은 갈수록 나이가 들고 결국 죽음에 이르고 있는 것이다. 미국의 농촌 카운티 중 3분의 1이 넘는 지역에서 대대적이고 지속적인 인구 감소가 발생하고 있는데 특히 미국 중심부의 일부 농촌 지역에서 그런 현상이 두드러지게 관찰된다.[6] 가령 아이오와 주의 99개 카운티 중 무려 3분의 2가 인구 감소를 겪고 있다.[7] 이런 트렌드는 이 지역들이 앞으로 더 고령화되고 가난해질 것이며 결국에는 마을과 공동체조차 사라질 거라는 사실을 암시한다.

또 미국의 농촌 거주자 상당수가 전체 고령 인구 절반 이상이 농촌에 거주하는 주州에 집중되어 있다. 2012년부터 2016년 사이 농촌 인구의 평균 17.5퍼센트가 65세 이상이었다. 같은 기간 도시 지역의 65세 이상 인구 비율은 13.8퍼센트였는데 이 격차는 점점 벌어지고 있다. 미국 남부 및 중서부에 거주하는 노인 중 4분의 3은 농촌 지역에서 살고 있으며 메인과 버몬트의 노년층 3분의 2가 농촌 지역 거주자들이다. 노인(주로 은퇴자나 저임금 노동자)의 수가 압도적인 우세를 보이는 지역에서는 노동인구의 유출로 인한 세수 감소 탓에 사회 기반시설이나 각종 서비스가 낙후되는 경우가 많다. 또 인구 밀도가 낮아지고 노동력이 고갈되면서 노인들에게 세심하고 복잡한 의료 서비스를 제공하기도 점점 어려워

2012~2016년 65세 이상 인구의 농촌 및 도시 지역 거주 비율 주별 분석

(단위 : %)　　　　　■ 농촌　■ 도시　　　　　전체 연령대 농촌 거주 비율

주	농촌	도시	전체 연령대 농촌 거주 비율
버몬트	65.3	34.7	61.3
메인	62.7	37.3	61.5
미시시피	54.7	45.3	50.3
웨스트버지니아	52.5	47.5	50.9
아칸소	50.5	49.5	43.7
몬태나	49.6	50.4	43.3
사우스다코타	49.4	50.6	42.8
노스다코타	46.5	53.5	39.5
앨라배마	45.0	55.0	40.7
켄터키	44.4	55.6	40.9
뉴햄프셔	43.3	56.7	39.8
아이오와	41.1	58.9	35.6
와이오밍	40.6	59.4	35.3
오클라호마	39.8	60.2	33.3
테네시	39.2	60.8	33.2
노스캐롤라이나	39.2	60.8	33.2
알래스카	37.1	62.9	34.1
사우스캐롤라이나	36.1	63.9	32.8
아이다호	35.7	64.3	28.7
위스콘신	35.1	64.9	29.8
네브래스카	35.0	65.0	26.3
미주리	34.2	65.8	29.3
버지니아	32.7	67.3	24.1
미네소타	32.4	67.6	26.3
캔자스	32.3	67.7	25.5
조지아	32.3	67.7	24.3
인디애나	31.0	69.0	27.2
미시간	29.9	70.1	25.4
루이지애나	28.9	71.1	26.6
오리건	26.8	73.2	18.5
뉴멕시코	25.6	74.4	22.1
오하이오	23.5	76.5	21.9
펜실베이니아	23.5	76.5	21.1
미국	22.9	77.1	18.9
텍사스	21.5	78.5	15.2
워싱턴	20.6	79.4	15.5
델라웨어	20.6	79.4	17.3
콜로라도	18.6	81.4	13.7
메릴랜드	15.8	84.2	12.6
일리노이	14.7	85.3	11.3
뉴욕	14.2	85.8	11.9
애리조나	13.1	86.9	10.2
유타	13.1	86.9	9.5
코네티컷	13.0	87.0	11.9
로드아일랜드	9.9	90.1	9.2
플로리다	9.3	90.7	8.7
매사추세츠	9.1	90.9	8.0
하와이	8.8	91.2	7.5
네바다	8.2	91.8	5.7
캘리포니아	7.1	92.9	4.9
뉴저지	5.8	94.2	5.3
워싱턴 D.C.		100.0	0.0

*표본 조사 기반 데이터. 자세한 정보는 www.census.gov/acs 참조.
*출처 : 미국 인구조사국, 2012~2016년 미국 공동체 설문조사(5년 예상치).

진다.

이런 변화를 겪고 있는 국가는 미국뿐만이 아니다. 2018년에서 2030년까지 12년 동안 독일의 인구는 7.3퍼센트, 이탈리아의 인구는 15퍼센트 감소할 것으로 예상된다. 2040년이 되면 일본의 농촌 지역 인구 감소율은 전 세계 어느 곳보다 높을 것이다. 일부 전문가는 앞으로 전 세계의 소도시 수백 개가 완전히 버려진 도시가 되면서 오늘날의 기준으로 사람이 살 수 없는 곳이 될 거라고 경고한다.

일본의 농촌 지역에서 발생하고 있는 상황은 언뜻 보기에 너무 극단적이고 암울한 사례처럼 생각될지 모르지만, 우리가 인구 고령화 현상에 손을 놓고 아무런 대응을 하지 않는다면 미래에 어떤 디스토피아가 펼쳐질지 짐작하게 해주는 표본의 역할을 한다. 예를 들어 시코쿠 섬에 위치한 나고로名頃는 도쿄에서 560킬로미터 떨어진 작은 마을이다. 이곳은 지난 수십 년 동안 인구 고령화로 인한 극도의 쇠퇴를 겪어왔다. 이 마을에서 마지막으로 아이가 태어난 것은 20년 전이고 주민 중에 가장 나이가 젊은 사람도 60세에 가깝다. 이제 나고로를 고향이라고 부르며 이곳에서 살아가는 사람은 25명 정도에 불과하다.

나고로의 주민들은 마을의 적적한 분위기에 활력을 불어넣기 위해 아이와 어른 모습의 인형 수백 개를 실물 크기로 만들었다. 그리고 문을 닫은 마을 학교를 포함해 동네 여기저기에 인형들을 가져다 두고 예전에 사람으로 북적되던 마을의 모습을 재현했다. 그들은 인형들을 통해 예전처럼 '평범했던' 시절의 느낌을 되살리고 싶었겠지만, 그곳의 분위기는 현실의 세상 같지 않고 으스스하기까지 하다. '인형의 계곡'이라고 알려진

나고로는 사람보다 허수아비 인형이 열 배나 더 많은 마을로 여러 매체의 관심을 끌었으며 열띤 보도의 대상이 됐다.[8]

나고로의 인구통계학적 쇠퇴는 그 자체로 경고일 뿐만 아니라 큰 문제점을 시사한다. 허수아비 마을을 보도한 기자들은 우리의 미래가 바로 이런 모습이 될 거라는 잠재적 현실의 징후로서 이 사안을 다루기보다 오직 이 이야기의 낯설고 기이한 측면만을 부각시켜 기사화했다. 주민들을 위한 일자리가 사라져 버렸고 학교, 병원, 은행, 상점 같은 필수적인 서비스가 부족하기 때문에 나고로가 이 지경에 이르렀다는 사실을 지적한 매체는 어디에도 없었다. 인구 감소 현상은 많은 경우 약물 남용이나 자살률의 증가를 초래하기도 한다.

농촌 사회에 밀어닥친 갖가지 도전 때문에 성공의 기회가 부족해진 젊은이들은 공동체를 등지는 길을 택한다. 하지만 남아 있는 노인들은 그곳을 떠날 능력이 없다. 미국의 농촌 지역에 거주하는 노인들은 거의 자신의 집을 소유하고 있지만, 인구가 줄어들면서 지역의 부동산 가격도 함께 추락했다. 그들이 요행히 집을 판다고 해도 그 돈으로는 발전된 도시 지역에서 살 집을 구하고 생활비나 장기 요양비용을 감당하기가 불가능하다. 그러다 보면 평생 어렵게 모은 재산을 모두 잃을 수도 있다.

미국과 유럽의 농촌 지역에 살고 있는 노인은 대부분 백인이며 도시 지역 거주자들에 비해 교육 수준이 낮다.[9] 미국의 경우 농촌 지역 주민 다섯 명 중 네 명이 백인이다. 그들 중에는 남성이 다수를 차지하며 대다수가 자택에서 혼자 살거나 양로원에서 거주한다. 연구에 따르면 농촌 공동체 소속의 노인들은 고질적인 질환에 시달릴 확률도 훨씬 높다고 한다. 이는 교육 수준이 낮고, 소득이 부족하고, 의료 서비스의 혜택을 받지 못하는 소외 계층에게 닥치는 전형적인 문제다. 또 농촌 지역 남성 중 4분의 1 이상, 그리고 여성 중 5분의 1 이상이 한 달에 한 번 이하로 남들과 어울린다는 조사 결과도 있다. 사회적 고립의 위험은 노년기의 건강 악화를 초래하는 중요한 사회적 결정요인 중의 하나다.

도시보다 조금 낮기는 하지만, 농촌 지역에서도 출생률이 추락하는 것은 마찬가지다.[10] 2007~2017년 사이에 미국 전체의 출생률은 농촌 카운티 및 대도시 카운티에서 모두 하락했다. 농촌 카운티의 출생률은 12퍼센트, 중소도시 카운티는 16퍼센트, 대도시 카운티는 각각 18퍼센트 감소했고 이 격차는 점점 커지는 추세다.

미국의 어느 지역을 조사해 봐도 농촌과 도시 지역의 인구가 변화하는 양상에는 뚜렷한 차이점이 존재한다는 사실을 알 수 있다. 도시와 비교했을 때 농촌에서는 외부로 유출되는 인구가 밖에서 유입되는 인구에 비해 훨씬 많으며 그로 인해 급속한 인구 고령화가 진행되고 있다. 농촌 지역에서는 지난 20년간 연평균 38만 명의 인구 순손실이 발생했다. 그나마 농촌으로 이주한 사람 60만 명 정도가 없었다면 이 숫자는 매년 100만 명이 넘었을 것이다.[11]

농촌 지역으로 이주해 들어온 사람은 농촌 인구의 4.8퍼센트 정도지만, 도시로 이주한 사람의 비율은 도시 전체 인구의 16.6퍼센트에 달한다.[12] 그러나 향후 미국의 농촌 지역으로 이주하는 일은 지역 경제 쇠퇴, 엄격한 이주 정책, 코로나19 사태로 인한 지역 경계선 폐쇄 같은 요인들이 합쳐지면서 갈수록 어려워질 전망이다. 농촌으로 유입되는 인구가 줄어든다면 주민들 입장에서는 재난과 같은 일이다. 걷잡을 수 없는 인구 유출 현상을 겪고 있는 농촌 지역은 외부에서 이주해 들어오는 사람들로 그 공백을 메워야 하기 때문이다.

인구 감소 현상은 대도시 지역에 인접하지 않은 외딴 농촌 카운티에서 훨씬 지배적으로 나타난다. 그러므로 뉴욕 시에 거주하는 도시인들이 주말을 보내기 위해 즐겨 찾는 뉴욕 주의 허드슨 밸리Hudson Valley나 콜로라도 주의 중소도시 푸에블로에서 자동차로 네 시간 걸리는 미네랄 카운티Mineral County 같은 곳은 다른 농촌 지역에 비해 상황이 다르다. 이런 차이가 존재한다는 것은 슈퍼 에이지를 맞은 농촌 카운티의 문제를 해결하기 위해 획일적으로 접근하는 것은 매우 어리석은 전략이라는 사실을 뜻한다.

인구 감소라는 전염병을 막아라

농촌 공동체가 직면한 문제들, 특히 인구 고령화에 따른 지역 사회 쇠퇴의 문제는 도시 거주자들의 이익을 챙기는 데만 정신이 팔린 국가에서 뒷전으로 밀려나기 십상이다. 하지만 활기차고 건강한 농촌 인구는 국가의 지적·문화적 다양성을 유지하는 데 필수적인 요소임이 분명하다. 걸핏하면 시대에 뒤떨어졌다고 도시인들에게 무시당하는 농촌의 전통은 지금까지 나라를 이만큼 발전시키는 데 결정적인 역할을 했다. 농촌 지역을 오직 식품과 에너지의 생산지로만 생각해서는 안 된다. 미국을 포함한 많은 국가가 결정적인 실수를 저지르고 있는 대목이 바로 이 부분이다.

농촌 지역의 일자리들이 대부분 자동화되면서 농사를 짓고, 나무를 베고, 식품을 가공하는 데 필요한 인력은 점점 줄어들었다. 예전에는 도시로 거주지를 옮긴다는 생각을 꿈에서도 해본 적이 없는 사람들조차 도시에서는 높은 급여를 제공하는 일자리를 찾을 기회가 많다는 이유로 너도나도 농촌을 떠났다. 특히 2008년의 경제 위기 이후에는 도시 지역과 농촌 지역의 발전이 더욱 확연한 격차를 나타냈다. 농촌 공동체에서는 자녀를 출산할 연령대의 젊은 인구가 끊임없이 지역을 이탈함에 따라 인구고령화가 가속화됐으며 약물에 중독되고 자살하는 사람까지 늘어나면서 사망률도 부쩍 증가했다.

농촌 공동체를 포함한 미국 전역에서는 지난 10년 동안 이른바 '절망의 죽음'deaths of despair으로 매년 수만 명이 목숨을 잃었고 평균 기대수명도 뚝 떨어졌다.[13] 절망의 죽음이라는 신조어를 만든 사람들은 프린스턴 대학교의 경제학자 앤 케이스Anne Case와 앵거스 디턴 부부로, 디턴은 지난 2015년 노벨경제학상을 수상한 바 있다. 이런 사회적 현상은 2000년 초부터 시작되어 2008년의 경제 대침체기를 거쳐 2016년까지 계속됐다.

미국 농업사무국연맹American Farm Bureau Federation과 전국농민조합National Farmers Union이 2017년 발표한 보고서에 따르면 농업 종사자 4분의 3이 "다른 사람에게 권유를 받았거나, 가족이 마약에 중독됐거나, 불법적인 마약성 진통제를 복용했거나, 스스로 중독 문제를 해결하기 위해 노력하는 등 약물 남용의 직접적인 영향 하에 놓인 적이 있다."고 한다.[14] 하지만 농촌 지역의 성인 중에 약물 중독 치료가 쉽다고 대답한 사람은 34퍼센트에 불과했으며 보험이 적용되는 효과적이고 저렴한 치료 서비스를 접할 수 있을 거라고 자신감을 보인 사람도 전체의 3분의 1이 조금 넘는 38퍼센트에 그쳤다.

미국 CDC에 따르면 2007년부터 2015년 사이 농촌 지역에서 약물 남용으로 사망한 사람의 수는 도시 지역을 능가했다.[15] 2016년부터 2017년 까지는 도시 지역의 약물 남용 사망자가 농촌을 조금 넘어서기는 했지만, 이 시기에도 농촌 여성의 약물 과다복용 사망 비율은 도시보다 높았다고 한다.

미국 인구 동태 통계시스템National Vital Statistics System, NVSS의 연간 사망률 데이터를 분석해 보면 2001~2015년 사이에 농촌 카운티, 중소도시 카운티, 대도시 카운티의 자살률 및 자살자들의 인구통계학적 특성과 사망 기전 등을 확인할 수 있다.[16] 이 기간에 농촌 카운티의 전체 자살률(인구 10만 명당 17.32명)은 중소도시 카운티(14.86명)와 대도시 카운티(11.92명)의 자살률보다 높았다.

2018년 데이터만을 놓고 보면, 45세에서 54세 사이의 성인(10만 명당 20.04명)과 55세에서 64세의 성인(10만 명당 20.20명)의 자살률이 높게 나타났는데 그중에서도 52세에서 59세 사이의 성인(10만 명당 21.56명)의 자살률이 가장 높았다.[17]

반면 젊은이들은 중장년 및 노년층에 비해 꾸준히 낮은 자살률을 보였다. 국제 의료 학술지 〈자마 네트워크 오픈〉JAMA Network Open에 따르면 최근 25세에서 64세 사이의 미국인 자살률은 전반적으로 3분의 1 이상 증가했다고 한다.[18] 그리고 농촌 지역 주민들의 자살률은 주요 대도시 지역 거주자들에 비해 25퍼센트 높았다.

이런 모든 요인으로 인해 농촌 지역을 떠나는 노동인구는 갈수록 증가하고 있으며 그에 따라 인구 고령화 속도는 점점 빨라지는 추세다. 게다가 생산연령층의 젊은이들이 일하는 데 필요한 핵심 서비스들도 하나둘씩 자취를 감추고 있다. 급격한 인구통계학적 변화가 초래한 도미노 효과는 아직도 그 기세가 늦춰지지 않고 있으며 그 결과 수많은 농촌 공동체에는 인구통계학적 디스토피아가 펼쳐지고 있다. 한때 활기에 넘쳤던 농촌의 마을들이 과거의 모습을 되찾기는 이제 거의 불가능해진 듯하다.

문을 닫는 학교와 병원들

소득을 창출하는 젊은 농촌 인구가 감소하면 공공 기반 시설은 큰 위기에 빠질 수밖에 없다. 그중에서 가장 먼저 타격을 받는 곳은 바로 학교다. 이는 인구통계학적 쇠퇴기에 발생하는 전형적인 초기 신호 중 하나다. 이 시기에는 핵심적인 공공 및 민간 서비스 시설들이 하나둘씩 폐쇄되기 시작해서 다시는 복구되지 못한다.

지난 수십 년간 작은 농촌 마을의 학교들은 좀 더 큰 지역의 학교로 통합되거나 아니면 문을 닫았다. 특히 미국 중서부, 남부, 딥 사우스Deep South(최남동부 지역의 루이지애나, 미시시피, 앨라배마, 조지아, 사우스캐롤라이나 등 5개 주—옮긴이) 등지에서 이런 현상이 심하게 나타났다. 이제 이 지역의 어린이들은 기본 교육을 받기 위해 여러 시간 동안 먼 거리를 통학해야 한다.

농촌 공동체의 학교들이 문을 닫는 이유는 국가의 보조금이 부족하고 출석하는 학생 수가 적으며 때로는 학교 통폐합을 통해 비용을 줄일 수 있기 때문이다. 그러나 아이러니한 사실은 소규모 공동체 학교의 학생들이 다른 지역 학생들에 비해 시험점수나 졸업률이 높고 방과 후 특별활동에도 더 적극적으로 참여한다는 것이다. 이런 농촌 마을의 작은 학교들은 소득세를 납부하는 젊은 가족들에게 매력적으로 비춰질 수도 있다.

학교가 폐쇄되면 마을 주민들 입장에서 공동체 활동과 상호작용의 중심지가 사라짐으로써 마을의 정체성이 상실되는 결과가 빚어진다. 그리고 이로 인해 인구통계학적 변화가 더욱 가속화되면서 병원이나 보건소 같은 다른 핵심 서비스까지 자취를 감추는 경우가 많다. 병원과 보건소가 문을 닫았을 때 가장 큰 타격을 입는 계층은 젊은 사람들보다 이 시설들을 훨씬 자주 이용해야 하는 노인들이다. 그들은 의료시설의 상실로 인해 두 배의 고통을 겪는다. 운전 능력(특히 장거리 운전 능력)이 부족한데도 치료를 위해 어쩔 수 없이 먼 거리를 이동해야 하기 때문이다.

시카고에 소재한 농촌보건자선센터Charity Center for Rural Health는 지난 10년간 미국 전체적으로 120개의 농촌 지역 병원이 문을 닫았다고 발표했다.[19] 2020년 1월 기준으로 미국의 농촌 지역 병원은 1,844개였으므로 그전에 비해 7퍼센트가 줄어든 셈이다. 이 단체에 따르면 최근 몇 년간 폐쇄되는 병원의 수가 더욱 빠른 속도로 늘어났으며 최악의 한 해로 꼽힌 2019년에는 19개가 문을 닫았다고 한다. 그렇지 않아도 의료 혜택을 받기가 쉽지 않은 농촌 주민들에게 병원이 문을 닫는 것은 또 다른 큰 걱정거리다.

병원들이 주로 폐업하는 지역이 메디케어나 메디케이드Medicaid(저소득층과 장애인을 위한 미국의 의료보장제도—옮긴이) 같은 고위험군(노인층과 빈곤층) 대상 프로그램을 위한 공공 자금이 부족한 주에 속해 있다는 사실은 그리 놀랍지 않다. 그리고 이런 경향이 앞으로 쉽게 바뀌지도 않을 듯하다. 게다가 병원들의 주 수입원인 의료비 개인 부담 환자나 비非 응급 상황에서 선택 시술elective procedures을 받는 환자들이 줄어들면 가뜩이나 운영에 어려움을 겪고 있는 병원 입장에서 큰 타격일 수밖에 없다. 코로나19 사태로 인해 많은 병원에서 선택 시술이 중단된 것도 미국 전체적으로 병원 폐업률이 증가한 요인일 수 있다. 2020년 미국 병원협회American Hospital Association는 농촌 지역 병원들이 장기간 지속되는 영업 손실을 견뎌낼 능력이 없다며 연방 정부에 1,000억 달러의 긴급 자금을 요청했다.[20] 병원이 폐업하면 노인 환자들은 기초적인 의료 서비스를 받기 위해 자동차로 여러 시간을 이동해야 한다.

미국의 보험사 차티스Chartis에 따르면 코로나19 사태가 발생하기 전 긴급이용병원Critical Access Hospitals(농촌 지역 주민들이 가까운 곳에서 응급 진료를 받을 수 있도록 연방정부가 지정한 소규모 병원—옮긴이)과 농촌 및 공동체병원Rural and Community Hospitals(농촌 공동체의 보건 향상을 위해 연방정부가 지정한 지역 기반의 병원—옮긴이) 중 453개가 이미 경영 악화로 폐업을 앞둔 상태였다고 한다.[21] 미국 보건복지부가 지정하는 긴급이용병원 소속의 병원들은 연방 정부로부터 적지 않은 자금을 지원받는다. 만일 이

미국 농촌과 도시 지역의 코로나19 환자 비교

	농촌 지역(%)	도시 지역(%)
기저 질환 보유자(20세에서 84세)	23.7	3.0
노인 인구	15.9	4.0
의료 보험이 부족한 거주자 (25세에서 64세)	20.2	10.5
집중 치료시설을 갖춘 카운티 병원까지 장거리를 이동해야 하는 거주자	11.3	0.3

*출처 : 미국 농무부 경제조사국Economic Research Service; http://www.ers.usda.gov/amber-waves/
2021/february/rural-residents-appear-to-be-more-vulnerable-to-serious-infection-or-
death-from-coronavirus-covid-19.

병원들이 문을 닫는다면 미국에 존재하는 농촌 지역 병원의 20퍼센트가 사라지는 셈이다. 이는 매우 충격적인 전망이 아닐 수 없다.

이런 의료적 기반시설의 손실은 코로나19 사태가 닥치면서 한층 심화됐다. 미국에서 코로나19 사망자가 처음으로 10만 명을 돌파할 때까지는 목숨을 잃은 사람 대부분이 도시에 거주하는 노인들이었고 농촌 공동체의 사망자는 전체의 5퍼센트에 불과했다. 하지만 전체 사망자 수가 20만 명에 도달할 무렵에는 상황이 크게 달라져 농촌 지역의 사망자가 전체의 15퍼센트까지 늘었다. 기저질환이 있고, 나이가 많고, 의료 보험 혜택이 부족한 농촌 지역 거주자들은 코로나19에 감염돼 중증 환자가 되거나 사망할 위험성이 더 크다.

2020년 9월 말부터 시작된 코로나19 2차 대유행 사태에서 농촌 카운

미국 카운티별 인구 10만 명당 코로나19 누적 확진자 수(2021.02 기준)

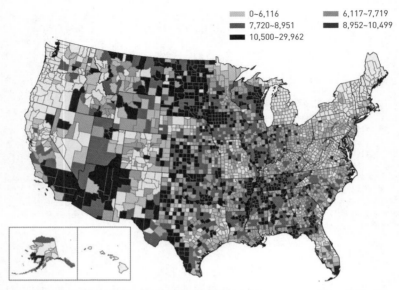

0~6,116　　　6,117~7,719
7,720~8,951　　8,952~10,499
10,500~29,962

*주 : 지도상에 표기된 코로나19 확진자 발생률 범위는 5분위 분포를 바탕으로 소수점 첫째 자리에서 반올림
함. 유타 주의 22개 카운티 확진자 수는 카운티별 발생률이 아니라 여러 카운티 병원 지구地區에서 보고된
수치를 모아서 집계했음.
*출처 : 미국 농무부 경제조사국이 존스홉킨스 대학교 산하 시스템 과학 및 엔지니어링 센터Center for Sys-
tems Science and Engineering의 2021년 2월 3일자 데이터를 기반으로 작성.

티, 그중에서도 주민 수가 2,499명 이하인 작은 마을에서 확진자 발생률
이 가장 높았다. 특히 이 사태로 가장 큰 타격을 입은 남부 및 중서부 농
촌 공동체는 10만 명당 평균 사망자 수에서 2020년 상반기까지 코로나
19의 세계적 중심지였던 뉴욕 시를 뛰어넘었다. 백신 접종률이 다른 곳
에 비해 떨어지는 남부 및 중서부의 여러 주는 코로나19 사태가 발생한
이후 최악의 순간으로 꼽히는 3차 대유행의 여파 속에서 2021년 내내 큰
피해를 입었다. 반면 해안에 위치한 주들은 조금씩 평소의 상황으로 복

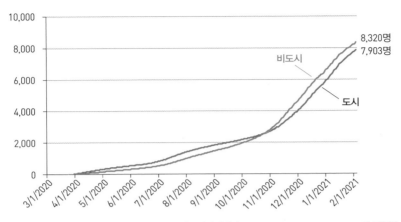

도시 및 비도시 지역의 인구 10만 명당 코로나19 누적 확진자 수(2020.03.01~2021.02.02)

*주 : 도시 및 비도시 지역의 데이터는 2013년 미국 관리예산처Office of Management and Budge가 정의한
도시 카운티 및 비도시 카운티의 구분에 따름.
*출처 : 미국 농무부 경제조사국이 존스홉킨스 대학교 산하 시스템 과학 및 엔지니어링 센터의 2021년 2월
3일자 데이터를 기반으로 작성.

귀하기 시작했다.

무너지고 있는 것은 의료 기반시설뿐만이 아니다. 의료 인력도 점점
줄어들고 있다. 2019년 〈뉴잉글랜드 의학 저널〉New England Journal of Medicine
이 발표한 보고서에 따르면 젊은 의사들이 농촌에서 근무하기를 거부하
는 탓에 농촌의 의료 인력 역시 매우 빠른 속도로 고령화가 진행 중이
라고 한다.[22] 2000년에서 2017년 사이 미국의 농촌 의사 수는 전체적으
로 3퍼센트 증가했지만, 50세 이하의 의사는 25퍼센트 감소했다. 그 말
은 2030년까지 다른 조치가 취해지지 않는다면 농촌 지역에서는 환자
1만 명당 평균 의사 수가 9.4명에 불과하게 될 거라는 뜻이다.

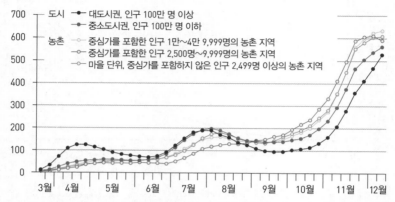

**2020년 여름, 농촌(비도시) 지역의 코로나19 확진자 수는 급증해서
도시 지역의 확진자 발생률을 능가했다**

2020년 3월 22일부터 12월 13일까지 인구 10만 명당 주간 신규 확진자 수

도시 — ● 대도시권, 인구 100만 명 이상
● 중소도시권, 인구 100만 명 이하
농촌 — ○ 중심가를 포함한 인구 1만~4만 9,999명의 농촌 지역
○ 중심가를 포함한 인구 2,500명~9,999명의 농촌 지역
○ 마을 단위, 중심가를 포함하지 않은 인구 2,499명 이상의 농촌 지역

*주 : 20세 이상 인구 10만 명당 평균 코로나19 확진자 수를 3주 단위로 조사해서 그 이전 3주와 비교한 자료임. 소도시권에는 카운티 간의 통근이 가능한 인근 카운티들이 포함되어 있음.
*출처 : 미국 농무부 경제조사국이 〈뉴욕타임스〉의 "미국 코로나19 확진자 현황" 데이터에서 누락된 정보를 존스홉킨스 대학교의 데이터로 보완해서 작성.

이는 의사를 채용하고 유지하는 데만 한정된 문제가 아니다. 농촌 지역에서 보건 서비스 및 장기 요양을 제공하는 사람들은 간호사나 의료 보조원들을 뽑기가 어렵다는 고충을 자주 토로한다. 이런 문제는 농촌 의료 시스템의 전반적인 품질을 떨어뜨리는 결과로 이어질 수 있다. 의료 인력을 구하기 힘든 이유는 자격조건을 갖추고, 약물 테스트를 통과하고, 해당 의료 기관에서 제공하는 급여 조건을 수락할 사람을 찾기가 어렵기 때문이다. 이런 인력 부족 현상 탓에 간호 서비스에 대한 설문조사에서 법적 문제(미국 정부는 감독 기능의 일환으로 양로원 거주자들을 대상으로 설문조사를 실시한다. 조사에서 문제가 있는 것으로 드러난 양로원은 위법 행위자로 지목될 수도 있다)가 발생하는 건수도 점점 증가하는 추세다. 또 이로 인해 의료 종사자의 이직률이 높아지고 그들을 고용하는 데 필요한 비용이 늘어나면서 환자, 지역 주민, 가족들의 만족도는 더욱 떨어질 수밖에 없다.

2020년 미국에 상륙한 코로나19는 의사를 포함한 의료 종사자들의 은퇴 연령(이들은 다른 분야 종사자에 비해 근로수명이 긴 편이다)을 앞당기는 역할을 했다. 2020년 여름 미국 의사재단Physicians Foundation이 3,513명의 의사를 대상으로 진행한 설문조사 결과에 따르면 조사 대상 중 4퍼센트가 코로나19로 인한 건강상의 위험 때문에 일터로 복귀하지 않겠다는 의사를 밝혔으며, 28퍼센트의 응답자는 "일을 계속할 의향은 있지만 코로나19로 인한 개인적 건강에 심각한 우려를 나타냈다."고 한다.[23] 농촌의 의료 인력이 점점 고령화되는 현실을 감안할 때 앞으로 이런 변화는 농촌 지역에서 더욱 빠른 속도로 진행될 전망이다.

소규모 마을 중심가의 몰락

1990년대를 기점으로 대형 할인점들이 지역 상권을 잠식하기 시작한 이래 농촌 마을 중심가에서 지역 주민이 운영하는 소규모 매장들은 지속적인 침체기를 겪었다. 게다가 과거 10년 동안 JC페니JC Penny, 메이시스Macy's 같은 익숙한 이름의 대형 소매점들이 연이어 문을 닫는 소매업계의 또 다른 지각변동이 발생하면서 미국의 농촌 지역은 특히 큰 충격에 휩싸였다. 심지어 소매업계의 파괴적 혁신을 불러온 당사자이자 여러 주에서 가장 큰 고용주인 월마트도 지난 10년 동안 200여 개의 매장을 폐쇄했다. 문을 닫은 매장 대다수가 소규모 마을에 소재한 점포였다.

미국 진보 센터Center for American Progress라는 싱크탱크가 펴낸 '미국 농촌 지역의 경제 회복 및 비즈니스 역동성'이라는 보고서에 의하면 지난 2008년의 경제 대침체가 시작된 이후 소규모 기업들의 성장은 주로 도시나 도시 인접 지역에 집중됐다.[24] 반면 같은 기간 대부분의 농촌 지역에서는 수천 개의 일자리가 사라졌고 창업자의 수도 줄어들었다. 농촌 지역의 스타트업 창업을 장려할 목적으로 수립된 공공 정책들은 애초의 의도대로 작동하지 않았으며, 2020년 초 코로나 사태로 인한 폐업 열풍을 가까스로 견뎌낸 소규모 업체들도 연방 정부나 주정부의 경제적 지원이 없는 상태에서 두 번째 지역 폐쇄 조치가 실시될 경우 생존이 어려운 위기 상황에 놓여 있다.

코로나19 사태로 가장 큰 타격을 입은 분야 중 하나는 소매 금융 업계다.[25] 연방준비제도이사회가 2019년 발표한 '농촌 지역 중심가 비즈니스 전망 : 농촌 공동체의 은행 지점 활용 현황'이라는 보고서에 따르면 전국적으로 800여 개의 카운티에서 1,533개의 은행 지점이 문을 닫았다. 이는 전체 지점 수의 14퍼센트에 해당한다. 도시 카운티에서도 많은 은행 지점이 폐업했지만, 그 수는 전체의 9퍼센트에 그쳤다. 이 연구 결과는 농촌 지역과 도심지의 격차가 나날이 커진다는 사실을 입증하는 또 다른 증거라고 할 수 있다. 물론 온라인 은행 거래가 대세인 오늘날 은행 지점들이 문을 닫는 게 무슨 문제냐고 의아해하는 사람도 있을지 모른다. 하지만 농촌 공동체 중에는 인터넷 서비스가 제대로 이루어지지 않거나 주민들이 디지털 기술을 활용하는 데 어려움을 겪는 곳이 많다. 다시 말해 이들 지역에서는 온라인으로 금융 서비스를 제공받기 위한 두 가지 조건이 모두 충족되어 있지 않다.

농촌 지역을 포함한 모든 곳에서 점점 고령화되고 있는 현대인들은 우리 사회의 발전을 이끌 잠재적 기여자들이지만, 이들의 잠재력을 활용하기 위해서는 미래의 성장을 견인할 소규모 기업들과 창업가들을 개발하는 데 사회적 자원을 균형 있게 분배해야 한다. 또한 노년층의 경제적 잠재력에 대한 사고방식을 새롭게 가다듬는 동시에 농촌 지역의 인구를 향한 우리의 집단적 태도를 바꾸는 노력도 필요하다.

우리가 중심가 상점들을 농촌 공동체에 돌려주기 위한 투자를 게을리한다면, 그 공동체들은 조만간 붕괴될 것이다. 주민들을 위한 서비스는 실종되고, 사업체들은 문을 닫을 것이며, 그나마 남아 있던 건강한 젊은이들도 모두 기회를 찾아 가까운 도시로 떠나갈 것이다. 뒤에 남겨질 사람들은 몸이 아프고 무기력한 노인들뿐이다.

농촌 공동체 부활을 위한 노력들

유감스럽게도 농촌 공동체가 고령화되고 인구가 감소하는 현상을 막을 만한 뚜렷한 대안은 아직 없다. 하지만 우리가 농촌 사회의 문화와 전통에 훌륭한 가치가 존재한다고 믿는다면, 공공 기반시설 건설 프로젝트를 실시하거나 민간부분의 기술과 혁신을 활용하는 등 가능한 방법을 총동원해서 농촌 지역을 되살리는 데 투자해야 한다.

농촌 공동체를 예전의 모습으로 되돌리기 위해서는 세계 각지의 모범 사례들, 즉 지역 경제에 활력을 불어넣고 농촌 지역의 주민들에게 적절한 서비스를 제공한 사례들을 참고할 필요가 있다. 다행히 그중 많은 훌륭한 프로젝트가 기존에 구축된 기반시설들을 바탕으로 성공적으로 수행된 바 있다. 또 농촌 지역을 곤경에 몰아넣은 현실적인 도전 요소들을 참작해서 도시 지역에 대한 편향성 문제를 해결해야 할 것이다.

무엇보다 우리는 과거 공공 부문의 위대한 리더들이 이 나라의 수많은 개인에게 영향을 미친 눈부신 업적에서 영감과 교훈을 얻어야 한다. 대공황이 발발한 지 몇 년이 지난 1933년, 프랭클린 루스벨트 대통령은 뉴딜New Deal 정책의 수립과 테네시 강 유역 개발공사Tennessee Valley Authority, TVA의 설립을 위한 법안을 발의해서 통과시켰다. 정부가 막대한 자금을 투자해서 설립한 거대 기업 TVA는 테네시 강 유역에 많은 댐을 건설해 1,000만 명의 농촌 지역 주민들에게 전기를 공급했다. 이 회사는 아직도 운영 중이며 수익도 내고 있다.

미국을 대공황에서 벗어나게 해준 이 과감한 조치들은 오늘날 미국 역사상 최대 규모로 진행 중인 경기 부양책 '미국 구조 계획'American Rescue Plan과 여러모로 흡사하다. 2021년 3월 조 바이든 대통령이 서명한 1.9조 달러 규모의 이 법안에는 농촌 공동체에 인터넷 연결을 확대하고 대출금, 재산세, 보험료, 공공요금 등 주택 관련 비용 납부에 어려움을 겪는 주택 소유자들에게 자금을 지원하기 위한 투자 계획이 포함되어 있다.

또 집을 잃은 가족, 학교에 가지 못하고 온라인으로 수업해야 하는 학생들, 음식이 부족한 사람들 등에게 도움을 제공하고 지역 주민들을 대상으로 코로나19 검사와 백신 접종도 확대하기로 했다. 이 계획 중에 농촌 지역 주민들에게 투자하기로 한 자금의 내역은 다음과 같다.[26]

- 농촌 지역 병원들과 지역 공동체에 코로나19 백신과 음식을 제공하는 데 5억 달러
- 저소득 노인층 임차인들의 월 임대료 보조비로 2022년 9월까지 1억 달러
- 단독가구 주택 대출 프로그램, 단독가구 주택 수리 대출 및 보조금 등을 이용해 대출받은 채무자들에게 재융자를 해주는 비용으로 2023년 9월까지 3,900만 달러

앞으로 농촌 공동체의 기반시설에 투자하거나 이를 혁신할 사람들은 세계 여러 지역의 사례에서 과감하게 지혜를 빌릴 필요가 있을 것 같다. 농촌 인구의 고령화가 세계에서 가장 빠른 속도로 진행 중인 일본에서는 우체국의 '노인 보살핌 서비스' 제도를 통해 외부로부터 고립될 위험이 큰 농촌 지역의 노인들에게 그들이 필요로 하는 각종 물건이나 서비스를 우편배달부가 직접 배달해준다.[27] 프랑스의 우체국도 2017년부터 '내 부모님을 돌봐주세요' Veiller Sur Mes Parents 라는 비슷한 종류의 서비스를 시작했으며[28] 세계 각지의 우편 서비스들도 이와 유사한 선택지를 고려하고 있다.[29] 예를 들어 미국 우편국 US Postal Service 에는 기존의 우편물 배달과

더불어 은행 업무를 서비스 목록에 추가해달라는 요청이 쇄도하고 있다.[30] 이 모두가 슈퍼 에이지를 맞은 농촌 공동체의 문제를 기존의 자원과 기반시설들을 이용해 해결하려는 움직임의 일환이라고 할 수 있다.

영국의 뉴캐슬 빌딩 협회Newcastle Building Society는 대형 은행들이 공동체를 떠난 뒤에 발생한 금융 업무의 공백을 공동체 센터를 통해 농촌 지역 주민들에게 봉사하는 방식으로 보완하고 있다.[31] 이 농촌 지역 지원 방식은 뉴캐슬 시의 핵심 전략 중 하나로, 그들은 공동체 센터 내에서 우편 업무 같은 핵심적인 공동체 서비스를 제공하는 동시에 전통적인 소매 은행보다 작은 규모로 은행을 운영하며 지역 주민들의 편의를 도모한다.

또 학교처럼 더 이상 사용되지 않는 기반시설을 노인들을 위한 데이케어 센터로 활용하는 것도 한 가지 방법이다. 일부 국가의 농촌 공동체에서는 학교 기능과 노인 돌봄 시설을 하나로 합쳐 아이들과 노인들 모두에게 혜택을 제공하기도 한다. 도쿄 외곽에 자리 잡은 고토엔甲東園이라는 마을은 1976년부터 일찌감치 아이들과 노인들의 욕구를 함께 충족하는 길을 택했다.[32] 매일 오전 취학 전 아동들이 고토엔에 도착하면 그곳에 거주하는 할아버지와 할머니들이 반갑게 맞아준다. 노인 중에는 100세가 넘은 사람도 있다. 아이들은 노인들과 함께 하루를 보내며 함께 운동을 하고, 밥을 먹고, 그들에게서 삶의 지혜를 얻는다. 오늘날 이 모델은 미국과 유럽을 포함한 전 세계로 확산되고 있다.

독일 정부는 e-헬스e-health(인터넷을 통해 원격 진료를 실시하거나 실시간 의료정보를 제공하는 의료 서비스—옮긴이) 기술을 활용해 낙후된 농촌 지역의 노인들에게 도시 주민과 똑같은 품질의 의료 서비스를 제공하는 데

역점을 기울이고 있다.[33] 최근에 통과된 법률에 의하면 독일의 건강보험 회사들은 의료 혜택이 부족한 농촌 지역 주민들을 위해 적절한 원격 진료 체계를 구축해야 한다. 독일 정부의 목표는 농촌 지역 거주자 모두에게 완전한 형태의 원격 진료 서비스를 제공하는 것이다.

미국에서도 인터넷 기술은 농촌 지역이 당면한 문제에 중요한 해결책으로 활용되고 있다. 미국 보훈부 산하 연계진료국Office of Connected Care은 서로 멀리 떨어져있는 퇴역 군인들과 의료 인력을 디지털 기술로 연결시켜 전통적으로 고정된 장소에서만 이루어지던 의료 서비스의 범위를 확장하는 작업에 한창이다.[34] 그들은 원격 진료 시스템을 포함한 다양한 기술을 활용해 퇴역 군인들이 꼭 의료진을 방문하지 않더라도 언제 어디서나 양질의 의료 서비스를 받을 수 있는 시스템을 구축하고 있다.

에어비앤비 같은 모바일 기반의 서비스 업체들은 일본 농촌 마을의 노인들이 세계 각지에서 온 방문객들에게 자신의 집을 숙소로 제공해서 소득을 올릴 수 있도록 돕고 있다. 이 작업이 성공적으로 이루어진다면 지역 공동체에 활기를 불어넣고 젊은이들이 도시로 떠나는 일을 막을 수도 있을 것이다. 에어비앤비가 도쿄에서 활동 중인 건축가 하세가와 고長谷川豪와 함께 지역 공동체의 협조를 얻어 건설한 '요시노 향나무집'은 급속한 고령화 현상 속에 점점 감소되어가는 농촌 지역의 인구 문제를 해결하기 위해 내놓은 대응책이다.[35] 에어비앤비는 한국과 타이완의 노인층 집주인들을 위한 프로그램도 운영 중이다.

자동차 승차공유 기업 우버는 일본의 농촌 지역 노인들에게 서비스를 제공하는 데 초점을 맞춰 일본 시장에서의 비즈니스 모델을 수립했다.

2015년 홋카이도와 교토 부근의 농촌 지역에서 서비스를 시작하며 일본에 진출한 이 회사는 특히 이동이 불편한 노년층 주민이나 자동차 없이 외딴 시골 지역 곳곳을 더 자세히 돌아보고 싶은 관광객들에게 많은 도움이 되고 있다.[36] 또 우버는 은퇴자, 학생, 일이 없는 부모들까지 다양한 그룹의 사람들을 운전자로 고용하고 있으며 향후 일본의 어느 지역에서라도 기존의 택시 회사들과 다양한 형태의 협력관계를 체결할 계획이다.

농촌 지역의 인구 감소 현상이 회복 불가능한 지경에 이르러 공동체가 사라질 위기에 처했다면, 이탈리아 시칠리아 섬 내륙에 위치한 도시 카마라타Cammarata의 사례를 해결책으로 고려해 봄직하다. 얼마 전 카마라타의 시정부는 젊은이들의 유입을 유도하고 인구 고령화와 쇠퇴를 막기 위해 이 지역의 주택들을 단돈 1유로에 판매한다고 발표했다.[37] 카마라타는 이탈리아에서 100세 이상의 노인들이 가장 많이 거주하는 곳이기도 하다. 주택을 구매한 사람들은 1년 이내에 집을 수리하는 작업을 시작해야 한다. 카마라타의 시장에 따르면 이 정책에 대한 구매자들의 반응은 매우 뜨겁다고 한다.

물론 카마라타 시의 의사결정 덕분에 정말 젊은이들의 외부 유출이 줄고 노동인력의 감소가 멈출지는 시간이 흘러야 알 수 있을 것이다. 최근에는 인구 통계학적 특성이 비슷한 다른 마을들처럼 카마라타에도 코로나 사태로 인해 고향으로 돌아오는 사람이 조금씩 늘어나는 반전적인 상황이 연출되기도 했다.

앞으로는 농촌에 영구적으로 귀환하기로 마음먹은 사람들이나 난생처음 농촌 공동체에 정착하기를 원하는 '새로운 귀농자들'neorurals도 생겨날지 모른다. 특히 코로나19 사태는 도시를 벗어나 시골에서 살고 싶어 하는 사람들이 늘어나는 계기로 작용할 수 있다. 부동산 정보 사이트 레드핀Redfin에 따르면 코로나19 사태가 시작되기 전에 농촌 지역의 주택을 알아보는 구매자는 10명 중 한 명에 불과했지만 요즘은 다섯 명 중 한 명 꼴로 늘었다고 한다. 물론 이런 변화가 일어난 데는 이 팬데믹 사태로 인해 직장인들의 전통적인 근무 형태가 사무실 근무에서 온라인과 같은 가상 세계로 이동한 것이 한몫을 했다. 개중에는 시골에 집을 두고 도시에서는 임시 숙소를 빌려 생활하는 사람도 있고, 아예 도시 생활을 영원히 포기하고 시골에 정착하는 사람도 있다.

심각한 인구통계학적 문제에 직면한 미국의 몇몇 지역에서는 이 지역으로 이주하는 사람들에게 금전적인 인센티브를 제공하기도 한다. 그동안 출생률과 전입률을 앞지르는 지속적인 인구 유출로 골머리를 앓아온 오클라호마의 털사Tulsa 시는 숙련된 기술을 지닌 근로자들이 이곳으로 이주할 경우, 카이저 가족재단의 후원을 바탕으로 1만 달러의 이주비용을 일시불로 지급하고 1년 동안 매달 1,000달러의 주거비를 보조한다.[38] 또 메인과 버몬트처럼 이미 슈퍼 에이지로 진입한 일부 주에서도 인구 고령화를 막고 더 많은 세수를 확보하는 차원에서 젊은 노동인력을 유치하기 위한 노력에 한창이다. 그들은 이주자들에게 직접 현금을 제공하고 세금 혜택을 주는 등 젊은 인구를 대상으로 적극적인 마케팅 공세를 강화하고 있다.

농촌 공동체가 직면한 인구통계학적 문제를 해결하기 위해서는 농촌에 투자하는 전략이 비즈니스에 불리하다는 기존의 사고방식을 극복하는 것이 급선무다. 물론 젊은 고객이 많고, 고객층이 두텁고, 수익성이 좋은 도시 지역에서 사업을 하는 게 유리하다는 생각은 누구라도 할 수 있다. 그러나 농업, 애그테크agtech(첨단기술을 접목한 농업 기술—옮긴이), 가내공업, 농촌 지역 아웃소싱rural outsourcing(운영비와 생활비가 저렴한 농촌 지역의 회사가 고객 기업의 특정 업무를 위탁해서 운영하는 비즈니스—옮긴이), 1인 기업, 소규모 컨설팅 사업, 지역 기반의 협동 소매점 등 농촌 기반의 비즈니스는 대체로 전망이 매우 밝다. 비록 규모가 작고 성장 속도가 느리기는 하지만, 농촌 지역의 사업은 도시보다 수익성이 좋고 생존률도 월등히 높다.[39] 또 농촌 지역에서는 투자자에게 접근하기도 쉽다.

마이크로소프트의 수석 기술책임자 케빈 스콧Kevin Scott은 저서 《아메리칸 드림을 재프로그래밍하다》Reprogramming American Dream 에서 미래에는 정보기술을 활용해서 농촌 지역 고령층 노동인력의 업무 능력을 보완하고 향상시킬 수 있을 거라는 낙관적인 관점을 제시했다. 특히 노동 집약적인 산업 분야에 종사하는 사람들의 근로수명을 로봇 기술을 통해 더욱 늘릴 수 있다는 것이다. 이런 방법은 이미 제조 분야의 기술력 부족에 시달리는 독일 등의 슈퍼 에이지 국가에서 적극적으로 활용되고 있다. 스콧은 농촌 지역에 고속 데이터 통신망을 확충하고 세제 혜택을 통해 기업들을 유인한다면 인공지능 기반의 제조업도 농촌 지역 중심부에서 충분히 성장할 수 있다고 강조한다.

소규모 사업체를 운영하는 사람에게 가장 중요한 숙제 중 하나는 사업을 물려줄 후계자를 선택하는 일이다. 이는 전 세계 모든 곳에서 급속한 고령화가 진행 중인 농촌 공동체의 핵심 관심사이기도 하다.

캔자스 대학교 경영대학원의 레드타이어RedTire 프로그램(당신의 은퇴를 재정의하라Re-define Your Retirement 의 줄임말)은 캔자스 주의 농촌 지역 사업자들에게 후계자를 알선해주는 컨설팅 서비스를 무료로 제공한다. 뿐만 아니라 네브래스카 주 링컨에 소재한 농촌창업센터는 미국과 캐나다의 여러 공동체와 함께 새로운 세대의 소규모 창업가들을 유인할 전략을 개발하고 있다.

사업체를 이어받을 후계자 문제로 가장 큰 고민에 직면한 일본에서는 중소기업청이 발표한 '사업승계 5개년 계획'을 통해 사업주들에게 비즈니스 승계의 중요성에 대한 인식을 불어넣고 그들의 뒤를 이을 차세대 경영자들에게 동기를 부여할 수 있는 환경을 개발하고 있다.[40] 이런 승계 계획이 없다면 일본의 전통적인 공예 산업은 향후 10년 안에 모두 사라질 것이다.

요즘에는 사모펀드들도 일본을 포함한 세계 각지의 농촌 지역에서 운영되고 있는 중소 규모의 기업들에게 더욱 많은 투자를 고려하고 있다. 이 기업들은 훌륭한 제품을 생산할 수 있는 능력을 갖췄음에도 불구하고 과거에는 투자자들에게 접근하기가 어려웠다. 사모펀드들은 특히 가족 내에서 사업을 이을 사람이 없거나 남에게 사업체를 넘길 여건이 안 되는 사업가들에게 관심을 기울인다. 투자자들은 사업체 전체를 한꺼번에 사들이는 경우도 있지만, 먼저 일부 지분을 매입하고 상황에 따라 나중에 회사 전체를 인수하는 방법을 택하기도 한다. 이런 사업적 관계는 사업주와 투자자 모두에게 큰 가치를 돌려줄 수 있다.

각국의 정부와 민간 기업들은 미래에 대한 분명한 인식을 바탕으로 저마다 슈퍼 에이지의 현실에 실용적인 방식으로 맞서고 있다. 그들은 공공의 자원과 민간 기업들의 혁신을 활용해 지금과는 전혀 다른 모습으로 바뀔 인구통계학적 미래의 요구를 충족하기 위해 노력 중이다. 그러나 단지 변화에 대응하는 것만으로는 최고의 성과를 거두기가 어렵다. 우리가 가장 먼저 해야 할 일은 우리의 눈을 가리고 있는 편견의 장막을 걷어내는 것이다.

암시적이든 노골적이든 타인에 대한 근거 없는 편견은 우리 사회의 가장 큰 문제다. 특히 편견의 화살이 노인이나 농촌 지역 인구처럼 역사적으로 소외된 집단을 향한다면 그 피해는 말할 수 없이 크고 우리 앞에는 인류의 진보를 가로막는 불필요한 장애물이 가로놓일 것이다. 그로 인해 이 사회는 진정한 잠재력을 발휘하지 못한 채 뒷걸음질치고 경제적 성장에는 제동이 걸릴 것이다.

반면 우리가 모든 사회 구성원을 아우르는 평등하고 포용적인 접근방식을 통해 다양한 인구통계학적 집단과 지역에서 저마다의 독특한 강점을 이끌어낸다면, 앞으로 다가올 슈퍼 에이지는 인류에게 진정으로 화려한 시기로 거듭날 수 있다. 우리에게는 희망이 있다. 하지만 우리가 보다 긍정적인 미래로 이행하기 위해서는 모든 집단, 세대, 지역에 속한 구성원들에게서 사회에 기여할 수 있는 능력을 최대한 이끌어내야 한다.

우리가 불평등과 편견의 문제에 대응하는 데 실패할 경우, 현재 인류가 직면한 사회경제적 문제는 더욱 악화될 것이다. 부자와 가난한 사람들 사이에 수명 격차는 점점 커지고 사회적 부는 고소득층에게 집중될 것이며 도시와 농촌을 가르는 간극은 다리를 놓을 수 없을 정도로 벌어질 것이다. 미래에 이런 인구통계학적 디스토피아가 펼쳐진다면 우리가 이를 되돌리기는 절대 불가능하다.

SUPER AGE EFFECT

제3부

새로운 인구통계학적 질서

: 슈퍼 에이지, 미래를 위한 생존 전략

제8장

새로운 기회의 시대

슈퍼 에이지에 대해 우리가 저지르는 가장 큰 오류 중 하나는 이것이 언제나 노인들의 문제일 뿐이라고 단정하는 것이다. 오늘날 지구상에 존재하는 65세 이상의 인구가 역사상 그 어느 때보다 많기는 하지만, 우리가 노년층이라는 인구통계학적 집단이 기하급수적으로 증가하는 현상에만 초점을 맞추면 인간 수명의 증가가 삶의 전체 과정을 바꾸어놓는다는 사실을 깨닫기 어렵다.

　UN의 예측에 따르면 현재 지구상에 존재하는 사람 중 4분의 3은 65세가 넘는 수명을 누릴 것이며(1960년에는 이 비율이 절반에도 미치지 못했다), 앞으로 점점 더 많은 사람이 전통적인 은퇴 연령을 지난 시기까지 생존할 거라고 한다.[1] 또 80세 이상의 고령층은 현재 전 세계에서 가장 빠른 속도로 증가하는 인구통계학적 집단이다.

사람의 평균수명이 늘어난다는 말은 삶의 막바지에 몇 년의 시간이 추가적으로 연장된다는 의미가 아니라, 건강하고 활동적인 중년기가 확장된다는 뜻이다. 이런 현상은 지난 세기에 틴에이저와 은퇴자라는 새로운 삶의 단계를 발굴하고 이를 활용해서 많은 돈을 벌어들인 기업들에게 더없이 훌륭한 사업 기회가 될 수 있다. 인류가 슈퍼 에이지로 향하는 데 결정적인 역할을 한 과학적 발전은 현대인들이 이전 세대에 비해 정신적·육체적으로 한결 건강하게 더욱 오랜 시간을 살아갈 수 있도록 돕고 있다.

또 이런 시대 상황 속에서 새로운 세대의 젊은이들이 집과 자동차를 구매하고, 결혼을 하고, 아이를 낳는 일을 포함한 삶의 주요 단계를 연기하거나 아예 거부하는 사회 및 경제 환경이 조성되는 추세다. 그리고 이런 모든 요인으로 인해 우리는 30세, 50세, 70세 그리고 그 이후의 삶을 살아간다는 것이 과연 무엇을 의미하는지 다시금 돌아봐야 하는 상황에 놓여 있다.

새로운 제품과 서비스 역시 노인 인구뿐만이 아니라 과거보다 건강한 모습으로 장수를 누리는 데 관심이 많은 모든 세대 소비자의 보편적인 욕구를 충족하기 위해 개발 및 보급되고 있다. 기업들은 대다수 인구에게 닥치고 있는 사회적·경제적 현실에 맞춰 시장에 대한 접근방식을 재검토해야 할 것이다. 그동안 고질적인 병이나 비전염성 질환으로 고생하던 사람들은 과학적 혁신 덕분에 한층 '정상적인' 삶을 살게 됐지만, 그 반면에 우리 사회는 '늙다'라는 말의 정의를 재정립해야 하는 상황에 놓여 있다. 이 단어가 자신의 상태를 올바르게 표현하지 못한다는 이유로 그 말 자체를 거부하는 사람이 늘어나고 있기 때문이다. 일부 성공적인 기업은 노화와 쇠퇴에 대한 공포를 덜어줄 제품과 서비스를 이미 만들어내고 있다. 그들은 단순히 소비자의 나이를 바탕으로 제품을 디자인하고 마케팅하는 획일적인 사업 모델을 벗어나 젊음과 삶의 의미를 추구하는 고객의 욕구에 맞춰 제품과 서비스를 설계한다. 또한 제품의 디자인 과정에 노년층을 포함한 다양한 세대로 구성된 관계자들을 참여시키고 노화와 장수를 인적자원 전략이나 마케팅 및 광고 계획의 핵심 주제로 채택하고 있다.

더 젊고 더 건강한 노인들의 등장

내 아버지 개리는 전형적인 슈퍼 에이지 소비자의 한 사람이다. 아버지는 2017년 크리스마스 날에 갑자기 뇌졸중으로 쓰러졌지만, 그 뒤로도 운전을 포함한 정상적인 삶의 활동을 지속하는 데 도움이 되는 제품과 서비스를 적극적으로 찾아다니고 있다. 아버지는 자신의 처지를 비관하기보다 꾸준히 작업치료occupational therapy(손상이나 질병, 질환, 장해를 지닌 환자들에게 일상생활의 활동을 치료적 목적으로 활용하는 방법—옮긴이)를 받는 한편, 인간으로서의 품위, 독립성, 삶의 목적 등을 유지하는 데 도움이 되고 외관과 느낌이 우수한 제품과 서비스를 구매하는 데 열심이다.

뇌졸중으로 고생하는 사람은 내 아버지뿐만이 아니다. 매년 미국에서만 수십만 명이 이 병으로 쓰러진다. 2030년에는 미국 전체 인구의 3.88퍼센트에 해당하는 1,400만 명이 뇌졸중에 걸릴 것으로 예상된다. 앞으로 수많은 사람이 이 병으로 인한 삶의 쇠퇴기로 무기력하게 빠져들 것인지 또는 보다 자아실현적인 삶을 살아가는 데 도움이 되는 제품과 서비스를 적극적으로 활용한 것인지의 갈림길에서 고민하게 될 것이다.

아버지가 처음 사들인 제품 중의 하나는 자신처럼 주변 시력이 저하된 사람들에게 특히 효과적이라는 안전한 신형 자동차였다. 그가 구입한 포르쉐 마칸Macan은 푸시버튼 시동장치, 전방 및 후방 카메라, 주변 상황을 360도 확인 가능한 서라운드 뷰 기능, 운전 보조 기술 등 고령자 친화적인 특성과 안전 기능을 갖춘 스포티한 크로스오버 자동차crossover vehicle(승용차에 레저용 차량의 장점을 접목한 다목적 자동차―옮긴이)였다.

다른 자녀들도 마찬가지였겠지만, 나는 아버지가 스포츠카로 이름난 회사의 자동차를 구입하려 한다는 말에 지레 겁을 집어 먹었다. 아버지의 안전이 염려됐기 때문이다. 하지만 그 자동차는 아버지에게 다시 건강한 사람이 되었다는 면허증과 같았다. 또 그가 원하는 곳 어디라도 안전하게 데려다주는 놀라운 기동성을 발휘했다. 그 뒤 아버지는 오토파일럿autopilot(테슬라 전기자동차의 자율주행 보조 장치―옮긴이) 기능이 탑재된 테슬라 모델 S로 차를 바꿨다. 이 자동차는 아버지로 하여금 몸과 마음이 한결 편안한 상태에서 더욱 먼 거리를 여행할 수 있도록 해주었다.

내 아버지도 뇌졸중으로 고생하고 있지만 사람은 오래 살수록 각종 건강 문제에 직면하거나 신체적·정신적 쇠퇴를 경험하기 마련이다. 오늘날

50세에 도달한 인구의 절반가량은 적어도 한 가지 건강 문제를 겪고 있는데, 그중 20퍼센트는 두 가지 그리고 10퍼센트는 세 가지 질환에 시달린다. 게다가 80세 이상의 고령층에서는 이 비율이 더욱 높아져서 전체 인구의 90퍼센트가 적어도 한 가지 기저질환으로 고생하며 3개 이상의 질환을 보유한 사람도 3분의 1이 넘는다.

통계적으로 분석해 봐도 사람이 오래 살수록 질병에 노출되거나 건강 문제를 겪을 확률이 높고 이로 인해 사망할 가능성이 큰 것은 사실이다. 그렇다고 현대인들의 상황이 앞선 세대에 비해 더 나쁘다는 말은 아니다. 사람이 장수를 누린다는 것은 이전 세대를 살았던 선배들에 비해 생물학적으로 더욱 건강하고 육체적·정신적으로 더 튼튼하다는 뜻이다. 그러므로 수많은 사람이 노인들을 향해 표출하고 있는 편견, 특히 그들이 신체적으로 노쇠했고 기억도 가물거린다는 편견은 현실과 전혀 다른 왜곡된 관념일 뿐이다.

2020년, 핀란드 유바스큘라 대학교University of Jyväskylä의 과학자들은 현대의 노인들이 지난 세대의 선배들에 비해 신체적·인지적 능력이 월등하게 앞선다는 사실을 실험을 통해 입증해냈다.[2] 그들은 출생 시기가 28년 정도 차이 나는 두 그룹의 75~80세 노인들을 대상으로 연구를 수행했다. 첫 번째 그룹은 1910년부터 1914년 사이에 태어난 사람들이었으며, 두 번째 그룹은 1938~1939년, 또는 1942~1943년에 출생한 노인들이었다. 과학자들은 이 연구를 통해 다음과 같은 결론을 얻었다. "두 번째 집단은 최대기능 능력 테스트maximal functional capacity tests(강도, 지구력, 유연성 및 유산소 피트니스와 같은 다양한 영역에서 개인의 최대 신체 성능을 평가하기 위한 테스트―옮긴이)에서 통계적으로 유의미한 높은 점수를 얻었다. 그 말은 오늘날 핀란드의 75~80세 노인들이 이전 세대에 비해 훨씬 우월한 신체적 능력을 소유하고 있다는 뜻이다."

이런 연구 결과는 현대의 노인들이 앞선 세대에 비해 더 '젊을' 뿐 아니라, 그들이 경험 중인 삶의 단계가 변화 내지 확장되고 있거나 그들에게 아예 새로운 생애의 단계가 대두되고 있다는 사실을 시사한다. 이는 현대인들이 한두 개의 질환에 시달리면서도 과거에 비해 훨씬 건강한 삶을 누린다는 뜻이다. 또한 더 많은 사람이 건강한 상태에서 생애의 중반기를 보내며 일과 삶을 즐길 시간을 늘려가고 있다는 의미이기도 하다. 그러므로 우리가 사회의 고령층 구성원들을 향해 품고 있는 모든 선입견이나 편견은 근본적으로 재고되어야 한다. 적어도 생물학적 측면에서는 "50대는 새로운 30대다."라는 말에 일리가 있을지 모른다.

1인 가구와 대가족이 함께 늘어나다

사람이 나이가 들면서 생물학적으로 노화를 겪는 것은 어쩔 수가 없는 일이다. 하지만 우리가 나이를 먹는 방식(즉 생물학적·경제적·사회적 방식)에는 생활 습관, 개인적 선택, 고용 상태, 의료 및 과학적 발전, 정부 프로그램, 민간 부문의 혁신 등 많은 요인이 영향을 미친다. 이 요인들은 삶의 질과 독립성을 높이거나 떨어뜨리고, 우리가 건강한 상태에서 장수를 누릴 수 있는 시간을 늘리거나 줄이는 역할을 한다.

인간의 수명이 증가하는 현상으로 인해 삶의 마지막 몇 년뿐만 아니라 생애 전 과정에 걸친 사회적·경제적 규범에 중대한 변화가 초래된다는 사실은 사람들 사이에서 좀처럼 논의의 대상이 되지 못하고 잘 알려져 있지도 않다. 앞으로 오래도록 장수를 누리게 될 현대의 젊은이들은 삶을 살아가는 방식이 한두 세대 이전의 부모나 조부모에 비해 판이하게 다르다. 그들은 부족한 수입 탓에 삶의 중요한 단계를 미루거나 회피하는 모습을 보이고, 사회보장제도나 메디케어처럼 앞선 세대에게 혜택을 주었던 정부의 각종 지원 프로그램이 미래에는 더 이상 존재하지 않을 거라는 사실을 잘 알고 있다.

최근 블룸버그가 발표한 바에 따르면, 현재 미국의 노동인구 중 수적으로 가장 많은 밀레니얼 세대가 보유한 미국의 국부는 전체의 4.6퍼센트에 불과하다고 한다. 1980년대 베이비부머들이 같은 연령대에 축적했던 부를 밀레니얼 세대가 따라잡기 위해서는 향후 2년간 저축액을 네 배이상 늘려야 한다.

오늘날의 젊은이들은 이전 세대에 비해 더욱 오랫동안 일터를 떠나지 못하게 될 것이 분명하다. 소득이 부족한 탓도 있겠지만, 무엇보다 수명이 엄청나게 늘어날 것이기 때문이다. 그들은 개인적으로 모아둔 돈이나 가족들의 도움 같은 사적인 지원 체계를 통해 인생 후반기를 경제적으로 뒷받침할 자금을 융통할 수밖에 없을 것이다. 이런 현실은 젊은이들이 삶을 장기적으로 계획하거나 장수 전략을 세우는 데 큰 도전으로 작용한다. 하지만 한편으로는 이러한 상황이 사업적으로는 잠재적인 기회가 될수도 있다.

가족의 모습도 바뀌고 있다. 인류 역사의 대부분을 차지하는 기간 동안 사람들은 조부모, 부모, 형제, 자매, 부모의 형제자매, 사촌 등이 한 지붕 아래에서 거주하는 대가족 제도를 이루며 살아왔다. 오늘날에도 지구상 인구의 3분의 1이 이런 가족 구조를 유지하고 있다. 이는 역사적으로 농경 사회에 뿌리를 둔 매우 경제적인 형태의 가족 단위이기도 하다. 1800년도에는 미국인 중 4분의 3이 농사를 지었고 나머지 4분의 1은 가족 소유의 소규모 사업을 운영했다. 하지만 사회가 현대화되면서 모든 상황이 바뀌기 시작했다. 부모와 아이들로만 이루어진 '핵가족'이 등장했으며 급기야 오늘날처럼 수많은 사람이 결혼을 하지 않고 아이도 없이 살아가는 시대가 찾아왔다.

1인 가구가 늘어나면서 가구당 소득과 구매력, 주거 형태와 공동체 서비스, 보건 및 의료 자원의 분배 방식 등에 큰 변화가 초래되고 있는데 무엇보다 소비자들의 구매 행태가 바뀌고 있다. 혼자 사는 사람은 많은 물건을 사들일 필요가 없다. 여기에 인간의 수명이 늘어나고 출생률이 감소하는 현상이 더해지면서 앞으로 경제 전반에는 급격한 변화의 도미노 효과가 발생할 것으로 전망된다. 주택의 크기가 줄고 혼자 사는 사람이 늘어나면 그들이 많이 찾는 1인용 음식이나 주류를 판매하는 산업 분야가 기하급수적으로 성장할 것이다.

하지만 지난 몇 년 동안에는 그런 전망과 사뭇 모순되는 또 다른 사회적 트렌드가 발생했다. 혼자 사는 게 경제적으로 불가능하다고 판단한 수많은 젊은이가 고향으로 돌아가 부모와 함께 거주하는 길을 택한 것이다. 그들이 그런 결정을 내린 데는 부족한 소득과 더불어 치솟는 의료비와 주택 가격이 결정적인 역할을 했다. 이런 현상은 코로나19 사태에 이은 경제 침체기 속에서 더욱 가속화되어 오늘날 18세에서 29세 사이의 미국 젊은이 대다수가 부모와 함께 살고 있는 시대 상황을 만들어냈다.[3] 19세기 초 있었던 대공황 이후 이런 일이 벌어진 것은 처음이다. 물론 독립적으로 거주하는 인구가 줄어들면 빈집이 늘어나고 임대료가 하락하면서 주택 가격이 떨어질지도 모르지만, 주변 공동체의 경제에는 부정적인 영향이 초래될 수도 있다.

현대인들의 가족 형태나 삶의 경험은 매우 다양해지고 있다. 청소, 요리, 돌봄 서비스 같은 각종 서비스를 구매할 능력이 있는 부유한 개인들은 1인 가구나 핵가족을 이루어 살아간다. 반면 가난한 사람들은 전통적인 대가족 제도를 유지하거나 다양한 세대로 이루어진 가족에 편입되고 있다. 이런 대규모의 가족 구조는 사회적·경제적 기본 단위로서의 기능을 수행하며, 특히 타지에서 이주한 사람들이 이런 가족 형태를 취하는 경우가 많다.

또 도시에서 거주하는 사람 중 일부는 소위 '선택된 가족'chosen family (19세기에 성 소수자 공동체에서 만들어낸 용어), 즉 친구나 이웃들이 기존의 대가족과 비슷한 환경 속에서 혈연관계로 맺어진 가족 구성원의 역할을 대신하는 형태의 가정을 이룬다. 그들은 선택에 의해서든 필요 때문이든 슈퍼 에이지의 새로운 현실에 맞춰 가족과 삶의 경험을 스스로의 취향에 따라 결정하고 있다.

결혼은 늦게, 집은 나중에, 차는 함께 쓴다

젊은이들의 뉴노멀은 대부분 경제적 상황에 따라 좌우된다. 그들은 부모 세대에 비해 소득이 적은 데다 갈수록 늘어나는 학자금 관련 부채와 치솟는 주거비 및 의료비로 인해 큰 곤경에 처해 있다. 이런 금전적 부담은 그들이 내리는 모든 경제적 판단에 영향을 미치며, 특히 인생의 중요한 단계에 관련된 의사결정에 있어서는 더 말할 나위가 없다.

2020년 기준으로 생애 처음으로 결혼한 사람의 중위연령은 남성 30세, 여성 28세였다. 역사적으로 여성은 남성에 비해 3년 정도 어린 나이에 결혼을 했다. 현대에 들어 이 격차는 조금씩 줄어드는 양상을 보이고 있으며 오늘날에는 대략 2년 정도다. 50년 전인 1970년에는 초혼자의 중위연령이 남성은 23세, 여성은 21세를 살짝 밑돌았다. 오늘날 18세에서 34세 사이의 젊은 성인 중 결혼한 사람은 전체의 3분의 1에 불과하다. 1978년에는 같은 연령대의 젊은 성인 중 3분의 2가 결혼한 상태였다.

젊은이들이 결혼을 미루는 풍조에 따라 그들이 아이를 갖는 시기도 점점 늦어지는 추세다.[4] 미국 여성이 최초로 아기를 출산하는 평균 연령은 1980년대의 21세에서 최근에는 26세로 높아졌다. 남자가 처음으로 아빠가 되는 나이도 같은 기간 27세에서 31세로 증가했다. 여기에 결혼 여부와 교육 수준 등의 요인을 고려하면 이 나이는 더욱 높아진다. 법적으로 결혼을 했고 교육을 많이 받은 사람일수록 아이를 늦게 갖는 경향이 있다.

2020년에는 코로나19 사태까지 발발하면서 젊은이들이 처음 아이를 갖는 시점은 더욱 늦춰졌으며 미국의 출생률은 사상 최저점을 찍었다. 과거 우리 사회에 경제적 어려움이 닥쳤던 또 다른 시기에도 이런 패턴은 반복적으로 관찰됐다.

젊은이들이 아이를 늦게 낳는 현상은 미국에만 국한된 얘기가 아니다. 다른 선진국에서도 여성이 첫 번째 아이를 출산하는 연령은 점점 높아지고 있고 최근 기준으로 평균 31세에 달한다. 그 말은 갈수록 많은 젊은이가 사회생활을 시작한 지 한참 뒤까지 부모가 되는 일을 미루고 있다는 뜻이다. 젊은이들이 출산을 늦추는 풍조는 대부분의 선진국과 일부 개발도상국에서 출생률이 급감하는 데 큰 몫을 하고 있다.

뿐만 아니라 젊은 주택 소유자들도 시장에서 점점 사라지는 추세다. 고향으로 돌아가 부모님과 함께 거주하는 길을 택하지 않은 젊은이들은 대부분 집을 임대해서 사용한다. 전미 부동산 중개인 협회National Association of Realtors에 따르면 1981년 이래로 생애 처음 주택을 구입하는 사람의 중위연령은 33세까지 증가했다.[5] 그러나 이는 일부에 불과하다. 최근에는 전체 주택 구입자의 중위연령 또한 계속 증가하고 있다. 특히 지난 3년간 연속으로 늘어나서 현재 시점으로 지난 1981년의 31세보다 훨씬 높은 47세에 달한다. 주택을 재구입하는 사람의 중위연령은 현재 55세(40년 전에는 36세였다)를 기록 중이다.[6] 이는 더 많은 사람이 삶의 후반기에 떠안게 될 담보대출이나 부채의 부담을 무릅쓰고 기꺼이 집을 사들인다는 뜻이다. 또한 구입자들도 자신이 이전 세대보다 훨씬 오랜 시간을 일하며 살아갈 거라는 사실을 잘 알고 있다는 의미이기도 하다.

생애최초 주택 구입자가 독신 거주자일 확률도 이전 세대보다 부쩍 높아졌다. 그들의 중위소득 5만 4,340달러는 인플레이션을 감안했을 때 1970년대의 최초 주택 구입자들 소득과 비슷하지만,[7] 그동안 주택 가격이 엄청나게 뛰었다는 사실을 기억할 필요가 있다. 젊은이들이 이른 나이에 주택 시장에 진입하지 못한다는 말은 인생 후반기에 경제적 안정성을 담보해줄 핵심 동력을 상실한다는 뜻일 것이다. 한편으로 이 사회의 부가 중장년 및 노년층과 백인들에게 집중되고 있다는 의미일 수도 있다.

현대의 젊은이들은 금전적인 이유든 실용적인 이유든 공유경제에 열심히 참여한다. 과거에는 아이가 어른이 되었다는 표시 중의 하나였던 운전면허의 취득 연령도 점점 높아지는 추세다. 날로 악화되는 가정 경제의 영향도 있겠지만, 굳이 자동차를 타지 않아도 언제 어디서나 자신이 원하는 제품과 서비스를 구입할 수 있는 온라인 쇼핑과 주문형 배송 시스템이 보편화됐기 때문이다. 그들은 자동차가 필요하면 언제라도 목적지까지 데려다주는 승차공유 서비스를 호출하거나, 장거리의 경우에는 차량을 렌트해서 사용한다. 도시에서는 자전거나 스쿠터 같은 기타 이동수단들도 모두 공유의 대상이다.

소비자들이 제품이나 서비스를 구입하는 방식이 온라인 쇼핑과 주문형 배송 시스템으로 바뀌면서 기업들 입장에서는 노년층 고객들을 지원하는 방향으로 사업의 전략을 재편할 수 있는 기회가 열린 셈이다. 하지만 그들이 이 기회를 포착하기 위해서는 소비자들이 자신의 삶에 도움이 되는 제품과 서비스를 편리하게 선택하거나 다른 것으로 손쉽게 교체할 수 있도록 해주는 능력이 필요하다. 노인복지 전문가들은 노인들이 물건을 구입하는 행위를 '수단적 일상생활 동작능력'instrumental activities of daily living, IADLs(외출 및 대중교통 이용하기, 장보기, 은행 및 관공서 이용하기 등 독립적 생활을 영위하는 데 필요한 도구적 활동 능력―옮긴이)의 하나로 굳이 분류하지만, 어떤 사람이든 나이와 관계없이 해당 연령대에 꼭 필요한 제품이 있는 법이다. 삶의 후반기를 살아가는 노인들도 그 점에 있어서는 다를 바가 없다.

삶의 마지막을 위한 다양한 서비스업의 부상

우리는 죽음에 대해서도 기존의 사고방식을 바꿔야 할지도 모른다. 세상을 살아가는 데는 많은 돈이 필요하다. 특히 경제적으로 궁핍한 가운데서 긴 수명을 누리는 사람들에게 지구는 날이 갈수록 비싼 장소가 되고 있다. 그런 상황에서 자신의 삶을 언제 어떻게 마무리할지에 대한 자유가 주어지지 않는다면 이는 심각한 사회적·경제적 정의의 문제로 확대될 가능성이 크다.

노인에게 지출되는 의료비나 돌봄 비용 탓에 개인이나 가족 전체가 파산 상태로 몰리는 일은 비일비재하게 벌어진다. 최근 네덜란드를 포함한 일부 국가는 극단적인 건강의 쇠퇴로 고통을 겪는 사람들에게 존엄사(다른 말로 '의사의 도움에 의한 자살'이라고도 불린다)를 허용하기 시작했다.

2020년 12월 일단의 네덜란드 의사들이 〈자마 국제 의료학술지〉Jama International Medicine 에 기고한 기사에 따르면, 존엄사 신청자는 대부분 말기 암환자들로 최근에는 다발성 노인 증후군multiple geriatric syndrome, MGS으로 고생하는 노인 중에 존엄사를 희망하는 사람도 늘어나고 있다고 한다.[8] 단순히 MGS의 증세가 있다고 해서 모든 사람이 존엄사를 신청할 수 있는 것은 아니지만, 그들 중에는 심각한 낙상 사고를 당해 자신의 건강 상태가 한계에 도달했다고 느끼거나 사랑하는 사람이나 동반자를 잃어 삶의 의지를 상실한 사람도 많았다. 건강이 극도로 쇠퇴한 상태에서 사회에서 고립된 채 남에게 의지하며 살아갈 날만 남은 노인들은 더 이상 그런 삶을 유지하고 싶어 하지 않았다.

미국인 중 절대 다수(10명 중 아홉 명)가 본인의 죽음에 대한 결정권을 스스로 행사하는 데 관심을 나타낸다. 그 방법 중 하나가 '사전 돌봄 계획'Advance Care Planning, ACP(이하 ACP)을 수립하는 것이다. 이는 임종이 임박했을 때의 치료 방법에 대한 환자 본인의 희망을 존중하는 차원에서 환자의 가족과 의료진이 치료의 목표와 가치를 미리 협의하고 의료적 지시의 방향을 결정하는 프로세스다. ACP 절차를 밟기 위해서는 환자 본인의 존엄사 희망 유언장이나 변호사의 의료적 위임장이 필요하다. 특히 이 문서에는 차후 환자에게 중대한 의료적 사태가 닥쳤을 때 '연명 치료를 하지 말라'do not resuscitate, DNR는 의료적 지시가 포함되는 경우가 많다.

ACP 제도를 활용하는 사람들은 대개 사회에서 가장 나이가 많은 계층(85세 이상의 고령층)으로 평소에 집중적인 의료 혜택을 받으며 살아가는 부유한 백인들이 주류를 이룬다. 하지만 본인의 건강에 관한 의사결정을 스스로 통제하는 일의 사회적 필요성이 점점 증가하고 있는 현 상황을 감안하면 그보다 나이가 젊은 사람들과 BIPOC를 포함한 소외 계층이나 저소득층 시민들도 이를 활용하는 방법을 고려해 봄직하다. ACP 절차를 밟으면 임종 시에 내려야 하는 어려운 의사결정을 앞당길 수 있을 뿐만 아니라 환자에게 중대한 의료적 사태가 닥쳤을 때 엄청난 비용과 혼란이 초래되는 상황을 미연에 방지할 수 있다. 코로나19 사태로 인해 수십 만 명이 이런 극단적인 현실에 직면했지만 미국인 중에 ACP를 미리 준비해 둔 사람은 전체의 3분의 1에 불과했다.

요즘에는 사람이 사망한 뒤에 시신을 처리하는 방법을 본인 스스로 결정하는 일도 점점 일반화되고 있으며 앞으로도 그런 추세가 계속 이어질 것 같다. 현대인들은 시대에 뒤떨어진 장례식장 문화뿐 아니라 매장이나 화장 같은 전통적인 장례 절차를 거부하고 다양한 신세대 서비스를 활용하고 있다. 예를 들어 2019년 워싱턴 주는 전통적인 장례 방식의 대안으로 고인의 시신을 비료화composting할 수 있도록 허가하는 법안을 최초로 통과시켰다.

사상 처음으로 이 서비스를 제공하기 시작한 업체 리컴포우즈Recompose는 환경에 피해를 주는 화학물질을 사용하지 않고 망자의 시신을 흙으로 자연스럽게 되돌리는 데 5,500달러를 받는다.[9] 미국 장의사협회가 발표한 2019년도의 매장 비용을 포함한 장례식 평균 비용 7,640달러에 비하면 저렴한 가격이다.[10]

장례 산업은 또 다른 형태로도 변신을 시도 중이다. 호스피탈리티 분야의 창업가인 올리버 페이튼Oliver Peyton은 사람들이 죽음이라는 과정을 보다 편안하게 받아들일 수 있도록 디자인에 중점을 둔 엑시트 히어Exit Here라는 이름의 현대식 장례식장을 영국 런던에 설립했다.[11] 이곳에서는 은은한 조명, 현대식 기능이 갖춰진 안락한 가구, 따뜻한 색이 칠해진 실내 환경, 고인을 추모할 수 있는 공간 등을 제공한다. 또 유가족들은 최신 유행을 따른 관이나 유골함을 선택할 수 있으며 동시에 전통적인 장례식 장에서 제공하는 서비스도 모두 활용이 가능하다.

'좋은 죽음으로 인도하는 사람들'Order of the Good Death이라는 단체를 설립한 장의사 케이틀린 다우티Caitlin Doughty는 죽음이 삶의 일부분이기 때문에 우리 모두가 보다 개방적이고 솔직한 자세로 죽음의 과정에 참여해야 한다고 주장한다.[12] 그녀는 더 많은 사람이 죽음의 공포에 당당히 맞서고 죽음 자체를 삶의 한 단계로 자연스럽게 받아들여야 함에도, 현대의 문화에는 죽음을 극도로 두려워하는 풍조가 만연하다고 말한다. 우리가 죽음을 제대로 이해하고 수용한다면 일상의 삶을 더욱 의미 있게 보낼 수 있고 건강한 상태에서 오래 수명을 누리는 데도 도움이 된다는 것이다.

건강관리 시장을 선점한 기업들

나이를 막론하고 사람들은 자신의 삶을 더 낫게 만들어줄 제품과 서비스를 찾아 나서기 마련이다. 그중 대부분이 건강과 관련된 물건이다. 요즘에는 갈수록 많은 사람이 자신의 생체 정보를 관찰함으로써 스스로 건강을 관리하고 싶어 한다. 그들은 좋은 식습관이나 운동뿐만 아니라 첨단 기술을 통해서도 더욱 건강한 삶을 누리고 신체적 쇠퇴를 늦출 수 있다는 사실을 잘 알고 있다. 이 소비자들의 상당수가 중장년 및 노년층 고객으로 일부 기업은 앞선 세대까지만 해도 마치 공상과학 소설처럼 여겨졌던 혁신적 제품 및 서비스를 통해 이 소비자들의 욕구를 충족시키고 있다.

예를 들어 애플워치 같은 디지털 장비들도 사용자의 건강관리를 돕는 역할을 톡톡히 해낸다. 애플워치 사용자 중 거의 80퍼센트가 이 장비로 본인의 건강 데이터를 추적하고 있다고 한다.[13] 그 밖에도 다양한 웨어러블 기기의 활용을 통해 자신의 신체정보를 관찰하고 수면 무호흡증, 심방세동, 당뇨병, 고혈압 같은 만성적 질환을 관리하는 사용자가 점점 늘어나는 추세다. 애플워치 고객의 절반은 35세에서 55세 사이이지만 55세 이상도 전체의 3분의 1에 달한다.[14] 나이와 관계없이 미국의 스마트폰 사용자 중 건강 관련 앱을 사용하는 사람의 수는 2019년의 6,900만 명에서 2020년에는 8,700만 명으로 1년 사이에 25퍼센트가 넘게 늘었다.[15]

2020년 애플은 전략의 중심을 건강관리 분야로 이동하는 차원에서 자사의 제품에 건강 관련 기능을 대폭 강화했다. 일례로 애플워치에는 사용자의 혈중 산소포화도를 측정하는 기능을 추가함으로써 사용자가 이를 통해 자신의 전반적인 건강 상태나 컨디션을 파악할 수 있도록 했다. 'SpO$_2$'라고 표기되는 산소포화도는 측정 대상자의 적혈구에 포함된 산소가 폐에서 신체의 나머지 부분까지 전달되는 비율을 백분율로 나타낸 수치로 충분한 산소를 함유한 혈액이 신체 곳곳에 얼마나 잘 도달하는지 확인하기 위해 측정한다. 코로나19 환자 중에 혈중 산소포화도가 생명이 위험한 수준까지 떨어지는 사람이 많았다는 사실을 감안하면 애플워치에 이런 혁신적 기능을 추가한 전략은 매우 시의적절하고도 놀랍다고 할 수 있다. 최근 애플은 자사의 모든 장비를 다양한 피트니스 강좌(실시간 및 녹화된 영상)에 연결시켜주는 애플 피트니스 플러스Apple Fitness+라는 홈

트레이닝 서비스를 출시하기도 했다.

65세 이상의 노년층이 미국의 어느 인구통계학적 집단에 비해서도 애플 장비에 더욱 많은 돈을 쓰는 이유 중 하나는 그들이 이런 건강 관련 측정 및 관리기능에 관심이 많기 때문일 것이다. 또 다른 이유로는 그들이 아들딸, 손자 손녀, 증손자녀들에게 이런 장비를 사주고 싶어 하기 때문일 수도 있다. 어느 경우든 기업들은 시장에 수많은 고령층 소비자가 명백히 존재하며 그들이 자신과 가족들을 위해 핵심적인 구매결정을 내리면서 경제력을 과시하고 있다는 사실을 잊어서는 안 된다.

생체 정보 측정이나 건강관리 분야에 뛰어든 기업은 애플뿐만이 아니다. 2012년 설립된 운동장비 및 미디어 기업 펠로톤은 상대적으로 이 시장에 늦게 진입한 후발주자였다. 이 회사는 2019년 말 성차별적이고 도발적인 광고 캠페인을 진행해 소비자들의 원성을 샀지만, 2020년에 발발한 코로나19 사태 탓에 수많은 헬스클럽이 문을 닫으면서 갑자기 유명세를 얻었다.[16] 펠로톤은 2019년 9월 나스닥에 상장했을 때만 해도 주가가 불안한 모습을 보였으나 팬데믹 시기에 기업가치가 100억 달러를 웃도는 대기업으로 성장했다. 오늘날 이 회사의 제품이 비치된 미국의 가정은 점점 늘어나고 있으며 백악관도 그중 한 자리를 차지한다.

2020년 당시 펠로톤 플랫폼 사용자는 300만 명이 넘고 피트니스 강좌를 수강하는 회원의 수도 100만 명을 돌파했다. 매년 113퍼센트의 비율로 늘어나고 있는 이 회사의 사용자 수는 2021년 말에는 두 배로 증가했을 것이라고 예상했다.

비록 펠로톤의 제품들이 젊은 분위기로 충만하기는 하지만, 정작 이 회사가 목표로 하는 고객층이 젊은이들이 아니라는 사실을 아는 사람은 그리 많지 않다. 2016년 펠로톤의 CEO 존 폴리John Foley는 한 매체와 진행한 인터뷰에서 20대와 30대 초반의 젊은이들은 직접 헬스클럽에서 운동을 하거나 그곳에서 피트니스 강좌에 참여하고자 하는 욕구와 시간이 더 많다고 언급했다.[17] 통계만 들여다봐도 그의 말이 옳다는 사실을 금방 알 수 있다. 미국의 헬스클럽 회원을 세대별로 분류해 보면 밀레니얼 세대가 33퍼센트, X세대 24퍼센트 그리고 베이비부머들이 22퍼센트를 차지한다. 나머지 21퍼센트는 Z세대와 침묵 세대Silent Generation(1928~1945년 사이에 태어난 세대—옮긴이)의 몫이다.[18]

게다가 젊은이들에게는 한 달에 2,000달러가 넘는 펠로톤 강좌 수강 비용이 부담스러울 수밖에 없다. 이런 여러 요인으로 인해 펠로톤은 35세에서 65세(또는 그 이상) 사이의 인구통계학적 집단 중 직업과 자녀가 있고, 소득이 높고, 넓은 집을 소유한 소비자들을 목표 고객으로 삼고 있다. 이들은 경제적 능력이 풍부하고 건강에 대한 관심도 많으나 코로나 19 사태가 발생하기 전에도 헬스클럽을 직접 찾을 시간적 여유가 없던 사람들이다.

애플과 펠로톤은 고령층 소비자들을 비즈니스 전략의 핵심으로 포용했지만, 그들은 고객들을 특정한 연령대나 세대로 규정하기보다 구매력이나 건강에 대한 관심도 등을 중심으로 분류하는 방식을 선호한다. 두 회사 이외에도 노인 고객들을 포함한 다양한 세대의 소비자를 포용하는 전략의 중요성을 인식하는 기업이 점점 늘어나고 있다.

다양한 세대의 고객을 겨냥한 마케팅

우리가 긍정적인 생활습관을 통해 건강한 삶을 오랫동안 누릴 수 있는 능력을 얻는다 하더라도, 그중에서도 가장 시급한 숙제 중의 하나는 사물을 더 잘 식별할 수 있는 좋은 시력을 얻는 일일 것이다. 전체 인구의 4분의 3이 어떤 형태로든 시력을 교정해야 하는 처지에 놓여 있다. 게다가 사람은 나이가 들수록 시력을 교정해주는 보조 장치가 더욱 필요해진다. 중장년 및 노년층의 노안을 교정해줄 수 있는 도구는 돋보기 같은 독서용 안경이다.

최근까지도 노안은 40세가 넘은 사람들에게 주로 나타나는 증세로 여겨졌다. 사람이 나이가 들면 눈의 수정체가 물체의 거리에 따라 탄력적으로 두께를 조절하는 능력을 잃어버리기 때문에 가까운 거리의 물체를 잘 보지 못한다. 그러므로 사람들은 독서용 안경이나 돋보기를 나이 든 사람들의 전유물이라고 생각하고 시력 교정 제품들을 주로 약국 같은 곳에서 찾는다.

하지만 독서용 안경처럼 과거에는 노인들에게만 해당되던 물건을 모든 고객을 위한 보편적인 제품으로 바꾸는 전략은 날로 증가하는 슈퍼 에이지 고객들에게 접근하는 한 가지 방법이 될 수 있다. 예를 들어 안경류 제품을 전문으로 생산하는 신생 기업 카디스 아이 어플라이언스Caddis Eye Appliances는 독서용 안경이 멋진 모습의 제품이 될 수 없다는 세간의 통념에 정면으로 도전장을 던졌다. 이 회사는 자사가 생산한 안경을 기존의 아름답고 독특한 디자인으로 재창조하면서도, 안경의 기능 자체는 13세기 베네치아의 장인들이 '눈을 위한 동그란 유리'roidi da ogli를 발명해서 그 뒤 800년간 수많은 사람에게 혜택을 주었던 바로 그 기능과 전혀 다를 바가 없다.[19]

카디스 제품 전략의 가장 큰 차별점은 마케팅이나 광고뿐만이 아니라 제품 디자인 과정에도 노년층의 의견을 과감하게 도입했다는 것이다. 심지어 이 회사는 자사의 광고에 나이에 대한 세간의 편견을 비웃는 도발적인 메시지를 담기도 했다. 특히 내 마음을 사로잡은 것은 그들이 고객들에게 일반적인 정보를 보낼 때 사용하는 이메일 주소(helpivefallenandi cantgetup@caddislife.com)다. 이 주소에 담긴 구호는 1980년대부터 긴급 상황에 처한 노인들이 소방서나 경찰서에 도움을 요청할 수 있도록 응급호출 서비스를 제공해온 업체 라이프 얼럿Life Alert의 인포머셜informercial (특정 주제에 대해 길고 구체적으로 정보를 제공하는 방식의 상업광고—옮긴이)에 처음 등장했다. 라이프 얼럿이 이 광고에서 사용한 "도와주세요! 넘어졌는데 일어날 수가 없어요!"Help! I've fallen and I can't get up!라는 메시지는 어느 할머니가 바닥에 쓰러져 무기력하게 팔을 휘젓는 이미지와 겹쳐져 지난 두 세대에 걸쳐 수많은 노인에게 공포감을 불어넣었다.

카디스의 설립자 겸 CEO 팀 파Tim Parr는 나와 대화를 나누는 자리에서 현대의 인구통계학적 이행과 문화적 변화를 사업적으로 활용한 사람이 아무도 없다는 데 본인과 회사의 경영진이 크게 충격을 받았다고 털어놓았다. "우리는 이 브랜드를 출시하기까지 인류가 어떤 문화적 과정을 거쳐 현재에 도달했는지 분석하는 흥미로운 사고의 과정을 수행했습니다." 그가 이렇게 말했다. "수많은 기업문화나 대중문화가 존재함에도 불구하고 왜 이토록 아무도 손대지 않은 사업 분야가 그대로 방치되어 있었을까요?" 팀은 자신이 안경류 제품뿐만 아니라 다른 분야의 제품 마케팅과 브랜드 포지셔닝에도 해법을 찾았다고 믿는다.

독서용 안경은 더 이상 노인들의 전유물이 아니다. 요즘에는 모든 사람이 컴퓨터나 스마트폰 스크린에서 하루 종일 눈을 떼지 못하고 사는 탓에 근시가 되는 젊은이가 너무 많아졌다. 사용자가 디지털 장비를 계속 들여다보면 눈에 과도한 부담이 가해지면서 말 그대로 시야가 '고정된' 상태가 된다. 한 곳을 고정적으로 바라보는 시간이 길어질수록 눈이 피로해지고 초점을 상실할 가능성도 커진다.

카디스를 포함한 많은 기업이 안경류 시장에 진출해 노인들을 포함한 다양한 세대의 고객들을 사로잡기 위해 노력하는 이유도 바로 이 때문이다. 밀레니얼 세대를 대표하는 충직한 브랜드 중 하나인 와비파커Warby Parker는 이미 10년쯤 전에 안경류 업계에 파괴적 혁신의 바람을 몰고 왔으며 오늘날에는 독서용 안경과 누진 렌즈를 판매한다. 또 뉴올리언스를 근거지로 하는 신생 기업 크루KREWE는 비욘세, 세레나 윌리엄스, 지지 하디드, 블레이크 라이블리, 엠마 왓슨, 켄달 제너, 셀레나 고메즈, 데이비드 번, 릴 웨인 같은 유명인들이 즐겨 착용하는 안경류 제품을 판매하고 있다. 이 회사는 2020년 말 더 넓은 고객층을 확보하기 위한 노력의 일환으로 자사 제품 컬렉션에 독서용 안경을 포함시켰다.

이 기업들은 하나같이 전통적인 제품을 더 멋진 모습으로 개량하는 전략을 활용한다. 그들은 특정한 제품 라인에 더 많은 기능을 추가해 보다 다양한 세대에게 접근해서 연령 차별과 편견의 문제에 맞서고 있다.

이런 혁신 기업들의 명단을 매년 공개하는 여론조사 업체 모닝 컨설트Morning Consult는 2020년 모든 연령대에 걸쳐 가장 고른 지지를 받은 기업은 코로나19 사태 속에서 수많은 사람을 온라인으로 연결해준 화상회의 업체 줌 비디오 커뮤니케이션Zoom Video Communication이었다고 발표했다.[20] 모닝 컨설트의 보고서에 의하면 일부 기업은 세대에 관계없이 모든 고객에게 환영받는 특별한 능력을 발휘한다. 특히 2020년의 팬데믹 시국에서는 앱 기반의 식료품 배달 업체 인스타카트Instacart나 NBC유니버설NBCUniversal의 미디어 스트리밍 서비스 피코크Peacock 등이 스타로 떠올랐다.

하지만 2019년으로 돌아가면 얘기가 조금 다르다. 그해 베이비부머들이 선호하던 브랜드 중에는 공장 기반의 식물성 대체육 임파서블 푸드Impossible Food, 스마트 도어벨 및 가정용 보안 시스템 링Ring, 소비자 직판 매트리스 퍼플Purple, 알코올성 탄산음료 화이트 클로White Claw 등 주로 젊은 소비자들과 연관된 제품이 적지 않게 포함됐다. 반대로 젊은이들은 하겐다즈Häagen-Dazs 아이스크림, 지프Jif 땅콩버터, 과일 및 채소 생산업체 돌 푸드 컴퍼니Dole Food Company, 제약회사 바이엘Bayer, 약국 겸 편의점 월그린스Walgreens, 모험과 탐구의 이야기를 다루는 미디어 기업 내셔널 지오그래픽National Geographic 같은 전통적인 브랜드에 이끌리는 모습을 보였다.

이 연구 결과는 노년층뿐만이 아니라 다양한 세대의 고객을 아우르는 기업 전략에 엄청난 가치가 내포되어 있다는 사실을 시사한다. 이토록 급격한 변혁의 시대에 기업들이 취할 수 있는 선택지는 세 가지뿐이다. 첫째, 아무런 조치도 취하지 않으면서 생존만을 희망하는 방법. 둘째, 새로운 고객으로 전략의 초점을 바꾸는 방법. 셋째, 좀 더 폭넓은 고객층에 접근할 수 있는 전략을 도출하는 방법. 앞으로 무대 위에서 가장 큰 상을 거머쥘 기업은 제품 디자인과 마케팅에 다양한 세대의 소비자 욕구를 기꺼이 포용할 의사가 있는 조직이라는 사실은 두말할 나위가 없다.

소셜 미디어와 인플루언서 노인들

나이 든 사람들에 대한 우리의 사고방식은 이미 바뀌기 시작했다. 이 신세대 노인들은 지난 수 세대 동안 노년층 인구가 점거해왔던 전통적이고 고리타분한 공간에서 벗어나 더욱 적극적으로 대중문화에 진입하면서 저마다 멋진 삶의 모습을 자랑하고 있다. 이런 현상이 가장 두드러지게 관찰되는 곳이 바로 소셜 미디어다. SNS 사용자들에게 '인스타그램 할머니', 즉 인스타그래니Instagranny 라고 불리는 여성 인플루언서는 요즘 들어 그 수가 급격히 늘어나는 추세다. 그렇다고 그들이 모두 할머니는 아니다. 하지만 그들 대다수가 할머니라는 호칭을 스스럼없이 받아들이고 자신의 나이를 대중 앞에 공개하는 데 개의치 않는다.

내가 인스타그래니의 존재를 포착한 것은 뉴욕을 근거지로 활동하는 사진가 아리 세스 코헨Ari Seth Cohen 이 제작한 '어드밴스드 스타일'Advanced Style 이라는 블로그를 통해서였다. 코헨은 뉴욕을 포함한 세계 각지의 거리에서 강렬한 색깔과 멋진 디자인의 옷차림을 한 노년층 여성들의 사진을 찍어 이 블로그에 올렸다. 같은 제목으로 발간된 그의 저서 역시 베스트셀러가 됐으며, 그의 인스타그램 계정(@advancedstyle)에는 30만 명의 팔로어가 모여들었다. 코헨은 전통적인 미디어, 특히 패션 관련 미디어들이 오랫동안 외면했던 고령층 여성들의 아름다움과 의미 있는 삶의 모습을 널리 확산시켰다. 엑시덴털 아이콘Accidental Icon (@iconaccidental)이라는 인스타그램 사용자 명으로 유명한 린 슬레이터Lyn Slator는 더욱 성공적인 패션 인플루언서다. 포드햄 대학교Fordham University의 사회복지대학원 교수가 본업인 그녀는 인스타그램 팔로어가 100만 명이 넘는다. 슬레이터는 틈틈이 모델 일을 하면서 패션에 관한 글을 쓸 뿐만 아니라, 자신의 영향력을 활용해 일부 주력 브랜드와 유료 파트너 계약을 맺고 그 기업들의 제품을 광고해준다. 인플루언서들은 자신의 콘텐츠에서 특정 스폰서와 관련된 내용이 노출된다는 사실을 사용자들에게 분명히 밝힐 수 있다. 그녀와 계약을 맺은 스폰서들은 라 마르카La Marca 와인, 스킨케어 브랜드 라 프레리La Prairie, 캐나다 드라이Canada Dry 진저에일, 패션잡화 브랜드 케이트 스페이드Kate Spade, 비자Visa 카드, 명품 브랜드 발리Bally 등이다. 또 본 앤드 폰Bon and Pon (@bonpon511)이라는 이름의 일본인 커플은 80만 명의 팔로어를 기반으로 슬레이터보다 더욱 인상적인 활동을 펼치고 있다. 귀여운 커플 복장으로 유명한 이들은 이미 두 권의 책을 출간했으며 도쿄에 소재한 세계적 백화점 미츠코시三越에서 패션 라인을 개발해 달라는 의뢰를 받고 2018년에 론칭하기도 했다. 팔로어 수만 놓고 봤을 때 이들보다 더욱 큰 영향력을 발휘하고 있는 사람들은 중국 바이트댄스ByteDance사의 동영상 플랫폼 틱톡의 중국 버전 더우인抖音에서 활동하는 '패션 할머니 그룹'時尚奶奶團이다. 이들은 나이 든 중국 여성들을 모델

244

로 삼아 중국과 전 세계의 여러 장소를 배경으로 치파오 같은 중국의 전통 의상들을 선보인다. 이 계정의 팔로어는 290만 명에 달하며 그중 대다수가 젊은 여성이다. 패션 할머니 그룹은 신세대 젊은이들을 상대로 할머니에 대한 이미지를 재정립하는 역할을 하고 있다.

내 생각에 노인 인플루언서 중에서도 최고참 할머니로 인정받아야 할 사람은 헬렌 루스 엘람Helen Ruth Elam이 아닐까 싶다. 베디윙클(@baddiewinkle)이라는 인스타그램 계정으로 더 잘 알려진 엘람은 손녀의 도움과 격려에 힘입어 85세 되던 해에 자신의 소셜 미디어 계정을 열었으며 현재 350만 명의 팔로어를 보유하고 있다. 특히 그녀를 유명하게 만든 것은 "나는 1928년부터 당신의 남자를 훔치고 있다."stealing your man since 1928라는 프로필 문구다. 베디윙클은 두 가지 화장품 제품 라인의 광고에 출연했고 2016년의 MTV 비디오 뮤직어워드 시상식에는 아찔한 누드톤의 보디슈트 차림으로 등장하기도 했다. 그녀는 2017년 《베디윙클의 인생 지침서》Baddiewinkle's Guide to Life라는 책을 출간했으며 스베드카 보드카Svedka Vodka, 폴라로이드Polaroid, 카스파Caspar 같은 기업들과 주기적으로 유료 파트너 계약을 맺고 있다.

이 소셜 미디어 스타들이 특별한 점은 그들이 보유한 엄청난 팔로어 숫자보다 팔로어 중 대부분이 젊은이들이라는 사실이다. 그들이 젊은 팬을 숱하게 끌어모으는 이유는 모든 사람이 이 노인들에게서 자신의 미래 모습을 찾고 있기 때문이 아닌가 싶다. 또 이 인플루언서들은 점점 많은 기업이 노인들을(특히 고령층 노인들을) 부담되는 존재가 아니라 소중한 자산으로 받아들이고 있다는 사실을 입증하는 역할을 하고 있다. 그들은 자신의 주름살을 십분 활용해 유료 파트너십, 책 출간, 기업 협업 등의 영역에서 막대한 영향력을 발휘한다.

이 노인들은 누구나 삶의 품위와 목적을 유지한 채 장수를 누릴 수 있고 전통적인 은퇴 연령이 훨씬 지난 시기까지 의미 있는 삶을 살아갈 수 있다는 자신감을 젊은이들 앞에 유감없이 드러내고 있다. 이는 밀레니얼 세대에서 Z세대에 이르는 현대의 젊은이들에게 특히 중요한 대목이다. 그들은 지난 세대에 걸쳐 꾸준히 진행되어온 사회적 현상, 즉 자신의 부모와 조부모 세대가 경험했던 평범한 삶의 과정이 사라지는 현상을 낱낱이 지켜보며 자랐다. 새롭게 등장한 생애의 단계를 목격하고 있는 이 젊은이들은 과거로부터 자유로운 미래를 상상하는 능력이 필요하다.

슈퍼 에이지가 만든 신인류, 미들-플러스

인간의 수명이 늘어날수록 우리에게는 더 많은 일을 할 기회가 주어질 것이다. 우리는 인류 역사상 그 어느 때보다 오랫동안 일터에 남아 있게 될 것이며 그로 인해 우리 앞에는 지난 1950년대 등장했던 틴에이저나 은퇴자들 같은 또 다른 삶의 단계가 모습을 드러낼 것이 분명하다.

바야흐로 '미들-플러스'middle-plus가 떠오르고 있다. 이는 중년층 전후의 연령대를 중심으로 전통적인 은퇴 시기가 지난 일부 노년층을 포함하는 인구통계학적 집단을 의미한다. 나는 이 그룹의 연령대를 대체로 50세에서 74세 사이로 분류하지만 나이는 단지 참고사항일 뿐이다. 노동 현황이나 자녀와의 동거 여부 같은 몇 가지 기준만 충족한다면 이보다 더 젊거나 더 나이가 든 사람도 미들−플러스 그룹에 들어갈 수 있다.

나는 지난 2000년대 초에 50세 이상 여성들의 인구통계학적 데이터를 검토하는 과정에서 이 연령대의 그룹이 급속히 확장되고 있는 트렌드를 포착했다. 그중에서도 특히 내 관심을 끈 대목은 50대 및 60대 여성 중에 어린아이의 엄마 겸 할머니가 되는 사람이 많고 그들 중 대부분이 전업이나 시간제로 일을 하고 있다는 사실이었다. 이는 장수의 미래와 변화하는 소비자 환경 그리고 미들−플러스라는 집단의 등장을 알리는 새로운 발견이었다. 이제 기업들은 소비자의 연령이 아니라 삶의 단계(경제 상황, 건강 상태, 미래의 전망 등)에 따라 시장 세분화 전략을 수립해야 할 것이다. 소비자를 나이를 기준으로 획일적으로 구분하는 것은 시대착오적인 접근방식에 불과하다. 16세든 60세든 어머니에게는 자식을 양육하는 데 사용할 적절한 도구가 필요하기 때문이다.

최근 광고회사 J. 월터 톰슨J. Walter Thompson이 발표한 조사 결과는 내가 관찰한 바가 틀리지 않았다는 사실을 입증해준다.[21] 회사는 이렇게 밝혔다. "55세가 넘는 여성들은 할머니, 갓 태어난 신생아의 엄마, 대학 졸업생, 창업가, 오토바이 애호가, 풀코스를 여러 차례 완주한 마라톤 주자 등 갓가지 모습으로 변신한다. 그들의 삶의 방식은 나이보다는 추구하는 가치, 좋아하는 일, 열정, 야망 그리고 삶의 목표에 따라 좌우된다."[22] 이 회사의 보고서는 이런 새로운 삶의 단계가 미국뿐 아니라 전 세계 모든 곳에서 등장하고 있다는 사실을 내게 확인시켜주었다.

미들−플러스는 대체로 활동적이고 열성적으로 경제에 참여하면서 어떤 형태로든 항상 원기왕성하게 일을 하고 있는 사람들이다. 그들은 부양할 자식이나 손주들이 있을 수도 있고, 부모를 돌볼 일차적 또는 이차적 책임을 안고 있는 경우도 있다. 또 다른 사람에 비해 조금 나이가 더 들었거나 내 아버지처럼 전통적인 중년기(45세에서 65세 사이) 전후로 건강상의 문제에 직면하기도 한다. 하지만 그들 대부분은 남에게 취약하고, 노쇠하고, 무기력한 노인으로 취급받는 일을 두려워할 뿐만 아니라 그런 선입견과 싸우기 위해서라면 무슨 일이든 마다하지 않는다. 그들에게는 자신과 주변 사람들의 삶을 더 낫게 만들어줄 제품과 서비스를 사들일 자원이 비교적 넉넉하다. 그들이 보통 사람에 비해 경제적으로 여유가 있는 이유는 그동안 소득이 높은 직종에서 일할 만큼 충분한 능력을 갖췄고 저축에 대한 계획도 주도적으로 세워두었기 때문이다.

그러므로 기업들 입장에서 이 소비자 집단을 우선적으로 고려하는 것은 매우 현명한 전략이라고 할 수 있다. 이 그룹은 이전 세대의 소비자들과 달리 지난 수십 년간 노년층 시장을 상징했던 형편없는 디자인과 우중충한 색깔의 제품, 모양보다 기능을 우선시한 따분한 물건에 관심이 없다. 그들은 본인의 구매력을 십분 활용해 스스로의 삶을 더욱 역동적으로 만들어줄 제품을 설계하도록 브랜드들을 유도한다. 그리고 자신만을 위해 또는 최소한 자신의 존재를 염두에 두고 제품을 만들어줄 것을 요구한다.

현명한 기업이라면 노인들이 예전보다 더욱 오래 산다고 해서 그들이 곧 노쇠했다는 의미는 아니라는 사실을 기억해야 할 것이다. 진부한 표현이기는 하나 정말 나이는 숫자에 불과하다. 미들−플러스 소비자들은 타인에게 늙고 무기력한 사람으로 취급받기를 원치 않는다. 슈퍼 에이지는 인간의 탄생에서 중년기를 거쳐 생애의 마지막 순간에 이르기까지 삶과 죽음의 모든 부분에 큰 충격을 가하고 있다. 인류 역사상 유래를 찾아볼 수 없을 만큼 우리 사회가 복잡하고 변화무쌍한 모습으로 바뀌게 될 이 새로운 시기에 소비자의 명목 나이와 관계없이 고객들의 필요와 욕구에 전략의 초점을 맞추는 기업에게는 엄청난 기회가 주어질 것이다. 그 기업들 중 일부는 이미 시장에 진입했다. 다른 조직도 다양한 세대로 구성된 소비자들의 필요와 욕구를 기꺼이 충족할 의사가 있다면 그들이 이 시장에서 활약할 공간은 아직 충분하다.

제9장

노인들을
일터로

과거 일부 혁신 기업의 전유물이었던 업무 현장의 대변신은 코로나19 사태 속에서 불과 몇 개월 만에 모든 회사가 받아들여야 할 현실이 되었고 일터의 모습은 완전히 달라졌다. 하지만 그런 상황 속에서도 두 가지 현상만은 변함없이 진행되고 있다. 노동인구의 세대 구성이 끊임없이 바뀌고 있으며 고령층의 노동 참여 비율이 지속적으로 증가하고 있다는 것이다.

최근에는 직원들이 탄력근무나 재택근무를 선택하는 일이 가능해졌고 특히 자녀, 배우자, 부모 등을 돌봐야 하는 직원들에게는 이런 제도가 적극 권장되고 있다. 이들 대부분은 코로나19 사태가 있기 전부터 이미 일과 가정 사이에서 한쪽을 선택해야 하는 난감한 입장에 처해 있던 사람들이다. 관리자 입장에서는 탄력근무나 재택근무를 선택한 직원들을 관리하기가 어렵게 느껴질지도 모르지만, 이 제도는 충분히 운영이 가능할 뿐만 아니라 경우에 따라서는 오히려 더 높은 생산성을 올릴 기회가 될 수도 있다. 미래에는 가족을 돌봐야 할 책임을 안고 있는 수많은 근로자가 이렇게 유연한 근무 형태를 필요로 하게 될 것이다.

코로나19로 인한 팬데믹이 점차 종식되면서 일터에서는 많은 변화가 일어날 것이다. 기업들은 대면 회의나 협업 등의 용도로만 사무실을 활용하는 방식으로 물리적인 공간 사용을 제한할 것이고 그로 인해 상업 지역이나 교통 네트워크의 모습 역시 크게 달라질지 모른다. 또 다양한 의료기술을 활용해 직원들의 체온을 관찰하고 공기정화 시스템을 개선하는 기업도 늘어날 것이다. 사무실 디자인도 근로자들에게 불편감을 안겨주는 '오픈 플랜'open-plan(건물 내부가 벽으로 나뉘지 않은 개방형 구조—옮긴이)에서 점차 벗어날 듯하다.

코로나19 사태 속에서 수많은 기업이 성공적으로 재택근무 제도를 도입하면서 어떤 형태의 조직도 회사의 규모와 상관없이 디지털 혁신을 도입할 수 있다는 사실이 입증됐다. 특히 이 변화 덕분에 직원들이 세대를 가리지 않고 디지털 공간에서 서로 연결되어 긴밀하게 협업할 수 있게 됐다. 나이 든 직원들은 새로운 업무 환경에 높은 수준의 적응력을 보여주었고 눈앞에 닥친 도전에 적극적으로 맞섰다. 인적자원관리 서비스 기업 랜드스타드 홀딩스Randstad Holdings의 CEO 자크 판 덴 브룩Jacques van den Broek은 내게 이렇게 말했다. "팬데믹을 거치며 디지털 기술은 모든 직원을 동등하게 만들어주는 역할을 했습니다." 다시 말해 기업들은 근로자의 나이보다 그 직원이 생산한 업무적 산출물의 품질을 훨씬 중요하게 받아들이게 됐다는 뜻이다.

그동안 고객들을 직접 대면하는 방식으로 물건을 판매하던 기업들은 이제 전략의 중심축을 이동해서 온라인이든 모바일 앱이든 디지털 기술 기반의 시장 전략을 채택할 수밖에 없는 처지에 놓였다. 이 기업들은 온라인 판매 전략 도입이라는 벅찬 과제 앞에서 소비자들과 더욱 효과적으로 교류할 방법을 찾기 위해 부심하고 있다. 그들은 기존의 디지털 고객들에게 더욱 흥미로운 경험을 제공하는 한편 새로운 고객들도 지속적으로 유인해야 하는 입장이다. 신규 고객의 상당수는 온라인 쇼핑이나 주문형 배송을 난생처음 경험하는 나이 든 소비자들이 될 것이다. 코로나19 사태는 은행 업무나 식료품 구입을 포함한 소비자 행동을 영원히 바꿔놓았다. 기업들은 디지털 공간에서 소비자들과 더욱 효과적으로 상호작용할 방법을 찾아 나섰고 일부는 나이 든 직원들을 고용해 노인층 시장 점유율 확대에 대한 조언을 구했다.

노동인구의 고령화를 예견한 사람들

기업들은 모든 세대의 형편을 고려해서 업무 현장을 설계해야 하고 기존에 존재하는 작업 공간 역시 고령층 직원들의 요구사항에 따라 적절히 개선해야 한다. 소비자들의 세대가 다양해질수록 조직에 나이 든 직원을 채용해야 할 필요성은 커진다. 이 노련한 직원들은 기술 혁신, 제품 개발, 마케팅 및 광고 등의 영역에서 긍정적인 역할을 수행할 수 있을 것이다.

예전처럼 일자리를 원하는 젊은이가 넘쳐나던 세상에서는 사람이 은퇴 시기를 넘긴 시점까지 일한다는 것이 사회적으로 타당하게 받아들여지지 않았다. 은퇴라는 개념 자체가 '수많은 젊은이와 소수의 노인으로 구성된 세계'를 전제로 하기 때문이다. 아직도 많은 국가에서는 은퇴 연령을 법으로 규정한다. 베이비부머 세대가 노동인구로 편입되기 전에는 65세 이상 노인의 절반가량이 어딘가에 고용되어 일하고 있었다. 하지만 그 직후부터 이 비율은 급격히 하락하기 시작해 1990년에는 14퍼센트까지 떨어졌다. 그 뒤로 이 숫자는 점진적인 상승세를 보이고 있다.

나는 AARP에 재직할 때, 앞서 언급한 AARP 고령자 친화기업 국제 대상과 더불어 동료 데이비드 러셀David Russell의 아이디어를 바탕으로 창안된 '50세 이상 노동자를 위한 기업 대상'Best Employers for Workers over 50도 함께 운영했다. 이 두 프로그램은 고령자 친화적인 작업 환경을 구축하고, 나이 많은 직원들에게 혜택을 제공하고, 고령층 직원들을 위해 적절한 근무 형태를 도입한 미국 및 해외의 모범 기업들을 발굴하고 포상하는 데 그 취지가 있었다. 이들 기업은 모든 연령대의 직원들이 회사에 기여하는 노동력의 가치를 높이 평가했으며 다양한 세대로 구성된 팀을 조직해서 창의성, 혁신, 업무 현장의 화합 및 효율성을 극대화했다.

우리 팀은 65세 이상 인구의 노동 참여율이 갈수록 증가하는 반면 다른 연령 집단의 참여율은 오히려 줄어들기 시작하는 현상을 목격하고 향후 25년에 걸쳐 노동인구의 인구통계학적 구성이 크게 바뀔 거라고 결론 내렸다. 앞으로 10년 동안 65~74세 미국인들의 노동 참여율은 20퍼센트 넘게 증가해서 전체의 3분의 1이 어딘가에 소속되어 일하게 될 것이다.[1] 또 75세 이상 인구의 노동 참여율도 3분의 1 이상 증가한 12퍼센트에 달하리라고 전망된다. 이는 단지 미국에만 국한된 현상이 아니다. 전 세계적으로 65세 이상 인구의 노동 참여율은 1990년 이래로 두 배가 늘었고 앞으로도 계속 증가할 것이다.

우리가 노동인구의 연령 다양성 확대를 위해 아무런 조치를 취하지 않는다면 앞으로 수많은 인재가 본인의 의사와 관계없이 일터를 떠나게 될 것이다. 보수적으로 예상해도 2020년대 말까지 매일 1만 명 이상의 베이비부머 근로자가 일에서 손을 놓고 은퇴할 것으로 보인다. 코로나19 사태로 촉발된 경기침체로 인해 이미 수많은 사람이 일자리를 잃었다. 기업들은 생산성 높은 노동인구를 놓침으로써 막대한 경제적 기회를 상실하게 될 것이다. 더욱 심각한 문제는 이로 인해 도시, 주, 국가에 세금을 납부하는 납세자의 수가 갈수록 줄어들 거라는 사실이다.

AARP의 고령자 친화기업 상을 받은 기업들은 나이 든 직원들을 조직의 구성원으로 유지하기 위해 기술 개발, 지식 전수, 선후배 간의 멘토링 같은 다양한 프로그램을 활용했다. 또 많은 조직이 소통, 팀워크, 적응력, 문제 해결 능력, 비판적 사고, 갈등 해소, 조직 구축 등 슈퍼 에이지로 이행하는 데 필요한 소프트 스킬soft kill에 투자를 집중함으로써 더 좋은 회사를 만들기 위해 노력했다. 이 상을 수상한 기업들의 특징은 활동 지역과 산업 분야가 다양하다는 것이다. 그들은 농촌 마을부터 대도시까지 세계 곳곳에 소재해 있었으며 저숙련 노동자와 고숙련 노동자를 고르게 채용했다.

내가 이 두 프로그램을 운영하며 가장 크게 감동받았던 점은 소규모 영세 기업부터 대기업, 세계적 지명도를 누리는 글로벌 브랜드까지 고령층 직원들을 받아들이는 데 열정적으로 참여했다는 사실이다. 상을 받은 미국 기업 중에는 나의 모교 아메리칸 대학교를 포함한 교육기관, 재향 군인 보건국Veterans Health Administration 같은 대형 의료기관, 에스앤드티 은행S&T Bank 등의 금융 분야 조직 그리고 세계적인 타이어 제조업체 미쉐린 등이 두루 포함됐다. 심지어 AARP는 수상 업체 중 하나인 주거 개선용품 대기업 홈디포Home Depot와 공식 파트너 계약을 맺고 이 회사가 고령층 직원들을 채용해서 주택 개선 제품의 판촉 업무에 투입할 수 있도록 협업하기도 했다. 이 기업들은 전통적인 은퇴 연령이 지난 노인들을 조직의 구성원으로 받아들여 생산성 향상을 도모했고 제품 및 서비스를 개선했으며 수익성을 끌어올렸다. 게다가 모든 조직에는 반드시 이런 전략을 추구해야 했던 나름대로의 동기와 사유가 분명히 존재했다.

2000년대 초 AARP에서 나와 함께 일했던 팀원들은 그동안 몇몇 국가에서 시작된 극적인 인구통계학적 변화가 조만간 미국으로 확대되어 이 나라의 노동인구의 구조에 급진적인 변화를 가져올 거라는 사실을 인지하고 있었다. 당시 정보기술 분야에는 수많은 지원자가 몰려들었지만 간호사 같은 일부 직종에서는 이미 구인 위기가 진행 중이었다. 적절한 자격을 갖춘 직원들을 채용하고 유지하는 데 어려움을 겪는 산업 분야에서는 고참 노동자들을 고용 및 재고용하는 일이 무엇보다 중요한 숙제로 대두됐다. 그런 와중에서도 노동인력의 세대 간 다양성을 효과적으로 추구한 조직들은 강력한 회복력을 바탕으로 더 나은 제품과 서비스를 개발 및 판매할 수 있는 능력을 축적했다. 일부 조직에서는 고령층 직원들이 제품 및 서비스 디자인의 결함을 찾아냈고 마케팅이나 광고의 부족한 점을 보완해 주었으며 새로운 사업적 기회를 포착했다.

이제 고령자 친화기업 대상 프로그램은 사라졌지만, AARP는 고령자들을 적극적으로 고용하는 모범기업들이 자사의 사례를 자체적으로 보고하는 'AARP 고용주 서약'AARP Employer Pledge 프로그램을 운영하고 있다. 또한 장수 경제longevity economy에 관련된 여러 중요한 연구에도 자금을 지원하고 있다. AARP는 한때 나와 관련이 깊었던 OECD 및 세계 경제포럼과 협력 관계를 맺고 50여 개의 세계적 대기업이 참여하는 협업 학습 프로그램 '더 오래 살고, 배우고, 일하기'Living, Learning, Earning Longer, LLEL를 개발하기도 했다. LLEL 프로그램에 참여한 기업들은 각자의 우수 실천사례를 서로 공유하고, 다양한 세대로 구성된 노동력을 구축, 지원, 유지하기 위한 방법론에 대해 공동으로 연구를 수행한다. 이는 앞날의 전망이 매우 밝은 협업 모델이라고 할 수 있다.

AARP의 고령자 채용 프로그램에 동참한 기업들은 슈퍼 에이지가 비즈니스의 모습을 근본적으로 바꾸어놓을 거라는 사실을 잘 알고 있다. 그들은 고령층 직원들을 회사의 다양성 및 포용성 전략에 포함시킴으로써 엄청난 기회를 얻을 수 있고 그 직원들이 미래의 기술 부족 사태로부터 조직을 보호해줄 소중한 자산이라는 점도 정확히 인지하고 있다. 또 이런 고령자 친화적 접근방식은 갈수록 고령화되어가는 소비자들에 대한 젊은 직원들의 인식을 강화할 수 있는 계기가 될지도 모른다.

슈퍼 에이지 CEO

세계의 모든 기업은 복수의 세대로 구성된 직원들을 고용한다. 오늘날 일반적인 조직에 근무하는 직원들의 연령대는 세 개 또는 네 개 세대에 걸쳐 있는 경우가 대부분이다. 어떤 회사에서는 침묵 세대, 베이비부머, X세대, 밀레니얼 세대 그리고 최연소인 Z세대까지 다섯 세대가 근무하기도 한다. 앞으로 미국을 포함한 대부분의 국가가 슈퍼 에이지에 돌입할 무렵이 되면 가장 나이어린 알파 세대Generation Alpha(2010년 전후로 태어난 세대—옮긴이)까지 일터로 진입하면서 일부 조직은 무려 여섯 세대로 이루어진 직원들을 고용하게 될 것이다.

관리자나 인사 담당자들에게는 이렇게 직원들의 세대가 다양해지는 현상이 새로운 도전으로 다가올 수도 있겠지만 나이를 막론하고 모든 조직 구성원에게 최선의 성과를 이끌어낼 수 있는 전략은 이미 수도 없이 많다. 또 인력 구성의 변화에 따라 직원들이 효과적으로 협업할 수 있는 기회도 더욱 늘어날 것이다. 따라서 모든 기업은 직원들을 채용하고 유지하는 기본적 전략을 새롭게 가다듬을 필요가 있다. 고용주와 근로자는 미래의 업무가 어떻게 바뀔지, 기술의 발전이 비즈니스에 어떤 영향을 줄지, 증가하는 세대적 다양성을 사업 계획에 어떻게 반영할지 등을 현명하게 고려해서 의사결정을 해야 한다. 그리고 노동인력의 세대적 다양성을 통해 조직의 수익을 증진할 뿐만 아니라 모든 구성원에게 혜택을 제공할 수 있는 유연한 기업문화를 구축해야 할 것이다.

개인적 성취감, 만족스러운 인간관계, 경제적 안정성, 본인의 길을 스스로 선택할 수 있는 자유 등 모든 사람이 삶에서 기대하는 바는 세대를 막론하고 서로 비슷하다. 또 직원들은 시간의 흐름에 따라 그때그때 바뀌는 개인적 형편이나 필요사항을 회사가 적절히 지원해주기를 바란다. 다양한 세대로 구성된 직원들은 저마다 다른 시대에 태어나고 자랐기 때문에 그들이 삶에서 직면했던 도전과 기회의 양상, 익숙한 IT 기술의 종류(아날로그, 디지털, 인공지능 등), 세상을 바라보는 관점이나 보유 기술 등이 서로 다를 수밖에 없다. 그러므로 현실적인 수단을 통해 이런 개인적 차이점을 적절히 이해하고 활용하는 일은 우수한 노동인력을 구축하는 데 필수적이다. 직원들 사이의 차이점을 세심하게 고려하는 조직일수록 강력한 경쟁력을 구축할 수 있다.

미국의 시장조사 및 컨설팅 기업 가트너Gartner는 일선 의사결정 조직에 다양성 및 포용성 문화를 채택한 기업 중 4분의 3이 2022년까지 재무적 목표를 초과달성할 거라고 예측했다.[2] 그들의 연구에 따르면 성 다양성 및 포용성 문화가 존재하는 조직은 그렇지 않은 조직의 실적을 평균 50퍼센트 이상 능가한다. 그런 의미에서 기업의 '다양성, 평등성, 포용성' diversity, equity, inclusion, DEI(이하 DEI) 전략의 범주에는 인종, 성별, 성적 취향과 함께 반드시 '연령'이 포함되어야 한다. 하지만 현실에서는 그렇지 않은 경우가 대부분이다.

직원들도 다양한 세대가 공존하는 작업 환경에서 근무하고 싶어 한다.

세계적인 인재 파견회사 랜드스타드가 수행한 설문조사에 따르면 조사 대상자의 90퍼센트가 직원들의 연령대가 다양한 조직에서 일하는 것을 선호한다고 응답했다.[3] 이는 "자신보다 나이가 많거나 적은 사람들에게 다양한 견해와 통찰을 얻기 원하는" 심리를 반영한다고 할 수 있다. 또 응답자의 85퍼센트는 세대적 다양성이 조직의 혁신에 기여하고 문제에 대한 의미 있는 해결책을 개발하는 데 도움이 된다고 답했다.

다양한 세대가 공존하는 조직을 구축하는 전략은 기업의 성장과 비즈니스의 성공에 핵심이다.[4] 하지만 DEI 전략의 범주에 실제로 '연령'을 포함시킨 글로벌 기업은 10개 중 하나에 불과하다.[5] 더구나 글로벌 기업의 3분의 1은 나이 든 직원을 강제로 회사에서 내보내는 정년퇴직 제도를 운영 중이다. 이들 기업의 경영진은 고령자들을 적극적으로 채용하고 노동인력의 세대적 포용성을 강화하는 전략을 외면함으로써 회사의 성공을 스스로 가로막고 있다. 이런 변화를 주도할 책임이 있는 C레벨 임원, 이사회 멤버, 소규모 기업의 소유주들은 종종 그 자신이 고령자인 경우가 많다.

미국에서 가장 규모가 큰 기업에서 일하는 CEO의 평균 연령은 2012년 이후 45세에서 50세로 증가했다.[6] C레벨로 처음 승진한 사람의 평균 연령도 2005년 이후 45세에서 54세로 15퍼센트 정도 늘었다.[7] 〈하버드 비즈니스 리뷰〉Harvard Business Review가 매년 발표하는 '세계 최고의 CEO' 명단에 오른 CEO들은 평균 45세에 임기를 시작해서 약 15년 정도 재직한다.[8] 그 말은 업계에서 최고로 우수하고 영리한 경영자들도 50세나 60세를 훨씬 넘긴 나이까지 자리를 지킨다는 의미다. 산업 전체를 통틀어 모든 CEO의 평균 연령은 58세였다.[9] 평균 연령이 가장 높은 분야는 금융 산업의 60세였으며, 가장 낮은 분야는 정보기술 산업의 55세였다. 세계적인 신용정보기관 엑스피리언Experian의 조사에 따르면 미국 내의 소규모 사업체 소유주의 평균 연령은 50세가 넘는다.

기업의 임원이나 소규모 사업체의 소유주들은 본인의 연령과 경험이 조직을 운영하는 데 소중한 자산이라고 생각할 것이다. 그렇다면 고령층 직원들도 같은 방식으로 회사에 기여할 수 있다고 생각해야 하지 않을까? 하지만 현실은 그렇지 않다. 대기업 경영진 중에 슈퍼 에이지에 걸맞은 노동인력을 구축할 필요성을 인지하고 있는 사람은 남다른 선견지명과 의욕을 지닌 몇몇 선구자밖에 없다. 기업들은 슈퍼 에이지의 냉엄한 현실을 직접 눈으로 확인할 때까지 될 수 있는 대로 행동을 늦추려 한다.

나는 몇 년 전 강연을 위해 독일을 방문했을 때 에이지즘에 정면으로 도전장을 던지는 기업의 놀라운 힘을 목격했다. 자동차회사 메르세데스-벤츠는 자사의 직원들과 대중에게 독일에서 진행 중인 인구통계학적 변화의 실상을 알릴 목적으로 '아이 알터'Ey Alter, 즉 '이봐, 나이 든 친구' Hey, old man라는 이름의 온라인 및 오프라인 전시를 열었다. 그들은 이 전시에서 수만 명의 방문객과 수천 명의 직원들을 대상으로 노년층 세대가 독일 사회와 기업에 미칠 영향을 다양한 도구를 통해 역설하며 노화에 대한 사회적 관점을 변화시키기 위해 노력했다.

이 계획을 주도한 메르세데스-벤츠의 최고 운영책임자 마르쿠스 셰퍼Markus Schäfer는 자사의 전 직원을 대상으로 인구통계학적 구성에 대한 설문조사를 실시했다. 그는 직원과 관리자들에게 각 조직의 세대적 다양성에 대해 기탄없는 대화를 나눔으로써 젊은 직원과 나이 든 직원 사이에 협력을 장려하고 촉진할 수 있는 방안을 모색하라고 독려했다. 이런 현명한 행보는 향후 메르세데스-벤츠가 국내외 시장에서 경쟁자들과 맞서 싸우기 위해서 반드시 고령층 직원들을 필요로 하게 될 거라는(당시 직원들의 평균 연령은 이미 45세에 달했다) 경영적 판단에서 비롯되었다고 한다.

그들이 아이 알터 프로그램을 통해 얻은 성과 중 하나는 각 세대 사이에 분명한 차이가 존재한다는 사실을 인정하게 된 것이다. 하지만 그들은 이 차이를 약점으로 여기지 않으며 이를 서류상의 특정한 연령대에 연결시키지도 않는다. 직원의 업무 실적에 대한 가장 중요한 예측 변수인 기술(지식과 전문성)은 젊은 시절에 축적되어 전통적인 은퇴 연령이 훨씬 지난 시기까지, 때로는 평균 기대수명을 넘길 때까지 그대로 남아 있는 경우가 많다. 또 새로운 기술을 습득하는 데 필수적인 성격적 특성인 호기심과 적극성 역시 종종 삶의 후반기까지 유지된다.

만일 메르세데스-벤츠의 프로그램이 산업 및 경제 전반에 널리 파급될 수 있다면 그 영향력은 세상을 뒤집어놓을 만큼 엄청날 것이다. 앞으로 더 많은 사람이 활발한 소비자로서 경제에 기여하고 노동에 참여할 뿐만 아니라, 그들이 생산할 수많은 제품과 서비스는 이 사회의 세대적 다양성을 더욱 분명히 반영할 것이다. 많은 면에서 이 변화를 주도할 사람은 바로 고령층 근로자들이다.

그동안 2만 여명의 근로자를 대상으로 수행된 20여 개의 연구에서는 근로자가 업무를 대하는 태도가 세대에 따라 큰 차이를 보이지 않는다는 결과가 나왔다.[10] 다시 말해 특정 연령대나 특정 세대 집단을 지배하는 업무에 대한 긍정적·부정적 고정관념은 존재하지 않았다. 물론 근로자의 경력에 따라 관심사, 특성, 강약점, 욕구 등이 달라지기는 했지만, 특정 연령대 및 세대에 특화된 유의미한 차이점은 드러나지 않았다.

근로자의 업무성과 및 욕구를 판단하는 데 있어 나이는 매우 부실한 예측변수에 불과하다. 현명한 고용주는 특정한 업무를 맡길 사람을 채용 및 유지할 때 당사자의 나이가 너무 많거나 적다는 기준을 적용하지 않는 대신 후보자가 해당 업무를 수행할 만한 기술을 지니고 있는지 묻는다. 또한 그들은 어떤 직원이 특정 과업을 수행하기에 '너무 경험이 많다'는 표현 자체를 거부하는 습관을 기르려고 노력한다. 세상에 그런 말은 없기 때문이다.

또 현명한 기업은 다양한 세대로 구성된 직원들의 욕구를 폭넓게 충족하는 방식으로 복리후생제도를 설계한다. 이런 포용적인 복지 프로그램을 운영하는 기업들은 보다 광범위한 인재풀을 확보할 수 있을 것이다. 심지어 '출산휴가' 같은 기존의 프로그램 이름도 본인의 아기 이외에 다른 누군가를 돌봐야 하는 직원들의 상황까지 고려해서 보다 보편적인 이름으로 바꿀 필요가 있다. 이런 조치가 중요한 이유는 나이 든 직원 중에 손자녀를 돌봐야 하는 할머니나 할아버지도 있을 수 있기 때문이다.

모든 세대에게 일자리를

기업들이 다양한 연령대의 직원들을 채용하기를 망설이는 이유 중 하나는 지난 세기 중반 모든 조직의 리더(채용 담당자나 현업 부서 관리자)가 '경력 기간' 같은 연령 차별적이고 불필요한 조건으로 채용 광고를 도배하다시피 했기 때문이다. 이는 채용 후보자가 해당 업무를 수행할 수 있는 능력을 측정하기에 가장 부적합한 기준이 아닐 수 없다. 채용 공고문에 단골처럼 등장하는 디지털 네이티브 같은 지원조건도 비생산적이기는 마찬가지다. 요즘에 일자리를 찾는 구직자라면 누구나 컴퓨터와 인터넷을 활용하며 경력 기간의 대부분을 보냈을 것이다. 생년월일이나 대학교 졸업년도를 묻는 항목도 지원자들에게 위화감을 불러일으킬 뿐 고용주의 목표를 만족스럽게 달성해줄 질문이라고 볼 수 없다.

슈퍼 에이지에 동반될 놀라운 시장 기회를 노리는 기업들은 분명한 의도를 바탕으로 고령층 직원들을 채용하기 위해 노력을 기울인다. 그들은 회사가 보유한 기존 직원들의 기술이나 연령 구조로는 소비자의 욕구를 충족할 제품 및 서비스를 설계하기가 어렵다는 사실을 잘 알고 있다. 중국의 기업들도 이와 비슷한 상황이다. 중국이 상대적으로 젊은 국가라고 생각하는 사람이 많지만, 2030년이 되면 중국 국민 중 50세 이상이 5억 명에 육박하고 그중 절반은 65세가 넘은 노인이 될 것으로 예상된다. 말하자면 중국은 조만간 미국보다 더 '늙은' 국가가 될 것이다.

세계에서 방문자 수가 여덟 번째로 많은 웹사이트이자 중국 최대의 온라인 쇼핑 사이트인 중국 소매업계의 공룡 타오바오淘宝는 고객과 직원 측면 모두에서 사회의 고령층 인구를 회사의 주요 전략으로 포함시켜야 할 필요성을 느꼈다. 타오바오의 발표에 따르면 2018년 기준으로 이 플랫폼의 사용자 중 50세 이상 소비자가 3,000만 명을 넘었다고 한다.[11] 이는 50세 이상 중국 전체 인구의 7퍼센트에 달하는 숫자다. 이 회사는 노인층 시장의 점유율 확대와 효과적인 고객 서비스를 위해 '노인 광장 춤 동호인'(중국의 공원이나 광장에 삼삼오오 모여 춤을 추는 노인들을 일컫는 말로, 여기서는 지역 사회의 일원으로서 활발히 활동하는 영향력 있는 노년층 시민을 뜻한다—옮긴이)을 모집한다는 채용 광고를 냈다.[12] 이들의 직무는 타오바오의 새로운 제품과 서비스, 사용자 경험user experience, UX에 대해 조언을 제공하는 일이었다. 타오바오가 명시한 조건에 따르면 공동체의 영향력 있는 60세 이상의 시민 중에 최소 1년 이상의 온라인 쇼핑 경력을 지닌 사람들만이 이 자리에 지원 가능했다. 이 회사는 첫날에만 1,000여 장이 넘는 지원 서류를 접수했다. 또 타오바오는 온라인 쇼핑을 처음 사용하는 노인 고객들을 지원하고 그들의 디지털 기술을 향상시키기 위해 회사가 설립한 '타오바오 노인 대학'의 운영에도 고령층 직원들을 활용했다.[13]

다른 소매기업들도 고령층 소비자들의 고객 경험을 증진하기 위해 나이 든 직원들을 전면에 배치하는 전략을 구사했다. 영국의 DIY 주거 개선용품 업체 비앤드큐B&Q는 이미 30년 전에 연령 다양성 도입을 위한 시범 프로젝트를 출범해서 영국 체셔 주의 매클스필드 매장에서 근무하는 종업원 전원을 50세 이상의 직원으로 뽑았다.[14] 이 실험의 결과 수익이 늘어났고 직원 유지율이 높아졌으며 고객 서비스가 눈에 띄게 개선됐다. 그때부터 이 회사는 다양한 연령대로 구성된 직원들을 폭넓게 고용하는 방안을 핵심 전략으로 채택해 자사의 300여 개 매장에서 근무하는 종업원을 지역 공동체 출신의 인력으로 구성했다. 특히 50세 이상의 중장년층에 초점을 맞춰 직원들을 채용했는데 그 이유 중 하나는 DIY 제품을 직접적으로 경험해본 직원들에 대한 고객 수요가 높았기 때문이었다. 또 비앤드큐는 이 접근방식 덕분에 젊은 직원들의 고질적인 문제 중 하나인 잦은 이직으로 인한 비용을 절감하는 효과를 거두기도 했다.

심지어 일본처럼 정년퇴직 제도가 여전히 남아 있고 나이 든 근로자를 배척하는 분위기가 팽배한 국가에서도 미쓰비시 중공업MHI(이하 MHI) 같은 회사는 괄목할 만한 성과를 달성하고 있다. 미쓰비시 그룹이 2016년 설립한 자회사 MHI 이그제큐티브 엑스퍼트 주식유한회사MHI Executive Experts Co. Ltd.는 조직 구성원 전원이 은퇴 연령이 지난 직원들로 이루어진 회사다.[15] MHI 이그제큐티브 엑스퍼트는 엔지니어, 관리자, 임원 같은 MHI 출신의 베테랑 은퇴자들을 채용해서 MHI가 진행 중인 각종 프로젝트나 사업에 조언자로 파견한다. 이 전문가들은 풍부한 현장 경험을 바탕으로 경력이 짧은 직원들에게 해당 방면의 지식과 노하우를 전수하고 현장 연수, 지원, 업무적 조언 등을 제공함으로써 새로운 세대 직원들의 기술을 양성하고 생산 현장의 미래를 뒷받침한다. 요컨대 이 고령층 직원들은 MHI의 리스크를 줄이고 경영 구조를 강화하는 역할을 담당하고 있는 것이다.

MHI의 접근방식이 중요한 이유는 이 프로그램을 통해 조직이 애써 구축한 집단지성을 유지하고 전파할 필요성을 입증했기 때문이다. 노동인력 개발 과정에서 이 중요한 단계는 종종 간과되어 젊은 직원들이 업무에 필요한 경험과 지식을 스스로 얻어내야 하는 상황에 처하기 일쑤다. 또 그들은 은퇴와 재고용이 거의 동시에 이루어지는 이 프로그램으로 낡아

빠진 정년퇴직 모델의 문제점을 해결하기도 했다. 덕분에 MHI는 중요한 제조 기술 및 장인정신을 유지하는 한편 젊은 직원들의 새로운 기술과 업무 방식을 접목할 수 있게 됐다. 말하자면 신입사원과 은퇴자들의 최고 역량을 결집해 회사와 제품을 동시에 개선한 것이다.

사람이 일하는 현장에 투자하라

숙련된 노동자가 부족한 제조 기업들은 기존의 채용 정책을 재검토하고 과감한 시설 투자를 단행함으로써 모든 근로자에게 혜택을 주고 직원들의 근로수명을 연장하기 위해 노력하고 있다. 독일의 자동차회사 포르쉐Porsche는 자사의 라이프치히 공장에서 일하는 근로자들이 이곳에서 장기간 근무할 수 있는 환경을 구축하는 데 초점을 맞춰 공장을 디자인했다.[16] 이 회사는 단순히 고령층 노동자들의 편의를 도모하는 차원을 넘어서 자동차 제작 과정이 작업자 중심으로 진행될 수 있도록 근로자의 신체에 무리를 덜 주는 인체공학적 디자인을 채택했다.

이 공장에서 이루어진 혁신의 예를 들자면 작업자가 허리를 굽히지 않고 차량 아래로 들어갈 수 있게 만든 허먼밀러Herman Miller 스타일의 편안한 의자와 차체를 회전시키는 장치, 반복적으로 손을 들고 수행하는 작업 때문에 작업자의 어깨와 팔에 무리가 가지 않도록 돕는 하네스와 유사한 장치 등을 꼽을 수 있다. 작업자는 각 작업공간을 이동하면서 해당 직무를 수행하며 한 공간에 머무는 시간을 최대 1시간 이내로 조절함으로써 단일 과업의 반복적 수행으로 인한 신체적 피로나 손상을 줄일 수 있다.

이 방식의 핵심은 생산 라인에서 일하는 모든 작업자가 자동차 제조과정에서 더욱 훌륭한 경험을 얻을 수 있도록 작업 환경을 설계하고 근로자의 신체에 무리를 주는 부분을 최소한으로 줄인 것이다. 이 디자인은 이 공장에서 진행되는 자동차 생산 프로세스의 모든 분야에 적용되었다. 포르쉐는 이러한 크고 작은 투자를 통해 작업자들이 성능이 우수한 자동차를 보다 쉽게 생산할 수 있도록 배려했다. 이 전략은 생산품의 품질 개선 및 노동자들의 근로수명 연장이라는 직접적인 결과로 이어졌을 뿐만 아니라, 젊은 직원들이 나이 든 동료 작업자들의 고충을 이해하는 계기로 작용하면서 노인층 소비자들에 대한 조직 전반의 인식과 공감대를 확대하는 효과를 낳기도 했다.

포르쉐는 이 혁신을 위해 엄청난 돈을 투자했지만 그런 막대한 비용을 뒷받침할 만한 충분한 사업적 근거가 있다. 그들은 이 전략을 통해 인재 유지 및 품질 향상이라는 중요한 대가를 얻을 수 있을 거라고 기대한다. 물론 포르쉐처럼 선견지명을 가졌거나 슈퍼 에이지에 걸맞은 작업 공간을 구축하는 데 수억 달러를 투자할 만큼 경제적 여력이 풍부한 기업은 그리 많지 않다. 그렇다고 다른 기업들이 변화를 추구하는 게 불가능하다거나 새로운 시대적 기회를 포착할 수 없다는 말은 아니다. 그동안 나는 인체공학적 작업 환경, 복리후생, 교육 등 대부분의 기업이 충분히 채택 가능한 모범적 관행을 수없이 목격했다. 그들은 효과적인 업무 현장 개선을 통해 사무실, 공장, 농장 같은 장소를 고령층 직원뿐만 아니라 모든 세대에게 환영받는 공간으로 만들었다. 높은 직원 만족도는 훌륭한 사업 실적과 장기적인 인재 유지로 이어지기 마련이다.

근로수명을 늘리는 복지 제도

세대적으로 다양화된 슈퍼 에이지의 직원들은 과거 젊은 직원들이 주류를 이뤘던 시절에 비해 더욱 다양한 형태의 욕구를 소유할 수밖에 없다. 가령 현대의 미국 성인 중 4분의 3이 집에서 아이와 함께 살지 않으며 이 비율은 갈수록 증가하는 추세다. 그럼에도 아직 많은 기업이 아이를 둔 직원을 그렇지 않은 직원에 비해 우대하는 정책을 실시하고 있다.

슈퍼 에이지 사회에서는 부모가 되는 일을 미루거나 아예 포기하는 사람이 점점 늘어날 것이며 근로자들의 필요사항도 그런 경향에 따라 변화할 것이다. 따라서 직원 자신이나 배우자의 출산에 따른 육아휴직 제도를 실시하고 있는 기업들은 아이가 아닌 다른 누군가를 돌봐야 하는 직원들에게도 휴가를 제공하는 유연한 정책을 고려할 필요가 있다. 가령 가족이나 친구, 심지어 애완동물을 돌봐야 하는 직원들에게 탄력적인 근무 스케줄을 허락하거나 휴가를 주는 방식으로 그들의 욕구에 대응할 수 있을 것이다. 기업들은 부모와 부모가 아닌 직원들을 차별함으로써 형성된 조직적 불협화음을 제거해야 한다. 차별의 본질은 직원과 회사의 관계를 정의하는 두 가지 요소, 바로 시간과 돈이다.

회사에 자금만 충분하다면 최첨단 기술로 치장한 근사한 작업공간을 만드는 것은 별로 어려운 일이 아니다. 하지만 직원들의 인생 여정 전체를 고려해서 학습 기회, 경제적 보상, 복리후생 혜택 등을 제공하는 기업은 몇몇 우수 업체를 제외하고 거의 눈에 띄지 않는다. 내가 목격한 바에 따르면 직원들이 다양한 삶의 국면을 맞을 때마다 업무 외적인 우선순위가 수시로 바뀔 수 있다는 사실을 공감하고 인지한 기업일수록 직원들의 업무참여도가 높았다. 직원들이 관리자나 경영진에게 개인적 문제와 스트레스를 솔직히 털어놓고 대화를 나눌 수 있는 환경을 조성한다면 회사는 보다 상황 주도적으로 해결책을 도출함으로써 인재 유지율을 개선하고 유능한 직원들을 장기간 보유할 수 있을 것이다.

그런 일에 앞장선 기업 중 하나가 호주의 웨스트팩Westpac 은행이다.[17] 아마 이 회사만큼 직원들의 삶 전체를 적극적으로 지원한 조직은 전 세계적으로도 거의 없지 않을까 싶다. 2000년대 초, 웨스트팩의 경영진은 일선 창구 담당자를 채용하고 유지하기가 갈수록 어려워진다는 사실을 깨달았다. 그들이 파악한 문제의 원인 중 하나는 주로 나이 든 여성으로 구성된 창구 직원 중 상당수가 회사 일을 하면서 동시에 손자녀를 돌봐야 하는 형편에 처해 있었기 때문이었다.

웨스트팩은 이 상황에 대응하기 위해 직원들과 심도 있는 대화를 거쳐 손자녀가 있는 직원이 주 양육자로서 아기를 돌봐야 할 필요가 있을 때, 해당 직원에게 손자녀의 두 번째 생일까지 최장 52주까지 무급 휴가를 제공하는 '손자녀 육아휴직 제도'를 업계 최초로 발표했다. 또 이 회사는 은퇴를 앞둔 직원들에게 퇴직 준비기간 동안 탄력적인 근무방식을 선택할 수 있는 자격을 부여했으며 퇴직과 관련된 여러 활동을 수행하는 데 도움이 되도록 3일간의 유급 휴가도 주었다. 뿐만 아니라 직원들이 은퇴 시기로 더 잘 이행할 수 있도록 각종 도구를 제공했고 삶 전체에 걸쳐 어떤 일이 발생하든 최대한의 유연성을 발휘해서 이를 배려하는 조치를 취했다. 특히 다양한 개인적 사유를 지닌 직원들에게 12개월간의 유급휴가(향후 4년에 걸쳐 상각) 또는 3개월에서 12개월 사이의 무급휴가 중 하나를 선택할 기회를 주는 '경력 준비 휴직제도'career break는 갈수록 길어지는 직원들의 근로수명을 적절히 고려한 선구적인 제도라고 할 수 있다.

미국의 기업 중에서도 이런 문제에 주목하는 곳이 생기기 시작했다. 약국 체인 CVS 헬스CVS Health의 보험약제비 관리 자회사 CVS 케어마크CVS Caremark는 미국 북부 지역에 거주하는 수백 명의 약사와 직원들이 겨울 동안 플로리다처럼 온화한 지역으로 주거지를 옮길 경우 거주지 근처의 약국에서 근무할 수 있게 해주는 '스노우 버드'snowbird 프로그램을 실시하고 있다.[18] 또 세계적인 배송 및 물류업체 UPS는 그들이 '동문' alumni이라고 부르는 은퇴 직원들을 연말 휴가철에 다시 회사로 초빙해서 1년 중 가장 바쁜 기간 동안 이들의 숙련된 노동력을 효과적으로 활용한다.[19] 그리고 유명 타이어 제조업체 미쉐린은 55세 이상의 직원들에게 시간제 근무방식을 선택할 자격을 부여해서 이들의 업무적 부담을 줄여주는 '예비 퇴직'pre-retirement 프로그램을 운영하고 있다.[20]

슈퍼 에이지 사회에서는 노동자들의 근로수명이 길어질 수밖에 없으므로 기업들은 적절한 복리후생 제도를 활용해 근로자들의 삶에 닥친 이행기를 다각도로 지원해야 할 것이다. 새로운 시대를 맞은 기업과 직원 양쪽 모두에게 가장 큰 문제(그리고 기회) 중 하나는 직원들의 경력 기간 전체에 걸쳐 하드 스킬과 소프트 스킬 같은 각종 기술을 지속적으로 갈고 닦을 수 있는 기회를 부여해야 한다는 것이다. 회사뿐만 아니라 직원들도 교육, 훈련, 직원 개발 등을 포함한 기술 향상 프로그램에 적극적으로 시간과 노력을 투자할 필요가 있다. 내가 늘 강조하는 바와 같이 기업들이 공장 시설을 유지하는 데 주기적으로 투자할 의사가 있다면 그보다 더 중요한 인적자원에 대해서는 보다 적극적으로 투자하지 않을 이유가 없는 것이다.

인턴십 말고 리턴십

현대의 교육 시스템은 중세 시대에 개발된 모델을 기반으로 하고 있기 때문에 노동자들의 근로수명이 날로 증가하는 오늘날의 시대적 배경 속에서 제대로 기능을 수행하지 못한다. 특히 대학을 졸업하거나 견습생 프로그램을 이수한 뒤 오랜 시간이 경과한 고령층 직원들에게는 적절한 교육 및 훈련의 중요성이 갈수록 크게 부각되고 있다.

나이 든 직원들은 젊은이들에 비해 대체로 한 직장에서 오래 근무하는 경향이 있으며 조직에 대한 충성심도 강하다.[21] 2020년 1월 기준으로 55~64세 미국 근로자들의 단일 직장 평균 근무 기간(9.9년)은 25~34세 근로자들의 근무 기간(2.8년)보다 세 배나 길었다.

이런 현실을 따져보면 회사가 직원들의 근로수명 마지막 5~10년 동안 교육 및 훈련에 투자하는 방법이 신입사원이 처음 입사한 뒤 5~10년간 투자를 집중하는 전략에 비해 오히려 더 유리하다는 논리가 성립될 수 있다. 이는 패러다임의 일대 전환이다. 직원들의 교육과 훈련을 위한 투자는 근로수명 전체에 걸쳐 이루어져야 한다.

특히 직원들의 근무 기간이 민간 부문에 비해 거의 두 배 이상 긴 공공 부문에서는 교육 및 훈련이 더욱 중요하다.[22] 미국 노동통계청의 데이터에 따르면 2020년 1월 현재 공공 부문 근로자의 근무 기간 중위값은 6.5년으로 민간 부문 근로자의 3.7년을 크게 웃돌았다.[23] 나이 든 근로자들이 직장에서 오래 근무한다는 말은 공공 부문의 고령층 직원들이 조직의 중요한 자산으로서 훌륭한 잠재력을 지니고 있지만, 그들에게 지속적인 교육이 제공되어야 한다는 뜻이다. 공공 부문 직원들이 경력의 초반기 및 후반기를 통틀어 성공적인 업무성과를 지속적으로 거둘 수 있도록 그들에게 적절한 도구를 장착해주는 일은 매우 중요하다.

또 기업들은 전통적으로 갓 대학을 졸업한 젊은이들이나 박사과정 학생들을 위해 운영했던 '인턴십' 프로그램을 구직 기회 제공 차원에서 퇴직 직원들에게 확대 적용하는 '리턴십'returnship 제도를 고려해 봄직하다. 2015년 다국적 투자은행 바클리즈Barclays 는 영국 기업 중 최초로 24세 이상의 대상자들에게도 견습생이 될 기회를 제공하는 '바클리즈의 대담한 견습 프로그램'Barclays Bolder Apprenticeship 을 발표했다.[24] 바클리즈의 경영진은 이 프로그램이 모든 사람에게 큰 가치가 있기 때문에 연령이나 사회적 환경에 따라 참가 자격이 제한되어서는 안 된다고 생각했다. 이 프로그램이 발표된 뒤에 80명이 넘는 견습생이 새롭게 채용되어 이곳에서 일하는 고령층 견습생의 비율은 전체의 4퍼센트에서 20퍼센트로 늘었다.

이는 고령층 직원들의 높은 일자리 수요를 방증하는 놀라운 결과가 아닐 수 없다.

하지만 우리가 기억해야 할 점은 고령층 직원들을 위한 인턴십과 리턴십이 아직 새로운 개념이며 이를 도입한 조직은 극소수에 불과하다는 사실이다. 노동부의 등록 견습생 파트너 정보 데이터베이스 시스템Registered Apprenticeship Partners Information Database System, RAPIDS에 따르면 2008년에서 2019년 사이에 기업들이 채용한 50세 이상의 견습생은 20명 중 한 명에도 미치지 못한다.[25] 하지만 앞으로 많은 대기업이 회사의 업무를 홍보하고 수익성을 입증하는 과정에서 이런 프로그램들을 보편적인 제도로 채택할 것으로 예상된다.

슈퍼 에이지에 대응하는 기업을 위한 3가지 전략

나는 슈퍼 에이지를 준비하는 데 관심이 깊은 조직들과 함께 일할 때마다 노동시장 및 소비자 시장의 현재, 단기적 미래, 장기적인 미래에 대해 그들이 품고 있는 개념이 근본적으로 오류일 수 있다고 말하곤 한다. 그들은 다양성, 평등성, 포용성에 대한 전통적인 사고방식에 스스로 도전장을 던지고 세대의 차이를 받아들이며 고령층 직원들을 조직의 문젯거리가 아닌 소중한 자산으로 생각할 필요가 있다.

기업들은 슈퍼 에이지의 전략 기반을 3개의 다리가 달린 의자로 생각해야 한다. 첫 번째 다리는 인적 자원을 관리하는 관행이고, 두 번째 다리는 연구개발, 디자인, 혁신 그리고 세 번째 다리는 마케팅과 광고다. 현명한 조직은 회사가 직원들을 채용하고 인적 자원을 관리하는 관행에 세대적 다양성이 부족하면 고령자 포용적인 혁신 조직이나 디자인 조직을 구축하기 어렵고 그로 인해 회사의 마케팅 및 광고 전략이 연령 차별적 편견으로 얼룩질 수 있다는 사실을 잘 알고 있다. 이 3개의 다리 중 어느 하나라도 불안정한 모습으로 세대적 다양성을 제대로 반영하지 못한다면 조직의 전략은 속절없이 붕괴할지도 모른다. 다시 말해 고령층 직원을 채용 및 유지하는 데 실패한 조직은 제품의 수명주기 전체에 걸쳐 세대의 사각지대를 곳곳에 만들어낼 수 있다.

앞서 예를 든 BMW는 근로자들의 작업공간을 설계하고 제품을 디자인하는 데 있어서는 슈퍼 에이지에 탁월하게 적응하는 모습을 보였다. 하지만 이 회사는 2020년 11월 iX 모델이라는 새로운 스포츠 유틸리티 차량을 출시하면서 이 제품의 디자인을 마음에 들어 하지 않는 베이비부머 세대를 겨냥해 그들이 현대식 스타일이나 트렌드를 이해하지 못한다고 공격하는 광고를 내보냈다. 그들은 심지어 트위터에 이런 메시지를 올리기도 했다. "오케이 부머, 당신이 변화를 거부하는 이유는 뭔가요?"

BMW는 2021년 국제 가전제품 박람회Consumer Electronic Show, CES에 앞서 공개한 글로벌 광고 캠페인을 통해 한층 공세를 강화했다. 이 동영상 광고에는 새로 출시된 iX 스포츠 유틸리티 차량이 2001년 BMW가 발표한 시리즈7 모델과 주차장에서 마주친 뒤에 이야기를 나누는 장면이 등장한다. 이 두 자동차가 거친 말투로 나누는 '대화'는 세대 간의 갈등을 상징하는 연령 차별적인 편견으로 가득했다. 이 광고는 공격적일 뿐만 아니라 부정적이고 비생산적인 세대 간의 갈등을 불러일으킬 뿐이었다.

아마 BMW는 2020년 기준으로 BMW 승용차나 SUV를 새로 구입하는 가족의 연평균 수입이 12만 4,800달러에 달하고 구입자의 평균 연령이 56세라는 사실 그리고 BMW의 전체 모델을 통틀어 개인 구매자의 평균 연령이 55세라는 사실을 알지 못했던 것 같다.[26] 게다가 iX 모델을 생산한 딩골핑 공장이 BMW의 슈퍼 에이지 전략의 산실이며 회사에서 가장 나이가 많고 기술력이 뛰어난 직원들이 근무하고 있는 곳이라는 연결고리를 발견해낸 사람도 없을 듯싶다.

2020년 BMW의 매출은 급감했다. 물론 이 회사의 매출액과 연령 차별적인 광고 캠페인 사이에 직접적인 관련성을 입증하기는 불가능하지만, 그렇다고 이 두 현상 사이에 전혀 상관관계가 존재하지 않는다고 단정할 수도 없다. 한 번도 아니고 두 번씩이나 고령층 소비자를 모욕한 독일 자동차 기업의 행보는 충분히 피할 수 있었던 실수였다. BMW의 사례는 슈퍼 에이지 전략을 열심히 실행에 옮기고 있는 조직이라도 언제든지 스스로의 발목을 잡을 수 있다는 교훈이자, 새로운 시대로 이어지는 길에 존재하는 함정에 대한 경고라고 할 수 있다. 기업들은 조직의 모든 측면에서 슈퍼 에이지에 친화적인 기조를 유지할 수 있도록 전략을 수시로 점검하고 재조정할 필요가 있을 것이다.

어느 기업 또는 업무 현장이 연령 차별적인 성향으로 가득하고 앞으로도 그런 풍조가 달라지기를 기대하기 어렵다면, 조직 내에서 이런 분위기를 바꾸기 위해 할 수 있는 일은 없는 걸까? 물론 이에 대한 짧은 답은 '할 수 있는 일이 분명히 있다'지만, 그런 관행을 개선하는 데는 매우 오랜 시간이 필요할 것이다. 그리고 기업의 DEI(다양성, 평등성, 포용성) 전략에서조차 밀려난 이 소외 계층은 그동안 수없는 문제와 고통에 시달릴 수밖에 없다. 특히 젊음의 분위기를 핵심적인 기업문화로 받아들인 조직들은 직원의 연령적 다양성을 수용하기를 계속 꺼리게 될 가능성이 크다.

업무 현장에서 슈퍼 에이지의 현실을 받아들이기 위해서는 집단 전체의 사고방식을 대대적으로 전환해야 할 뿐만 아니라, 조직의 모든 측면을 과감히 바꿔야 한다. 이는 역사적으로 사회에서 소외된 계층을 위해 현대의 다양성, 평등성, 포용성 전략이 수립된 과정과 비슷하다. 그중에서도 가장 중요한 첫 번째 단계는 직원들의 인구통계학적 변화를 면밀히 검토하고 그 현상이 회사의 수익성에 어떤 영향을 주는지 파악하는 일이다. 기업들이 연령적 다양성을 포용하는 전략의 경제적 혜택을 잘 이해한다면 그들은 새로운 도전에 더욱 잘 대응할 수 있을 뿐만 아니라 업무 현장의 역동성과 고객층의 확장이라는 기회를 활용함으로써 점진적인 변화를 이끌어내고 수익을 키울 수 있을 것이다.

제10장

미래의 노인들을 위한
준비

나는 지난 몇 년간 수많은 노인이 도시로 이주하고, 교외 지역의 노년층 거주자 비율이 높아지고, 시니어 주택senior housing(노인 혼자 거주하는 독립적인 주거 형태부터 24시간 숙련된 간병인이 노인을 돌보는 케어 시설까지를 통칭하는 용어)의 수요가 감소하는 현상에 집중적으로 주의를 기울였다. 그런데 최근에는 코로나19 사태로 촉발된 새로운 변수로 인해 일부 트렌드가 가속화되면서 내가 예상했던 미래의 모습이 달라지는 상황이 연출되고 있다. 슈퍼 에이지의 주택과 공동체의 모습에 직접적인 영향을 미칠 사회적 변화는 코로나19 사태가 시작되기 전부터 이미 빠른 속도로 진행되고 있었다. 공공 부문과 민간 부문의 리더들은 우리 사회의 구축 환경built environment(자연적인 환경에 인위적인 조성을 가해 만들어진 환경 — 옮긴이) 전반에 걸쳐 이런 인구통계학적 변화를 세심히 고려할 필요가 있다.

주택 투자자 및 관리자를 대상으로 노인들의 주택 수요 관련 데이터를 제공하는 비영리단체 노인주택 및 돌봄 투자센터National Investment Center for Seniors Housing & Care의 보고서에 따르면, 2020년 3사분기의 시니어 주택 점유율은 코로나19 사태에 따라 같은 해 1사분기보다 5.6퍼센트 하락한 82.1퍼센트에 그쳤다고 한다.[1] 물론 이런 수요 감소 현상은 코로나19 같은 사태가 아니더라도 어차피 발생했겠지만, 평상시였다면 이 정도 수준으로 하락하기까지는 좀 더 시간이 걸렸을 것이다. 노인들이 보호시설 같은 곳에서 단체생활 하기를 꺼리는 현상은 미국을 포함한 전 세계 모든 곳에서 공통적으로 관찰된다.

집단 요양시설에 대한 수요 감소에 따라 파파Papa, 홈 인스테드 시니어 케어Home Instead Senior Care, 비지팅 엔젤Visiting Angel 같은 기업들이 노인들의 거주지에 전담 돌보미를 파견하거나 앱 기반으로 필요한 서비스를 배달하는 사업에 뛰어들게 됐다. 또 업사이드홈UpsideHōM은 침실이 1개에서 3개로 이루어진 다양한 크기의 아파트를 자신들이 '트위니어스'tweeniors라고 부르는 60세에서 85세 사이의 노인층 세입자들에게 기존 시장 가격으로 공급한다. 세입자 중 일부는 단독으로 거주하며 일부는 룸메이트와 함께 산다. 이 회사는 다양한 세대가 공존하는 공동체에서 세입자들이 독립적으로 거주할 수 있도록 주거시설 이외에도 각종 편의 서비스를 제공한다.

도시화 역시 세계 어느 곳에서나 공통적으로 나타나고 있는 현상이다.

지난 30년간 도시에 거주하는 노인 인구의 비율은 줄어들었지만 전체적인 숫자는 증가했다. 그 이유는 베이비부머 세대의 인구 기반 자체가 워낙 방대하기 때문이다. 노인 인구 비율이 증가하는 유일한 곳은 교외 지역인데, 이곳은 주민들의 연령 구조 변화로 인해 교육, 노동력, 주택, 조세 수입 등에서 큰 타격을 받고 있다. 퓨 리서치 센터는 다음과 같이 발표했다. "세 가지 형태의 카운티에서 모두 인구 고령화가 진행되고 있으나 이 현상이 가장 빠르게 나타나는 지역은 교외 및 소도시 카운티다. 2000년 이후로 교외 카운티 지역에 거주하는 65세 이상 노인의 비율은 39퍼센트 증가해서 도시 카운티의 26퍼센트와 농촌 카운티의 22퍼센트를 한참 웃돌았다."[2]

사람들이 도시, 교외, 농촌 지역 등을 거주지로 선택하는 데 코로나19 사태가 일부 영향을 미쳤을 수도 있지만, 이것이 영구적인 트렌드인지 아니면 일시적인 현상에 불과한지 단정하기는 너무 이르다. 앞서 살펴본 바와 같이 교외 및 농촌 지역의 주민들은 제품 및 서비스의 배송이 어렵고 이동이 제한적이라는 문제에 직면해 있다. 특히 광역 교통망이 존재하지 않는 이들 지역에서 노년층 주민들의 이동성 문제는 점점 심각한 사안으로 대두되는 추세다.

50세가 넘은 주택 임차인의 수도 지난 10년 동안 50퍼센트 넘게 급증해서 다른 연령 집단을 크게 능가했다.[3] 이런 현상이 발생한 이유는 고령층 임차인들의 주거 형태 선호도가 바뀌었을 뿐만 아니라, 2008년에 발생한 경기 대침체 이후로 그들이 주택을 구입하기에 충분한 돈을 벌거나 저축하지 못했기 때문이다. 이런 시대적 흐름은 중장년 및 노년층 인구가 많이 거주하는 지역의 부동산 개발업자, 공공 관료, 기업들에게 좋은 사업적 기회가 될 수 있을 것이다.

부동산 개발업자들은 고령층 임차인이 증가하는 사회적 현상에 따라 그들이 보유한 신규 및 기존 주택 재고를 적절히 활용할 필요가 있다. 또 임차인들의 편리한 주거생활에 지장을 초래하는 물리적 장벽을 제거하거나 다른 설비로 대체하는 무장벽barrier-free 디자인을 주택 건축 과정에서 고려해야 한다. 그리고 지방 정부들도 현재의 건축 법규들이 장수하는 노인들의 독립적인 삶을 뒷받침하기에 적합한지 면밀히 검토해야 할 것이다.

코로나19 사태가 일어나기 이전부터 미국 전역에서는 지역 간 이주가 활발해졌다. 2018년 한 해만 해도 60세 이상의 인구 중 거의 100만 명이 주 경계선을 넘어 다른 곳으로 거주지를 옮겼다.[4] 이는 5년 전에 비해 16퍼센트 증가한 수치다. 캘리포니아나 뉴욕처럼 물가가 비싼 주에서는 노인 인구가 줄어들었고, 애리조나와 플로리다를 포함해 상대적으로 물가가 저렴한 남쪽 지방에서는 노년층 거주자의 수가 증가했다. 텍사스, 사우스캐롤라이나, 아이다호, 테네시, 델라웨어 같은 주들도 낮은 세금 제도로 노인들을 유혹했다.

지난 10년 동안 라스베이거스, 롤리, 애틀랜타, 오스틴, 피닉스 등지에 거주하는 55~64세 인구는 일반적인 인구 증가비율을 두 배 이상 뛰어넘는 속도로 급증했다.[5] 워싱턴 D.C., 포틀랜드, 앨버커키, 댈러스, 올랜도 등지에서도 중장년 및 노년층 인구는 통상적인 인구 증가세를 훨씬 능가하는 속도로 늘었다.

요즘에는 많은 중산층 및 고소득 노년층이 내가 거주하는 곳처럼 주택 유지비가 저렴하고 필요에 따라 전담 돌봄 서비스가 가능한 지역으로 이주하는 추세다. 그들 중 대부분이 자동차나 주택을 관리해야 하는 부담이나 계절에 따라 눈을 치우고, 낙엽을 쓸고, 조경을 해야 하는 의무를 피하고 싶어 한다. 그들은 동네 공원이나 하이킹 코스까지 도보로 이동이 가능한 지역을 선호하고 연령이 다양한 세대가 어우러진 공동체에서 살기 원한다. 또 본인의 편의와 안전을 최대한 보장해줄 수 있는 주거시설을 원하면서도 시니어 주택처럼 집단적인 환경은 거부한다.

코로나19 사태가 이런 반전의 트렌드를 일시적으로 탄생시켰는지 또는 영구적으로 고착시켰는지 속단하기는 아직 이르다. 그러나 이번 팬데믹으로 연령 스펙트럼의 반대편 집단에서 또 다른 트렌드가 생겨났다. 18세에서 29세 사이의 젊은이들이 부모와 함께 살기 위해 대대적으로 집으로 돌아가는 일들이 생긴 것이다.[6] 이런 현상이 벌어진 것은 1920년대의 대공황 이후 처음이다. 2020년 7월 기준으로 이 젊은이들 중 상당수(52퍼센트)가 부모 중 한 명 이상과 함께 거주하고 있다. 이런 트렌드는 인종 및 민족, 남성과 여성, 도시 또는 농촌 지역 등을 가리지 않고 모든 집단에서 고르게 관찰됐다. 특히 18세에서 24세 사이의 연령대 및 젊은 백인 중심으로 이런 현상이 두드러졌다.

게다가 연령 스펙트럼의 반대편에 해당하는 노년층에서도 비슷한 트렌드가 발생하고 있다. 은퇴를 대비해 충분한 자금을 저축하지 않은 노인들이 성인 자녀들(대부분이 밀레니얼 세대)과 함께 거주하는 길을 택하고 있는 것이다. 경제적 기반을 닦기 위해 과거 수년간 악전고투해온 젊은 세대 입장에서는 보통 문제가 아니다. 그들은 나이 든 부모들에게 거주지뿐만 아니라 경제적 지원까지 제공해야 하는 현실에 처해 있다. 그로 인해 노후를 대비한 은퇴자금 저축이 불가능한 처지에 몰린 성인 자녀들은 결국 파국의 미래를 맞게 될지도 모른다. 설사 그 정도까지는 아니더라도, 앞으로 그들이 오랫동안 일에서 손을 놓지 못하게 될 거라는 사실만은 분명하다.

이 모든 상황은 지난 세기 중반에 시작된 트렌드와 정반대의 양상을 나타낸다. 사업가들이 창조한 은퇴라는 이름의 환상과 안락한 노후 생활을 앞세운 마케팅에 현혹된 최초의 은퇴자들은 애리조나의 선 시티나 플로리다의 빌리지스 같은 곳에 마련된 집단 거주지로 몰려들었다. 하지만 오늘날의 주택과 공동체는 70여 년 전에 자취를 감춘 연령 및 세대적 다양성의 개념을 디자인에 반영하기 시작했다. 사람들이 살아가는 방식을 완전히 뒤바꾸게 될 이 새로운 변화는 주택과 공동체를 설계하고 구축하는 방법부터 이동수단과 교통 시스템에 대한 아이디어를 구상하는 과정, 노인들을 위한 서비스를 개발 및 전달하는 단계에 이르기까지 수많은 실용적 조치를 탄생시킬 것이다.

집 : 요양시설에서 노인 친화 주택으로

우리가 첫 번째로 고려해야 할 공간은 바로 집이다. 특히 코로나19 사태의 혼란 속에서 집은 주거지 겸 업무 현장이며 체육관이자 학교의 역할을 대신하고 있다. 그러다 보니 오늘날 수많은 사람이 이렇게 자문하는 것도 무리가 아니다. "우리 집은 나와 내 니즈에 잘 맞을까?" 코로나 사태는 우리로 하여금 자신의 주거 공간을 다시 한 번 돌아보게 만드는 계기로 작용했지만 최근에는 이 사태가 끝난 직후뿐만 아니라 10년, 20년, 30년 앞을 내다보고 본인의 장기적인 필요와 욕구를 충족할 거주지를 고려하는 사람도 늘어나고 있다.

현재 미국인의 평균 기대수명은 79세다. 하지만 그들이 질병에 시달리거나 부상을 입지 않고 건강하게 살 수 있는 나이는 대략 68세까지로 예상된다. 그 말은 우리가 50세에서 60세 사이에는 주택을 개량하거나 새로 건축하는 방식으로 노후에 대비하기 시작해야 한다는 뜻이다. 물론 50~60대는 상대적으로 젊은 나이기 때문에 그들에게는 이 말이 귀에 잘 들어오지 않을 수도 있을 것이다. 하지만 신중한 사람이라면 미래에 자신이 누군가에게 장기적으로 보살핌을 받을 수도 있다는 사실을 고려해서 미리 거주지를 준비하는 노력을 기울여야 한다. 업계에서는 이를 두고 '내 집에서 노후 보내기'aging in place 라고 부른다.

하지만 나는 이 용어를 '내 집에서 삶 누리기'living in place 로 바꿔 부르고 싶다. 수많은 노인 인구가 노화를 거부하고 건강한 삶을 추구하는 오늘날의 상황을 반영해서 붙인 이름이다. 어쨌든 부동산 개발업자, 건축가, 종합 건설업자, 건물을 사고파는 일과 관련된 인접 산업 분야 종사자들에게는 자신의 집에서 오랫동안 삶을 누리고 싶어 하는 노인들을 위해 주택을 설계하고 관련 제품을 판매할 엄청난 기회일지도 모른다. 그들이 활용할 수 있는 기술은 혁신적인 아날로그 솔루션부터 노인들의 낙상을 예측하고 방지할 수 있는 사물인터넷Internet of Things, IoT 같은 첨단 기술까지 매우 다양하다.

주거 공간의 설계는 어린아이부터 노인들까지 다양한 연령층의 필요를 충분히 고려해서 이루어져야 한다. 특히 집에서 심각한 사고가 발생하는 일을 미연에 방지할 수 있도록 거주자들의 삶에 대한 요건이 바뀔 때마다 설계와 건축 작업에 이를 수시로 반영해야 할 것이다. 사실 노인이 됐을 때를 대비해 미리 집을 개조해야 한다는 논의는 아직도 사람들 사이에서 거의 금기시되고 있는 실정이다. 하지만 그런 풍조는 모든 사람이 기존의 거주지에서 가능한 오래 살고 싶어 하는 현실과 모순된다. 아마도 우리가 그런 이야기를 외면하는 이유는 늙음이라는 주제에 관해 대화하기를 원치 않기 때문일 것이다.

AARP의 연구진은 다음과 같은 조사 결과를 발표했다. "65세 이상 연령층의 90퍼센트는 자신의 집에서 오랫동안 살기를 원하며 80퍼센트는 현재의 주거지가 자신이 영원히 머물게 될 곳이라고 믿는다."[7] 그러나 나이 든 성인들이 본인의 집에서 노후를 보내기 위해서는 물리적으로 안전한 환경을 구축하고 각종 서비스를 제공받을 수 있는 여건을 조성해야 한다. 노인들의 필요에 맞게 주거지를 개선하는 데는 최소한 몇 개월이 소요되고 집을 신축하기 위해서는 때로 몇 년이 걸리기도 한다. 그 사이에 중대한 의료적 사태가 닥치지 말라는 법은 없다. 따라서 경제적으로 여유가 있는 사람이라면 가능한 오랜 시간을 안전하게 사용할 수 있는 집을 미리미리 설계하는 것이 최선의 선택이다.

노인들에게 가장 위험한 사고는 낙상이다. 하지만 주거지를 적절하게 개선한다면 이 사고는 어느 정도 방지가 가능하다. 게다가 경제적 측면에서도 우리가 이 문제를 조속히 해결해야 할 이유는 충분하다. 미국에서만 한 해 평균 300만 명의 65세 인구가 낙상 사고로 병원 치료를 받는다.[8] 입원하는 환자만 80만 명에 달하고 그들 중 30만 명은 고관절 골절로 고생한다. 낙상 사고로 소비되는 의료비만 연 500억 달러가 넘고 그 금액의 상당 부분이 메디케어 프로그램을 통해 지출된다. 그렇다고 이 프로그램이 모든 비용을 보장하는 것도 아니다. 집을 수리하는 데 들어가는 돈, 사고를 당한 환자가 겪어야 하는 고통과 심적 괴로움, 오랜 회복 시간, 소득의 상실 같은 손해는 어디서 보상받을 방법도 없다. 합리적인 소비자라면 이런 대가를 치르는 일을 당연히 피해야 할 것이다. 치명적인 낙상 사고를 당한 환자에게 들어가는 연간 총비용은 1인당 75만 달러가 넘는다.

다른 나라들도 이 문제를 해결하기 위해 보다 직접적인 접근방식을 채택하고 있다. 독일에서 무장벽 아파트에 거주하는 노년층 시민들은 전체 인구의 5퍼센트에 불과하다. 이 나라의 노인 중 83퍼센트가 신축 건물에 비해 접근성이 떨어지는 낡은 집에서 살아간다.[9] 개인 주택의 비효율적인 구조 탓에 낙상 사고를 당하는 독일 노인들은 전체 노인 낙상 환자의 25퍼센트에 달한다. 독일 정부는 이런 상황에 대응하기 위해 기존 건물이나 아파트를 무장벽 주거 공간으로 전환하는 사람들에게 보조금을 지원하는 '연령 맞춤형 재건축 프로그램'Age-Appropriate Rebuilding Program 같은 일련의 지원책을 발표했다.

영국은 10년 전 '노인 인구를 위한 주택 건설 추진 혁신 위원회'Housing

our Ageing Population: Panel for Innovation, HAPPI를 통해 유럽 대륙 전역에서 최고로 평가받는 우수 주택 디자인을 다각도로 조사했다.[10] 이 위원회가 작성한 보고서는 한창 증가세에 놓인 노인 인구의 주택 수요와 맞물려 주택의 주거 적합성을 개선하는 데 한몫을 했다. 요즘의 영국 소비자들은 이전 세대에 비해 주거 시설 디자인에 대한 인식이 훨씬 높다. 그들 역시 미국 노인들과 마찬가지로 집단 거주 시설에 입주하기를 원치 않는다.

나도 주거 환경을 개선하는 문제를 두고 부모님과 진지한 대화를 나눈 적이 있다. 두 분은 현재 거주 중인 집을 수리하기보다 새로운 주택을 건축하는 데 관심이 많았다. 그동안 세워둔 계획도 꽤 구체적이었다. 새로운 집은 지금의 거주지 근처에 지을 예정이고 그들이 독립적인 생활을 하는 데 여러모로 도움이 되는 구조로 디자인할 거라고 한다. 부모님이 새로운 집에서 원하는 바는 별로 특별하지 않지만 이를 위한 접근 방식만큼은 특별하다. 두 분은 집 지을 땅을 적극적으로 찾아다니고 있으며 건축에 몇 년이 걸릴 거라는 사실도 잘 알고 있다. 또 자신들의 수명이 꽤 길 거라는 현실을 감안해서 1층에 거주하는 구조 등 적절한 디자인을 선택할 생각이다. 부모님은 새로운 집을 건축하기 위해서는 그만큼의 시간과 노력을 투자해야 한다는 점을 충분히 인지하고 있다.

앞서 여러 차례 언급한 대로 오늘날 미국에서 가장 빠른 속도로 늘어나는 연령 집단은 80세 이상의 노년층이다. 1900년에 미국의 80세 이상 노인 인구는 10만 명에 불과했다. 하지만 오늘날 이 숫자는 600만 명으로 뛰었다. 2050년이 되면 80세 이상의 노인은 2,000만 명에 달할 것으로 전망된다. 30년도 안 되는 시간 동안에 무려 220퍼센트가 증가하게 되는 셈이다.

2019년 기준으로 주택 개선 작업에 나선 사람 중 90퍼센트는 베이비부머와 X세대들로 2018년의 83퍼센트에 비해 부쩍 늘었다.[11] 전체의 55퍼센트가 베이비부머들에 의해 이루어지고 있는데 그들이 주로 수리하는 곳은 주방과 욕실이다. 노인 낙상 사고의 3분의 2가 자택에서 발생하고 그중에서도 가장 심각한 사고가 대부분 욕실에서 일어난다는 점을 감안하면 이 두 공간은 주거지 개선 작업의 출발점으로서 매우 적절한 곳이라고 하겠다.

사람들은 사고 방지용 가로대나 문이 열리는 욕조walk-in tub가 설치된 욕실의 모습을 별로 좋아하지 않는다. 병원이나 요양시설처럼 보인다는 이유에서다. 그러므로 욕실 장비를 공급하는 업체나 건축업자들은 욕실을 설계할 때 사고 방지용 손잡이들을 전체 디자인 요소의 일부로 적절히 통합할 필요가 있다. 문이 열리는 욕조도 자연스럽고 세련된 모습으로 제작해야 하며 긴 의자가 설치된 롤인 샤워roll-in(휠체어에 탄 채로 샤워를 할 수 있는 공간—옮긴이) 장치도 보다 보편적인 시설로 자리 잡도록 해야 한다. 훌륭한 자재와 현대식 디자인으로 욕실을 제작하면 요양시설 같은 분위기는 대부분 사라질 것이다. 또 건축가들은 디자인의 핵심을 조명에 두고 모든 조명 기구에는 동작 감지 장치를 탑재해야 한다. 그리고 각 층이나 바닥에 위험한 잡동사니들이 굴러다니지 않도록 이를 깔끔하게 저장할 수 있는 창고나 수납공간을 충분히 확보해야 할 것이다.

주택 임대 시장에서도 많은 사업 기회가 생겨나고 있다. 2019년 인터넷 부동산 중개 사이트 렌트카페RENTCafé가 미국 인구조사국의 데이터를 분석한 자료에 의하면, 지난 10년 동안 미국에서 60세 이상의 임차인 수는 3분의 1 이상 증가한 반면 34세 이하의 임차인은 3퍼센트 증가하는 데 그쳤다.[12] 1년에 6만 달러 이상의 소득을 올리는 고령층 임차인은 2006년에서 2016년 사이 4퍼센트 증가해서 전체의 15퍼센트를 기록했다. 임대 시장에서 나이 든 세입자, 특히 가처분 소득이 높은 고령층 임차인이 증가한다는 것은 부동산 소유자나 개발업자들이 이 인구통계학적 집단의 필요와 욕구를 충족하는 데 더욱 큰 관심을 기울여야 한다는 사실을 의미한다.

최근 주택이나 아파트를 수리 및 개량하거나 새롭게 건축하는 사람들은 입주자들의 생애 단계뿐만 아니라 다양한 세대가 같은 공간에 거주하는 시대적 트렌드를 고려하기 시작했다. 지하실을 주거 공간으로 개조해서 시댁이나 처가 식구와 한 집에 살게 될지도 모르는 상황에 대비하거나 기존의 땅에 '할머니 집'granny pods(마당 한편에 따로 짓는 조부모 주거 공간—옮긴이)을 건축하는 사람도 늘어나고 있다. 나는 싱가포르에서 여러 세대로 구성된 가족이 같은 건물에 세를 얻어 함께 거주하는 모습을 본 적이 있다. 말하자면 엄마와 아빠는 1층에, 성인이 된 손주들은 2층에 거주하는 식이다. 처음 집을 지을 때부터 다양한 세대가 함께 거주할 공간을 미리 준비하는 사람이 늘어나는 것은 이미 세계적인 트렌드다. 건축물의 크기나 범위에 따라 디자인은 각자 다르겠지만, 가장 긍정적인 점은 입주자들이 그곳에서 평생을 머물 거라는 사실을 전제로 디자인이 이루어진다는 것이다. 이 복합 주거지에는 모든 가족이 함께 모이는 중심 공간과 그보다 더욱 중요한 가족 구성원 각자의 개인적 공간이 확보되어야 한다. 물론 이런 집을 지을 때 가장 큰 문제는 건축물의 크기와 비용이다. 도시에서 거주하는 사람들은 대부분 이런 대규모의 공간을 엄두도 내지 못한다.

모듈Module은 펜실베이니아 주 피츠버그에 소재한 모듈화 방식의 주택 건설업체다. 이 회사는 여러 세대로 구성된 가족이 함께 거주할 공간을 확보하는 최선의 방법은 먼저 적절한 사이즈의 집을 지은 다음, 가족이 늘어남에 따라 집의 규모를 모듈 단위로 확장하는 것이라고 믿는다.[13] 그들이 소비자들에게 제공하는 모듈 주택의 크기는 46제곱미터부터 시작한다. 만일 이 주택을 구입한 가족에게 아이가 생겨 더 많은 방이 필요해지거나 고객이 시댁 식구나 친척들과 함께 거주해야 하는 상황이 생길 경우, 회사는 그 필요를 충족해줄 모듈 방식의 디자인을 미리 준비하고 있다. 그들의 접근방식에서 가장 중요한 두 가지 고려 사항은 이 모듈 주택이 도시 환경에 적합해야 한다는 사실(따라서 그들은 의도적으로 점유 공간이 좁고 주변 인구가 밀집된 환경에 맞춰 주택을 디자인했다)과 입주자들의 삶에 중요한 변화가 발생했을 때 신속하게 집을 추가로 건축해야 한다는 것이다.

다양한 세대로 이루어진 구성원들이 한 공간에 거주할 수 있도록 만들어주는 또 다른 형태의 혁신 역시 입주자들의 경제적 능력에 초점을 맞춰 이루어지고 있다. 그러나 이곳의 입주자들은 가족이나 친척이 아니다. 2014년 이스라엘 정부가 발표한 '히어 위 리브'Here We Live는 노년층 집주인과 같은 집에 살면서 노인들의 사회적 유대감을 높여주는 대학생들에게 각종 혜택을 제공하는 고령자 친화 프로그램이다.[14] 이 프로젝트에 참여한 대학생들은 집주인들과 대화를 나누면서 그들의 외로움을 덜어주고 사회성 향상을 돕는 대가로 정부가 보조한 주거비 할인 혜택과 장학금을 받는다. 요즘은 이스라엘뿐만이 아니라 유럽이나 아메리카 대륙 등지에서도 이와 비슷한 프로그램이 속속 등장하고 있다.

공동체 : 마을 네트워크를 만들어라

전 세계의 지방 자치단체 리더들은 자신이 속한 공동체에 세대적 다양성이 커지고 있다는 사실과 나이 든 구성원들은 현재의 집과 일터에서 오래 머물고 싶어 한다는 사실을 참작해서 정책을 입안해야 할 것이다. 전통적으로 젊고 건강한 사람들에게만 초점을 맞춰 구축된 공동체는 현재와 미래를 살아갈 모든 세대 구성원의 신체적 능력을 고려해서 적절히 개선되어야 한다. 여기에는 공동체 내의 오래 된 구역을 다양한 세대적 욕구와 필요를 반영해서 개조 및 변경하는 작업과 새로운 마을과 공동체를 처음부터 개발하는 작업이 모두 포함된다. 또 물리적인 시설뿐만이 아니라 주민들의 공동체 생활에 기여할 공공 기관도 충분히 설치해야 할 것이다.

나는 버몬트 출신의 미술가 케빈 루엘Kevin Ruelle 이 그린 삽화를 가끔 생각하곤 한다. 어느 남자가 공립학교 건물의 계단에 쌓인 눈을 쓸고 있는 그림이다. 계단 바로 옆에는 건물로 진입하는 경사로가 눈에 덮여 있고, 건물 밖에서는 많은 어린이가 작업이 끝나기를 기다린다. 그중에는 휠체어를 탄 아이도 있다. 삽화 아래에는 이런 자막이 있다. "(장애인처럼) 특수한 요구사항을 지닌 사람이 지나갈 길을 닦으면 모든 사람이 지나갈 길을 닦는 셈이다!" 그 말은 그 남자가 경사로에 쌓인 눈을 먼저 치운다면 모든 어린이가 빠른 시간 안에 건물로 들어갈 수 있다는 뜻이다. 이 교훈은 각종 사회 시설에 대한 접근성을 생각할 때 특히 일리가 있다. 예를 들어 오늘날 세계 곳곳의 거리에서 찾아볼 수 있는 '턱이 낮은' 보도步道는 포용적 디자인의 대표적인 사례 중 하나다. 이런 형태의 보도는 원래 휠체어를 탄 사람들을 위해 설계되었지만 유모차에 아이를 태운 부모나 수레를 밀고 물건을 배달하는 사람들도 요긴하게 사용한다.

접근성 개선 작업의 핵심 목표는 가능한 많은 사람이 공공시설을 편리하게 이용할 수 있는 환경을 구축하는 것이다. 공동체를 디자인하는 과정에서 고령층 구성원들을 고려하는 일이 상대적으로 낯선 개념처럼 생각될지 모르지만, 그 점에서 공동체가 걸어야 할 길을 이해하는 데 도움을 주는 훌륭한 지침과 관행은 이미 도처에 수없이 존재한다. 지역에서 선출된 지자체 관료나 공무원들은 노인들에 관련된 정책적 의사결정을 시작할 때부터 공동체의 나이 든 구성원들의 의견을 적극적으로 수렴해야 할 것이다. 기업들도 마찬가지지만, 특히 정부기관의 관료들은 노인들의 필요와 욕구를 자의적으로 판단하는 일을 삼가야 한다.

WHO 산하 고령자 친화도시 및 공동체 국제 네트워크Global Network for Age-friendly Cities and Communities는 각국의 지방 정부에게 인구 고령화의 현실을 받아들일 것을 촉구하고 다양한 지방 자치 단체들을 대상으로 이에 관한 지침을 제공하는 단체다.[15] 고령자 친화적 공동체란 고령층 시민들의 관심사와 필요사항을 수용할 수 있는 물리적·사회적 환경을 구축해서 공동체의 나이 든 구성원들을 소중히 여기고, 사회 활동에 참여시키고, 적극적으로 지원하는 지방 자치단체를 말한다. 오늘날 이 네트워크에 가입한 지자체는 39개국의 700여 도시로 불과 몇 년 사이에 두 배가 늘었다.

물론 이 프로그램의 멤버가 된다고 해서 곧바로 고령자 친화적인 도시가 될 수는 없겠지만 해당 지자체가 지역 공동체(특히 가장 나이 든 구성원들)에 적극적으로 관심을 기울임으로써 나이에 관계없이 모든 시민에게 환영받는 도시를 만들겠다는 의지의 표현이라고 생각할 수 있다. 이 네트워크에 가입한 지자체들은 수많은 마을, 도시, 주, 국가의 정부 및 조직과 연계되어 이 분야에서 최고의 관행과 통찰을 획득할 수 있다.

이 네트워크의 초창기 회원이면서 가장 인상 깊은 멤버 중 하나는 일본 혼슈 지방의 인구 30만에 불과한 소도시 아키타秋田 시다.[16] 이미 오래전에 슈퍼 에이지로 돌입한 이 도시는 65세 이상의 노년층이 전체 주민의 3분의 1을 넘는다. 이런 놀라운 인구통계학적 현실이 펼쳐진 이유는 도시화와 인구 고령화라는 두 가지 메가트렌드가 합쳐졌기 때문이다. 하지만 이와 비슷한 인구통계학적 도전에 직면했던 다른 지역과 달리, 아키타 시는 이 문제에 정면으로 맞서 이를 재창조와 혁신의 기회로 활용했다.

진취적인 사고방식을 지닌 호즈미 모토무穂積志 아키타 시장과 공무원들은 다양한 세대로 구성된 시민들의 필요를 충족하는 방향으로 시의 각종 기반시설을 개선하는 데 주력했다. 그들은 모든 연령대의 시민을 고려해서 누구나 쉽게 접근 가능하고 사용자 중심적으로 설계된 시청 건물을 건설했다. 덕분에 아키타 시청은 공동체의 중심 공간이면서 한편으로 이 도시의 노인들이 가장 선호하는 모임 장소로 자리 잡았다. 이 건물에는 유아 돌봄 시설은 물론 지팡이를 걸어놓을 수 있는 거치대와 유모차나 휠체어 주차 공간도 설치되어 있다. 아키타 시의 관료들은 모든 연령대의 시민을 포용하는 공동체를 건설해서 이 도시를 누구나 살고 싶어 하는 장소로 만들겠다는 목표를 세웠다. 그리고 지역 기업들과 다양한 협력관계를 맺고 시민들에게 식품 배달을 포함한 각종 서비스를 제공했으며, 고정 요금 대중교통 같은 이동수단을 개발했다. 이 두 가지 지역 사업을 포함한 아키타 시정부의 다양한 프로그램은 인간의 삶에서 가장 중요한 요소가 사회적 유대감이라는 사실을 다시금 확인시켜주는 역할을 했다. 다시 말해 노인들의 건강에 심각한 해를 끼치는 사회적 고립을 방지하기 위해서는 모든 사람이 쉽게 교류할 수 있는 환경을 조성하는 일이 가장 중요하다는 것이다.

인구 순서로 미국에서 가장 큰 도시인 뉴욕 시도 증가하는 노년층 인구의 욕구를 충족하기 위해 나름대로 최선을 다하고 있다.[17] 이 도시는 지난 10년간 1,500여 개의 벤치와 3,500개의 지붕 달린 버스 정류장을 시 전역에 설치했고 이 편의시설들이 애초의 목적을 제대로 달성하고 있는지 파악하기 위해 노년층 시민들과 대화를 나눴다. 또 영국의 노팅엄 시는 300여 개 지역 업체의 협조 하에 '편안히 앉으세요'Take a Seat 라는 프로그램을 발표했다.[18] 이는 거동이 불편한 노인들이 길을 지나다 아무 가게나 들어가 편하게 휴식을 취할 수 있도록 배려한 제도다. 이 프로그램에 가입한 상점은 '우리는 노인들을 환영합니다'We are age-friendly 라고 쓰인 표지판을 앞 유리창에 걸어둔다. 그리고 '앉을 수 있는 도시'seatable city로 알려진 독일의 그리스하임Griesheim은 시 전역의 다양한 장소에 선 채로 잠시 몸을 기댈 수 있는 지지대와 벤치 같은 여러 종류의 휴게 공간을 설치해 두었다.[19]

고령자 친화적 공동체에 대해 가장 잘 알려지지 않은 사실 중의 하나는 세계 어느 곳에서나 노인들을 위한 기존 시설들이 이미 존재하기 때문에 우리가 이를 슈퍼 에이지의 요건에 맞게 적절히 개선할 수 있다는 것이다. 가령 학교 같은 기반시설들도 여러 용도로 요긴하게 활용이 가능하며 각종 문화 활동, 레크리에이션, 공공서비스, 종교 단체 등을 통해서도 노년층 구성원들의 공동체 참여도를 끌어올릴 수 있을 것이다. 노인들에게는 자원봉사를 하거나 창업을 통해 일자리를 창출할 기회뿐 아니라 대학을 포함한 각종 직업 훈련에 참여할 수 있는 기회도 제공되어야 한다. 또 주거, 생활, 이동수단, 교통 등도 노인들이 이용하기에 편리하고 저렴해야 할 것이다.

이동의 자유 : 승차공유 서비스와 노인 친화 대중교통

삶의 후반기에 닥치는 가장 큰 문제 중의 하나는 이동성의 상실이다. 이는 노인들의 사회적 고립을 유발해서 외로움을 가중시키는 주요 요인으로 작용한다. 본인이 원하는 곳으로 마음대로 이동하기가 어려운 노인들은 식료품을 구입하고, 우체국을 방문하고, 종교 집회에 참여하는 일 등의 일상적 활동을 통해 공동체와 연결되기가 불가능하다. 또 일해서 소득을 올리거나 사회활동에 자원봉사자로 참여하는 능력에도 제동이 걸림으로써 더 나은 삶의 질을 누리기가 어려워진다.

특히 작은 농촌 마을이나 도심에서 멀리 떨어진 곳에 거주하는 노인들이 이동에 제약이 많을 경우에는 문제가 더욱 커진다. 도시 거주자들은 상점에 가서 쇼핑을 하거나 각종 서비스를 받기 위해 이동해야 할 거리가 상대적으로 짧고, 걷거나 다양한 교통수단(자전거, 버스, 기차, 택시, 승차공유 앱 등)을 활용해서 목적지에 도달할 수 있다. 이에 반해 교외에 거주하는 사람들은 교통수단 선택의 폭이 좁기 때문에 주로 자동차를 이용해서 상대적으로 먼 거리를 여행해야 한다. 게다가 농촌 지역에 사는 사람들은(중심가 거주자들을 제외하고) 유일한 교통수단인 자동차로 장거리를 이동할 수밖에 없다.

최근에는 승차공유 서비스를 활용할 수 있는 지역이 점점 늘어나는 추세다. 우버는 전 세계 70개국 450여 개 도시에서 활동 중이다. 미국의 리프트Lyft와 커브Curb, 인도의 올라Ola, 말레이시아, 인도네시아, 태국, 필리핀 등지의 그랩택시GrabTaxi, 유럽의 프리나우Free Now, 일본의 라인택시Line Taxi, 인도네시아의 블루버드Blue Bird, 한국의 카카오T처럼 국가나 지역에 특화된 승차공유 서비스도 많다.

미국의 고고 그랜드페어런트GoGo Grandparent 같은 혁신적 이동지원 서비스 기업들은 자사에 등록된 고객들이 앱이나 카메라가 없고 인터넷 사용이 불가능한 아날로그 전화로도 서비스를 호출할 수 있는 기술을 개발했다. 몇 년 전 워싱턴 D.C.에서 우버 기사로 일하는 어떤 사람은 내게 이 서비스를 소개해주며 80대인 자신의 어머니가 승차공유 서비스를 이용할 수 있는 유일한 방법이라고 말했다. 하지만 안타깝게도 사용자들이 이런 서비스를 접할 수 있는 지역은 상대적으로 인구가 밀집된 도심이나 교외 지역뿐이다.

노인들이 일상적인 사회적 교류가 어렵거나 중요한 서비스에 접근이 불가능할 정도로 이동성을 잃는 이유는 대부분 갑작스러운 신체적 손상 때문이다. 나이가 들수록 이런 사고에 노출될 위험성은 더 커진다. 미국을 포함한 여러 나라의 정부는 운전면허 발급 요건에 나이에 관한 규정을 포함시키거나, 운전자가 일정 연령대에 도달하면 필수적인 기능 테스트를 실시해야 한다는 조건을 덧붙인다. 또 사람이 나이가 들면 운전에 필요한 비용도 증가할 수밖에 없다. 보험회사들은 노년층 운전자들의 운전 경력이 풍부하고 안전운전을 수행한 기간이 길어도 그들을 고高 위험군으로 분류해서 높은 요율을 부과한다. 하지만 최근에는 온라인으로 호출할 수 있는 다양한 이동수단이 늘어나면서 노인들이 굳이 운전을 해야 할 필요성도 점차 사라지고 있다.

현대의 과학적 발전 덕분에 주민들이 현재 살고 있는 집에서 오랜 시간을 독립적으로 생존하면서도 공동체의 다른 구성원들과 긴밀한 사회적 교류를 이어가는 일이 가능한 시대가 열리고 있다. 마치 공상과학 소설 같은 이야기지만, 이미 도시 지역을 중심으로 활발히 진행되고 있는 이런 기술적 혁신은 조만간 교외나 농촌 지역으로도 파급될 전망이다.

내 고향 피츠버그를 예로 들어 보자. 현재 이 도시에서는 다섯 개 기업이 자율주행 자동차를 개발 중이다. 이제 누구에게나 익숙한 이름이 된 우버는 피츠버그 시내에 20여 대의 자율주행 차량을 배치해서 고객들에게 요금을 받으며 낮 시간 동안 운행한다. 댈러스, 샌프란시스코, 워싱턴 D.C., 토론토 등지에서도 우버 자율주행 자동차의 시범 운행이 실시되고 있다. 앱티브Aptiv, 아르고 AIArgo AI, 오로라Aurora, 카네기멜론 대학교 등도 피츠버그 시내와 교외의 32개 지역에서 40여 대의 차량을 시범 운행 중이다. 2030년이 되면 세상의 모든 자동차 10대 중 한 대는 자율주행 자동차가 될 것으로 전망된다. 하지만 무인 자동차는 모빌리티 혁명의 일부일 뿐이다.

2019년 도쿄 모터쇼에 참가한 미쓰비시 전기주식회사는 '더 나은 세상을 위한 모빌리티'라는 콘셉트를 내걸고 우리가 기존에 사용 중인 자동차부터 더욱 광범위한 사회적 기반시설에 연동된 미래형 차량에 이르기까지 모든 영역에 최첨단의 기술을 채택한다는 개념을 제시했다. 이에 관한 논의의 대부분이 소비자들의 최대 관심사인 미쓰비시의 자율주행 자동차 관련 내용이었다는 사실은 놀랍지 않다.

특히 이 행사에서 미쓰비시가 선보인 콘셉트카 에미라이EMIRAI의 내부 디자인은 큰 유명세를 탔다. 운전자의 심장 박동을 관찰하는 비접촉 장치, 얼굴 표정을 추적해서 운전자가 잠에 빠졌는지 여부를 감지하는 센서, 신체 표면의 체온을 지속적으로 측정하는 기능 등 운전자의 건강을 모니터하는 혁신적 기술은 소비자들의 이목을 집중시켰다. 이런 추적 기능 덕분에 차량에 탑재된 시스템은 운전자가 피로한지, 졸음을 느끼는지, 또는 갑자기 건강에 이상이 생겼는지를 파악해서 차량의 운전방식을 자율주행 모드로 스스로 전환하고 경찰서, 소방서, 응급기관 등에 알릴 수 있다.

전 세계의 지방 정부들도 주민들에게 다양한 이동수단의 선택지를 제공하는 데 중요한 역할을 담당하고 있다. 문제는 도시의 기반시설들이 건설된 지 수십 년 이상 경과된 경우가 대부분이라는 것이다. 런던, 부다페스트, 글래스고, 뉴욕, 파리, 부에노스아이레스 같은 대도시의 지하철은 지어진 지가 100년도 넘었으며 이 시설을 새로 개축하기 위해서는 어마어마한 비용이 든다. 하지만 그런 와중에서도 많은 지방자치 단체들은 버스, 기차, 기차역 내부, 지붕 달린 버스 정류장 등을 누구나 손쉽게 사용할 수 있도록 고령자 친화적인 형태로 개선해서 괄목할 만한 성과를 거두었다.

현재 미국의 고정노선 버스 차량의 99퍼센트, 열차의 90퍼센트가 노인들도 편리하게 사용할 수 있도록 현대식으로 개조되어 있다. 하지만 이 작업을 주도한 지자체 당국들은 정작 대중교통 시스템의 입구나 차량으로 이어지는 내부 통로를 편리하게 만들지는 못했다. 수많은 역(전체의 4분의 1 이상)의 입구가 노년층 시민이 접근하기 어려운 구조로 되어 있기 때문에 노인들은 젊은이들이 당연한 듯 이용하는 대중교통 수단을 통해 원하는 곳까지 이동하기가 극히 어렵다.

패러트랜싯paratransit은 미국과 캐나다에서 버스나 기차를 이용하지 못하는 시민들을 위해 무료 또는 저렴한 금액으로 이동수단을 제공하는 보조 교통 시스템이다. 미국은 1990년에 제정된 미국 장애인법에 근거해서 국가 전역의 도시 및 농촌 마을에서 패러트랜싯 시스템을 가동하고 있다. 하지만 시민들이 이 제도를 활용하기도 쉽지만은 않다. 사용자들은 여러 시간 전(때에 따라서는 하루 전)에 미리 예약을 해야 하고 예약을 한 경우에도 운전자들이 약속 시간에 늦거나 아예 오지 않은 일이 비일비재하다. 일부 지자체에서는 정보기술을 활용하거나 기존의 주문형 교통수단에 보조금을 지급하는 방식으로 이 문제의 해결을 위한 시범사업을 추진 중이다.

돌봄 서비스: 외로움을 관리해 드립니다

고령자 친화적인 주택과 공동체를 구축할 때 가장 중요한 고려사항 중 하나는 젊은이와 노인 모두에게 가장 큰 도전 요소인 사회적 고립의 문제를 해결하는 것이다. 이는 모든 사람이 각별한 관심을 기울여야 할 어려운 숙제임에 틀림없다. 최근 AARP 재단과 유나이티드 헬스 재단United Health Foundation이 2,010명의 참가자를 대상으로 수행한 전국적인 조사에서 모든 연령 집단에 속한 성인 중 3분의 2가 사회적 고립으로 고통을 겪고 있다는 결과가 나왔다.[20] 또 사회적 고립의 부정적 효과가 비만이나 흡연에서 오는 피해와 맞먹는다는 연구 결과도 있다. 우리가 이 취약한 처지에 놓인 사람들을 보다 긍정적인 방향으로 사회에 연결시킨다면 더욱 견고하고 건강한 공동체를 창조할 수 있을 것이다.

사람들은 주기적으로 수행하던 사회적 교류가 더 이상 불가능할 때 외로움을 느낀다. 그리고 이런 상황이 방치되면 수많은 건강 문제가 초래될 뿐만 아니라 엄청난 사회적 비용이 소모될 수 있다. 게다가 이 비용을 지불할 책임은 가족이나 친구, 공공자금으로 운영되는 사회복지 단체의 몫으로 돌아간다. 또 사회적 고립의 문제를 해결하지 못한 사람은 독립적인 삶을 살지 못하고 결국 집단 시설에 몸을 의탁해야 하는 처지에 놓이기 쉽다.

공동체 구성원들을 서로 연결시키기 위한 최선의 방책은 애초에 그들을 고립시키지 않는 것이다. 이는 당사자나 그의 가족뿐만 아니라 의료진, 기업, 압력단체 그리고 이로 인해 영향을 받는 공공 부문 기업들이 최우선적으로 해결해야 할 중차대한 사회적 이슈다. 2018년 영국 정부는 외로움이라는 유행병의 폐해를 인식한 끝에 세계 최초로 '외로움 문제 전담 장관'minister for loneliness을 선임해서 이 위기를 타개하기 위한 방안을 모색했다.[21]

물론 전 세계의 다양한 조직이 이 문제를 정면으로 돌파하기 위해 노력 중이라는 사실은 고무적인 소식이다. 그들의 목표는 공동체 구성원들이 본인의 자택에 거주하면서 서로 활발하게 교류할 수 있는 방법을 찾는데 있다. 문제는 지금까지 개발된 혁신적 제품이나 서비스가 그렇게 다양하지 않으며, 설사 있다 하더라도 대다수 시민이 접근하기가 어렵다는 것이다. 이렇듯 노인들의 고독 문제를 해결할 수 있는 제품과 서비스가 부족하고 기존의 서비스 디자인이나 전달 방식에 대한 개선의 수요가 높은 상황은 기존의 민간 및 공공기업들뿐만 아니라 신생 스타트업들에게 좋은 시장 기회를 제공하고 있다.

특히 노인들의 외로움을 한층 악화시킨 코로나19 사태는 소비자들에게 '수단적 일상생활 동작능력'IADLs과 관련된 서비스를 제공하는 조직에게 더욱 큰 기회를 가져다주었다. 앞서 설명한 대로 IADLs란 교통수단 이용하기를 포함해 장보기, 식사 준비, 집안일 관리, 약 복용, 가족이나 친구와 소통하기, 돈 관리, 말동무 되어주기, 심리적 지원 같은 제반 활동을 의미한다.

코로나19 사태라는 전 세계적인 보건 위기상황 속에서 소비자들에게 이런 서비스를 효과적으로 제공할 방법을 찾는 과정은 전 세계의 수많은 기업에게 훌륭한 혁신의 놀이터(즉 기업들이 자유로운 탐구의 과정, 마치 놀이와도 같은 실험을 통해 복잡한 문제를 해결하는 환경)가 되어주었다. 심지어 어느 국가의 정부는 원격의료나 디지털 보건 정책 같은 일부 규정을 포기하기도 했다. 사회적 고립의 위험에 빠진 개인들을 지원하는 비즈니스를 그전부터 이미 수행 중이던 기존 조직들은 이 분야에서 특히 두각을 나타냈다.

미국의 노인 통합진료연계 프로그램Program of All-inclusive Care for the Elderly, PACE(이하 PACE)에 동참한 참가자들은 코로나19 사태를 겪으며 큰 도전에 직면했지만, 그런 가운데서도 성공적인 사업 실적을 올렸다.[22] 그들은 공동체의 취약하고 노쇠한 시민들에게 포괄적인 의료 및 사회 서비스를 제공한다. 이 프로그램 참가자들의 목표는 노인들이 요양시설에 입소하지 않고 본인의 집에 그대로 거주하며 독립적인 삶을 유지할 수 있도록 돕는 것이다.

코로나19 사태 이전에는 대부분의 돌봄 서비스가 노인들에게 사회 활동, 식사, 치료 등을 제공하는 센터에서 이루어졌다. 하지만 이후로는 대부분 공공자금으로 운영되는 PACE 소속 조직들이 지원금에 영향을 받지 않고 센터를 중심으로 수행하던 돌봄 서비스를 재가 서비스와 온라인 서비스로 바꿀 수 있게 됐다.

런던에 소재한 '테크 포 굿'tech for good(사회적 공익을 추구하는 기술—옮긴이) 기업 온핸드onHand는 한때 이 분야의 후발주자였지만 코로나19 사태 속에서 노년층 고객들에 대한 지원 수요가 급증하며 큰 규모로 성장했다.[23] 온핸드가 개발한 앱은 도움이 필요한 노인들을 버튼 하나로 공동체의 자원봉사자들과 연결시켜준다. 이 회사의 자원봉사자들은 쇼핑, 심부름, 처방전 수령 같은 일을 대신하고 때로 노인들의 말동무가 되어주기도 한다. 이 앱은 영국의 공공 보건 시스템인 국민 보건서비스NHS와 지방 의회의 부담을 크게 줄여주는 역할을 했다. 온핸드의 설립자 산자이 로보Sanjay Lobo는 사회적 혁신에 기여한 공을 인정받아 2021년 영국 위대한 기업가 대상에서 공익 기업가 부문 수상자가 됐다.

또 기존에 출시되었던 수많은 주문형on-demand 서비스들도 코로나19 사태를 거치면서 더욱 보편적인 도구로 자리 잡았으며 이를 계기로 '미래의 노인들'이 세상을 살아가는 방법을 근본적으로 바꿔놓으리라 예상된다. 소비자의 필요나 취향에 따라 맞춤형으로 주문이 가능한 제품 및 서비스, 각종 돌봄 장치는 앞으로 더욱 가용성이 확대될 것으로 전망된다. 나는 팬데믹 사태 와중에도 집에 앉아 몇 분 안에 자동차를 호출하고, 식당에서 판매하는 음식을 30분 내에 주문해 먹고, 2시간 만에 식료품을 배달시키고, 입던 옷을 세탁소에 맡겨 다음날 되찾고, 아마존에 필요한 물건을 주문해서 며칠 내로 배송 받을 수 있었다. 이 모든 일이 스마트폰에서 손가락을 몇 번 놀리는 것만으로 가능하다니 참으로 놀라운 세상이 아닐 수 없다. 앞으로 이루어질 기술적 발전을 포함한 이 모든 혁신 덕분에 미래의 노인들은 더욱 독립적인 삶을 기대할 수 있게 됐다.

제11장

엘더노믹스가
온다

나는 노인 인구에 관한 세계인의 서사를 기존의 암울하고 불행했던 줄거리에서 보다 긍정적이고 미래지향적인 쪽으로 바꾸는 데 모든 경력을 바쳤다. 특히 노인들의 권익을 옹호하고, 나이 든 직원들이 업무현장에 기여하는 가치를 찬양하고, 제품 및 서비스의 개발 과정에 고령자 포용적인 접근방법을 채택할 것을 촉구하고, 노년층 인구를 공동체에 적극적으로 참여시켜야 한다고 주장하는 데 경력 기간의 4분의 1을 쏟아부었다. 또 고령층 직원들이 창출하는 사회적 혜택을 의미하는 '장수 배당금' longevity dividend을 기업과 정부가 적극적으로 활용해야 노년층 소비자들의 구매력을 상승시키고 사회적 포용성을 강화하며 공동체 구성원들의 건강을 개선할 수 있다고 역설했다.

나는 이런 활동을 위해 독자적인 연구를 진행했고 런던의 〈파이낸셜타임스〉나 도쿄의 니케이Nikkei 같은 주요 기업을 초청해서 국제회의를 개최했다. 또한 중국, 프랑스, 독일, 일본, 네덜란드, 싱가포르를 위시한 여러 국가의 정부와 함께 일했다. OECD, 세계경제포럼, UN 등을 포함한 국제기구와 다각도로 협력관계를 체결했고 다우존스, 취리히 보험그룹, 포춘 브랜즈 홈 앤드 시큐리티Fortune Brands Home & Security, 신콩新光 그룹 같은 대기업에게 그동안 획득한 통찰을 제공하기도 했다. 이 기업들은 미래의 인구통계학적 변화가 기업과 경제, 우리 사회에 긍정적인 영향을 미칠 거라는 내 아이디어에 동의했다.

나는 이 작업들을 수행하는 과정에서 단순한 진실 하나를 끊임없이 강조했다. 모든 사람은 어떤 사회 또는 조직의 일부가 되기를 바란다는 것이다. 다시 말해 사람들은 어딘가에 소속되고 싶어 하고 집단의 평범한 구성원으로 비춰지기를 원한다. 또 뚜렷한 삶의 목적을 갈망하고 나보다 더 가치 있는 무언가에 기여할 수 있는 사람이 되기를 바란다. 이는 나이나 경제적 상황에 관계없이 전 세계의 모든 사람에게 공통적으로 관찰되는 현상이다. 게다가 인간은 오래 살수록 소속감을 중요시하는 경향이 있다.

내가 말하는 소속감이란 그 주체가 특정한 지역, 종교, 인종 집단 등으로 한정되지 않는다. 그보다는 우리 사회의 심오한 구조를 뒷받침하는 생산적인 구성원, 즉 인류라는 이름의 거대한 엔진을 돌리는 데 꼭 필요한 톱니바퀴의 하나로서 남들에게 인정받고자 하는 심리에 가깝다. 그 말은 우리가 꼭 소득을 창출하는 일뿐만 아니라 돌봄이나 자원봉사 같은 무급 노동을 통해서도 삶의 가치를 찾을 수 있다는 뜻이다.

사람들이 자살을 결심하는 주된 이유 중의 하나도 삶의 목적을 잃었기 때문이다. 최근 노인들이 자살하는 비율은 갈수록 높아지고 있으며 특히 85세 이상의 자살자가 많이 늘어나고 있다. 자살 시도가 실제 죽음으로 이어질 확률도 노인들 사이에서 훨씬 높다. 한 사람이 자살할 때마다 100만 달러 이상의 사회적 비용이 소모된다. 그중 대부분이 생산력 상실로 인한 비용이다. 수치로 환산할 수 없는 개인적 비용은 제외하더라도, 나라 전체적으로 자살에 따른 연간 비용은 1,000억 달러(대부분 생산력 상실에 따른 비용)에 육박한다. 우리가 시민들의 자살 방지를 위한 적절한 조치를 취하기만 해도 이 금액의 상당 부분을 절약할 수 있는 것이다.

최근에는 기업들도 삶의 목적을 찾는 일을 돕는 데 팔을 걷어붙이고 나섰다. 제프 티드웰Jeff Tidwell이 설립한 넥스트 포 미Next for Me는 삶의 전환을 꿈꾸는 직장인 및 구직자와 일상의 의미를 찾는 사람들을 지원하는 스타트업이다. 폴 롱Paul Long의 프로부머ProBoomer나 엘리자베스 리본스Elizabeth Ribons의 〈넥스트〉NEXT 같은 소셜 플랫폼 및 팟캐스트 방송 역시 나이 든 성인들에게 삶의 용기를 불어넣고 그들이 사회에 기여할 만한 충분한 가치를 소유하고 있다는 사실을 상기시킨다. 또 마크 프리드먼Marc Freedman이 설립한 비영리단체 앙코르 닷 오르그Encore.org는 50세가 넘은 중장년층 인구가 공동체의 적극적인 참여자로 활동하면서 자신의 경험을 다른 사회 구성원들과 공유할 수 있도록 돕는다. 이 조직들의 존재 이유는 본인이 소속된 공동체에 기여하기를 원하는 동시에 스스로의 필요사항도 충족하고 싶어 하는 나이 든 시민들의 요구에 대응하는 것이다.

엘더노믹스라는 미래

나와 AARP에서 함께 일한 동료이자 친구이며 미국 고령화협의회에서 CEO로 재직 중인 램지 앨윈Ramsey Alwin은 우리의 경제 시스템에 노년층 시민을 적극적으로 참여시키는 정책의 당위성을 지속적으로 주장해온 고령자 포용 정책의 강력한 옹호자다. 램지가 오랫동안 사용한 트위터 계정 '엘더노믹스'(@eldernomics)는 노인들의 경제적 안정성과 취업 능력 향상을 촉구하기 위해 직접 만들어낸 신조어다. 나 또한 나이 든 시민들에게 경제적 기회에 접근할 권리를 보장해주는 정책이 현명할 뿐만 아니라 실용적이고 포용적인 접근방식이며 나아가 우리 사회의 경제적 번영을 이끌 수 있는 길이라고 생각한다. 현재 램지는 그 계정을 더 이상 사용하지 않지만 내게 이 장章의 제목을 '엘더노믹스'라고 붙일 수 있도록 허락해주었다. 나는 이 용어에 이 책의 핵심 주제가 담겨 있다고 믿는다. 다시 말해 우리의 목표는 다양한 삶의 단계를 살아가는 모든 연령대의 시민에게 더욱 활기차고 평등한 사회를 건설하는 데 참여할 수 있는 기회를 부여하며 이를 통해 더 많은 개인, 기업, 정부가 슈퍼 에이지라는 인구통계학적 현실을 헤쳐 나가도록 만드는 데 있다.

이 목표를 달성하는 방안 중 하나가 꾸준한 교육과 훈련을 통해 사회 구성원들의 디지털 기술 활용 능력을 증진하는 것이다. 특히 코로나19

사태 이후 수많은 사람이 집에서 업무를 보고 가상공간에서 사회적 삶을 이어가고 있는 현실 속에서 디지털 기술의 중요성은 더욱 크게 부각되고 있다. 앞으로 모든 사람은 디지털 기술을 통해 업무를 수행하는 능력을 키워야 할 뿐만 아니라 디지털 세계에도 적극적으로 참여해야 할 것이다.

온라인 쇼핑 산업의 규모가 날로 증가하는 미국에서는 2023년 인구의 91퍼센트에 해당하는 3억 명이 디지털 소비자가 될 것으로 예상된다.[1] 미국인 중 4분의 1가량이 매달 온라인으로 쇼핑을 하고 그들 중 3분의 2가 의류를 구입한다. 온라인 쇼핑객 중 절반 이상이 아마존 사이트에서 처음으로 물건을 구매하는 경험을 한다.[2] 앞으로는 점점 더 많은 소비자가 온라인에서 정보를 얻고, 사회적 교류를 나누고, 주기적인 구매자로서 물건을 사들일 것이다.

겟셋업GetSetUp, 시니어 플래닛Senior Planet, 올드 어덜트 테크놀로지 서비스Older Adults Technology Services, OATS 등은 노년층 고객들이 새로운 기술을 편안하게 받아들이고 온라인 세계로 이동할 수 있도록 돕는 회사다. 이 기업들은 업계에서 자주 사용되는 온라인 도구들의 활용법을 노인들이 동료와 함께 익힐 수 있도록 대면 및 원격 교육을 제공한다. 이 교육 과정에는 온라인에 대한 기본적인 지식 이외에도 자신을 마케팅할 수 있는 방법(링크드인LinkedIn이나 메일침프MailChimp), 웹사이트 만드는 법(스퀘어스페이스Squarespace나 윅스Wix), 전자상거래 마켓플레이스 운영하는 법(엣시Etsy나 쇼피파이Shopify) 같은 고급 주제들도 포함되어 있다.

또 스마트폰을 사용하지 않는 노인들을 필수적인 서비스에 연결시켜주는 회사들도 있다. 독일의 통신기업 질버드라트Silberdraht는 영국계 이동통신 사업자 보더폰Vodafone에서 자금을 투자받은 업체로 온라인에 접속하지 못하는 노인 고객들에게 팟캐스트, 환율, 뉴스 등의 정보 서비스를 제공한다.[3] 질버드라트 같은 업체가 존재할 수 있는 이유는 독일 노인들이 미국에 비해 인터넷 사용률이 상대적으로 낮기 때문이다. 모든 솔루션은 각 지역에 특화된 사람들의 형편이나 필요에 따라 맞춤형으로 개발되어야 한다.

55세에서 64세 사이의 창업가들도 증가세에 있다. 카우프만 재단이 발표하는 스타트업 창업 지표Kauffman Indicators of Entrepreneurship에 따르면 25년 전만 해도 신규 창업가 중에 이 연령대에 해당하는 사람은 15퍼센트에 불과했지만 2016년에는 25퍼센트로 늘었다.[4] 노동 통계청이 발표한 자료에 따르면 65세 이상의 연령층은 주로 자영업에 종사하고 있으며 전체 자영업자의 16퍼센트가 65세 이상이라고 한다.[5] 최근 급격한 증가세를 보이고 있는 이 연령층의 역할이 사회적으로 중요한 이유는 그들이 전통적인 노동인력의 범주에 포함되지 않은 상태에서 경제 시스템에 참여하고 있을 뿐만이 아니라 그들이 설립한 스타트업이 젊은 창업가들의 실적을 능가하기 때문이다.

오늘날 성공한 창업가의 평균 연령은 45세에 달하고 50세의 창업가가 최고 성장률을 기록하는 스타트업을 설립할 확률은 30세 창업가에 비해 1.8배가 높다. 이 확률이 가장 낮은 것은 20대 초반의 설립자다.[6] 그럼에도 불구하고 에이지즘이 판을 치는 이 사회에서는 나이 든 창업가들이 자금을 조달하기가 매우 어렵다. 언젠가 유명 벤처캐피털 투자자 폴 그레이엄Paul Graham은 자신이 투자할 창업가들을 선택할 때 연령을 최고 32세까지로 제한한다고 언급하기도 했다. 도대체 무슨 논리에서 나온 믿음일까?

노동력 부족 사태, 근로수명 연장이 답이다

슈퍼 에이지 사회에서는 나이에 관계없이 모든 구성원의 소속감을 충족시키는 일이 가장 핵심적인 과제가 될 것이다. 국민들이 어느 곳에도 소속감을 느끼지 못하면 비즈니스의 안정성이 훼손되고 사회적 결속력이 약화됨으로써 국가 경제에 부정적인 영향이 미칠 수 있다. 그리고 이로 인해 경제 발전의 속도가 느려지고 결국 온 나라가 불황과 침체의 늪에 빠질지도 모른다. 이런 일이 닥친다면 해당 국가의 정부는 글로벌 경제에서 차지하는 위상을 상실하고 국가의 신용도와 구매력은 철저한 조사와 감시의 대상으로 전락하며 사회복지 시스템은 붕괴될 수 있다. 그 결과 우리 사회에는 늙고, 병들고, 가난한 사람들만 남게 될 것이다. 노년층 인구를 경제에 적극적으로 참여시킴으로써 미래의 사회와 경제를 발전시킬 수 있다는 현실을 외면하는 것은 매우 멍청한 전략일 뿐이다.

그렇다면 인류의 앞길을 방해하는 것은 무엇인가? 무엇보다 우리 자신의 시대착오적인 사고방식, 부실한 공공 정책, 그리고 사회에 만연한 에이지즘(노골적이든 암시적이든)을 꼽을 수 있다. 이들은 복합적으로 작용해서 비즈니스의 의사결정에 부정적인 영향을 미치고 생산성을 감소시킨다. 우리가 이 요인들을 극복하기 못한다면 납세자들은 경제적 생산성 손실, 치솟는 의료비용, 대대적인 실업과 고립에서 야기되는 모든 비용을 떠안게 될 것이다. 또 현재의 상황에 적절히 대응하지 않는 정부와 기업은 경제적 성장과 정치적 안정이라는 숙제 앞에서 실존적인 위협에 직면하게 될 가능성이 크다.

35개 국가가 사상 최초로 슈퍼 에이지에 돌입할 2030년이 되면 전 세계적으로 8,520만 명의 인재 부족 현상이 벌어질 것으로 예상된다.[7] 그런 상황에서 기업들이 나이 든 인재들을 채용 및 유지하는 조치를 취하지 않는다면 이 문제로 인한 경제적 비용은 수조 달러에 이를지도 모른다. 그중에서도 금융 서비스처럼 지식집약형 산업으로 여겨지고 있는 분야가 특히 큰 타격을 입게 될 것이다. 금융 산업에 심각한 인재부족 현상이 발생할 경우, 그로 인한 미실현 경제적 산출물의 가치는 4,350억 달러에 달할 것으로 전망된다.

심지어 OECD처럼 정년퇴직 제도를 유지하는 조직들도 이 의견에 공감을 나타내고 있다. OECD가 자체적으로 수행한 연구 프로젝트에 따르면, OECD 가입 국가의 정부와 기업들이 인구통계학적 변화에 제대로 대처하지 못했을 때 그로 인한 GDP 감소율은 평균 10퍼센트에 이를 것이며 일부 국가에서는 20퍼센트까지 하락할 거라고 한다.[8]

고령자 포용적인 시대적 흐름에도 불구하고 아이슬란드, 한국, 일본, 싱가포르 같은 일부 국가는 인구 고령화로 인해 경제가 위축되는 현상을 되돌리기에 이미 때가 너무 늦은 감이 있다. 주된 이유는 이민 정책처럼 경제 발전에 대체로 긍정적인 영향을 미친다고 여겨지는 요소들이 그들의 발목을 잡고 있기 때문이다. 친親이민 정책을 실시하지 않는 나라들은 로봇 같은 기술에 의존해서 부족한 노동력을 벌충해야 하는 처지에 놓여 있다. 물건을 구매할 인구가 부족하다 보니 제품 및 서비스에 대한 국내 수요도 위축되고 있는 형편이다. 이 국가들의 경제적 전망은 OECD 국가들뿐 아니라 그 외에 전 세계 150여 국가가 각별히 유념해야 할 교훈이라고 생각된다.

현재의 인구통계학적 변화가 아무런 조치 없이 그대로 지속된다면 국가의 신용 등급에는 재앙과 같은 결과가 닥칠지도 모른다. 하지만 이 주제에 대한 논의는 좀처럼 이루어지지 않는다. 신용 평가 기관들은 특정 국가의 정부나 기업이 부채를 상환할 능력이 충분한지에 대한 정보를 전 세계의 투자자들에게 제공한다. 다시 말해 그들이 제때 이자를 갚을 능력이 있는지 아니면 채무 불이행을 선언할 가능성이 있는지를 평가하는 것이다. 그런 점에서 국가의 인구통계학적 현황이 그 나라의 경제적 위험 요소들과 직결된다는 것은 결코 놀라운 사실이 아니다. 신용 평가 조직들은 의료비나 연금처럼 특정 국가의 사회복지 프로그램으로 인해 창출된 부채를 면밀히 검토한다. 이 프로그램과 관련된 부채는 해당 국가의 부양비율dependency ratio, 즉 경제 활동 인구에 대한 비경제 활동 인구의 비율에 직접적인 영향을 받는다. 따라서 20세기 중반 이래 고령층 근로자들을 노동인구에서 조직적으로 제외한 연령 차별적 정책도 여기에 밀접하게 연관될 수밖에 없다.

국가의 부채 차입 능력에 직접적인 영향을 미치는 국가 신용 등급이 최고단계인 AAA를 기록하고 있는 나라는 현재 캐나다, 덴마크, 독일, 리히텐슈타인, 룩셈부르크, 네덜란드, 노르웨이, 싱가포르, 스웨덴, 스위스 등 10개국뿐이다. 이 국가들은 이미 슈퍼 에이지에 돌입했거나 2020년대가 다 가기 전에 슈퍼 에이지를 맞게 될 것으로 보인다. 만일 그들이 인구 고령화 문제에 정면으로 맞서지 않는다면 국가 신용 등급은 하락할 수밖에 없을 것이다. 신용 등급이 하락한 국가는 다른 나라에서 부채를 차입하는 데 큰 지장을 받는다. 투자자들은 이 나라에 돈을 투자하는 전략이 위험하다고 생각해 큰 수익을 요구할 것이다.

만일 이들 국가 중 어느 하나라도 신용 등급의 하락을 경험한다면, 그 이유는 새로운 현실에 대응해서 국가 경제와 사회보장 시스템을 조율하는 능력이 부족하기 때문일 것이다. 인구 고령화 현상이 가속화되고 연령 차별적인 정책 및 사회적 관행으로 인해 노동인구가 줄어드는 국가에서는 향후 10년이 가기 전에 노동력 부족 사태가 닥칠 것이 분명하다. 일부 기업은 이미 인재를 확보하는 데 어려움을 호소하고 있다.

이 문제에 대응하기 위한 방법 중 하나가 연금 수혜자들의 은퇴 연령을 상향 조정하고 노동자들의 근로수명을 연장시키는 것이다. 그동안 미국을 포함한 많은 국가가 점진적으로 이런 조치를 취해왔다. 하지만 나 자신을 포함한 수많은 전문가는 그런 정책이 호두를 깨기 위해 대형 해머를 동원하는 일과 다를 바가 없다고 생각한다. 인구통계학적 문제에 대처하기 위한 더욱 적절하고, 공평하고, 효과적인 방안은 무수히 많다. 특히 대기업을 포함한 수많은 기업은 이 변화의 과정에서 매우 혁신적인 역할을 수행할 수 있을 것이다. 국가의 정부는 시민들이 삶의 전 단계에 걸쳐 기술을 개발하고 경력을 성공적으로 이행할 수 있도록 재정적으로 지원해야 하며, 기업들은 작업 공간을 고령자 친화적이고 인체공학적으로 구축해서 모든 직원이 조직에 기여할 수 있는 시간을 최대한 늘려야 할 것이다.

나는 그동안 함께 일한 모든 조직에게 에이지즘을 극복하기 위한 몇몇 핵심 원칙을 받아들이고, 직원들의 삶에 필요한 부분들을 적극적으로 지원하고, 회사의 공급체인에 속한 다른 기업들에게도 이에 대해 책임 있는 자세를 촉구하라고 부탁했다. 아래에 나열하는 원칙들은 성 소수자의 포용과 평등을 위한 글로벌 플랫폼 아웃 리더십Out Leadership의 임원이자 내 친구 파브리세 우다르Fabrice Houdart가 과거 UN 인권고등판무관High Commissioner for Human Rights과 함께 기업의 성소수자 전략을 개발할 때 내게 공유해주었던 내용이다.

- 모든 사람을 나이와 관계없이 조직의 중요한 기여자 또는 고객으로 서 존중한다.
- 일터에서 나이와 관련된 차별을 없앤다.
- 직원들이 누군가를 돌보기 위해 휴가를 낼 필요가 있을 때 그들을 지원하고, 직원들에게 지속적인 교육을 제공한다.
- 공급체인에 속한 기업들을 포함해 연령 차별적 조직과 함께 일하거 나 그 조직을 지원하는 일을 거부한다.
- 사람이 더 나은 삶을 오래도록 누리는 데 도움을 주는 정책, 관행, 제품, 서비스 등을 개발한다.

이는 미래에 대한 낙관적인 비전이 아니라, 매일 매순간 더욱 가속화되는 인구통계학적 변화의 현실을 생생하게 반영하는 실용적인 전략이다.

슈퍼 에이지 시대에 노동력을 유지하는 현실적인 방법

나는 현실주의자다. 그러므로 과거 2,000년 동안 노인들을 지속적으로 소외시켜왔던 인류의 역사와 경험을 짧은 시간 안에 뒤집기가 불가능하다는 사실을 잘 알고 있다. 또 지난 100년간 고령자들을 일터와 공동체에서 조직적으로 제거했던 해악적인 공공 정책들을 하루아침에 되돌리기가 쉽지 않다는 점도 정확히 이해한다. 세상을 바꾸는 변화가 꼭 지구를 뒤흔드는 방식으로 이루어질 필요는 없다. 오히려 진취적이고, 포용적이고, 신중하게 진행되어야 한다.

지난 세기에 여성들이 공식적으로 노동시장에 등장한 것은 그동안 미국의 경제가 이루어낸 가장 획기적인 변화 중의 하나라고 할 만하다. 1950년부터 현재까지 여성 노동인구가 경제 활동에 참여하는 비율은 두 배가 늘었다. 1978년을 기점으로 전체 노동인구 중 여성의 비율이 절반을 넘으면서, 여성의 노동은 어느덧 자연스러운 사회적 표준으로 자리 잡았다. 하지만 그들이 어렵사리 획득한 위치는 오늘날 큰 위험에 노출되어 있다. 여성들은 가정에서 항상 누군가를 돌봐야 하는 부담을 떠안고 있을 뿐만 아니라, 특히 코로나19 사태 속에서 가사일과 아이를 위한 홈스쿨링을 병행해야 하는 처지에 놓였다. 근로자들의 삶 전체를 배려한 고령자 친화적 노동 정책은 이 문제를 해결하는 데 큰 도움을 줄 수 있을 것이다. 여성의 경제 활동 참여를 늘리는 것은 국가의 지속적인 경제 성장을 위해 필수적인 요소다.

이와 마찬가지로 1950년대부터 고령층 근로자들을 업무 현장에서 조직적으로 제거한 정책도 때마침 노동 현장에 대규모로 등장한 베이비부머 젊은이들이나 활발한 은퇴 산업이 아니었다면 경제에는 매우 부정적인 요인으로 작용했을 것이다. 1950년대 미국에서 65세 이상 인구의 노동 참여율은 50퍼센트에 육박했지만, 그때부터 1990년까지 계속 하강곡선을 그리다 급기야 16퍼센트까지 떨어졌다. 주된 이유는 연령 차별적인 정책과 강력한 은퇴 제도 때문이었다.

나이 든 직원을 강제로 해고하는 정년퇴직 제도는 1960년대와 1970년대를 거치며 미국을 포함한 전 세계 선진국으로 확대되었고 오늘날까지 많은 국가에서 실시되고 있다. 애초에 이 정책은 고령층 노동자들을 업무 현장에서 밀어내고 수많은 베이비부머 젊은이들에게 그 자리를 물려줄 목적으로 실시됐다. 1978년 미 하원은 고용 연령 차별 금지법의 수정안을 통과시키고 70세 미만의 근로자를 대상으로 정년퇴직 제도를 실시하는 행위를 금했으며, 1986년에는 나이에 관한 퇴직 규정을 전면적으로 철폐했다. 이런 변화로 인해 고령층 근로자들이 업무 현장으로 복귀할 수 있는 법적 기반이 마련되었으나 그것만으로는 이 악명 높은 연령 차별적 기업문화를 바꾸기에 부족하다.

최근 고령층 인구의 노동 참여율이 조금씩 늘어난다는 긍정적인 소식이 들려오기는 하지만 아직은 시작일 뿐이다. 전 세계적으로 2000년에서 2018년 사이에 65세 이상 인구가 고소득 경제에 참여하는 비율은 9.9퍼센트에서 13.7퍼센트로 증가했다.[9] 미국에서는 2019년 기준으로 이 비율이 20.2퍼센트를 기록했다. 세계에서 고령층 인구의 노동 참여율이 가장 높은 두 나라 아이슬란드와 인도네시아는 각각 35.2퍼센트와 41.7퍼센트였다.

반면 세계 최저 수준의 고령층 인구 노동 참여율을 보이는 룩셈부르크와 스페인은 이 비율이 각각 2.3퍼센트와 2.5퍼센트에 불과했다.[10] EU 전체의 고령층 인구 노동 참여율은 6.6퍼센트에 그쳤다. 출생률이 감소하고 평균수명이 늘어날수록 경제의 지속적인 성장을 위해서는 노인 인구를 경제 활동에 적극적으로 참여시키는 전략이 더욱 중요해질 것이다. 요컨대 고령층의 노동 참여율이 낮은 경제는 갈수록 비중이 증가하는 인구 집단의 재능과 능력을 상실한 채 운영됨으로써 성장에 막대한 영향을 받을 수밖에 없다.

협동조합, 부를 재분배하는 새로운 전략

베이비부머들은 다음 세대의 젊은이들에게 엄청난 부를 물려줄 것이다. 전문가들은 베이비부머의 자산 규모를 30~40조 달러로 추정하면서 향후 10년간 이루어질 이 막대한 규모의 자산 이동 현상을 '부의 대이동' Great Wealth Transfer이라고 부른다.

따라서 덕분에 가장 큰 수혜를 입게 될 밀레니얼 세대에게 사회적 관심이 집중되는 것은 당연한 일이다. 뿐만 아니라 최근에는 베이비부머의 미망인이나 X세대 젊은이들도 이미 가족의 부를 물려받기 시작했다. 현대의 노인들이 자기 재산을 두고 내리는 의사결정은 성인 자녀들뿐만 아니라 그 뒤에 등장할 미래 세대의 삶에 지대한 영향을 미치게 될 것이다.

우리가 기억해야 할 점은 향후 25년간 무려 68조 달러가 한 세대에서 다음 세대로 옮겨가면서 경제 전반에 엄청난 영향을 미치고 온 세상을 뒤흔드는 결과를 초래하리라는 것이다. 금융 분야를 포함한 수많은 기업은 기존 고객들의 수요를 만족시킴과 동시에 이들로부터 부를 물려받을 상속자들의 욕구를 충족해야 하는 상황 속에서 어려운 줄타기를 하고 있다. 그런 한편 기업들에게는 조직의 전략적 균형을 새롭게 조율함으로써 보다 세대 포용적인 제품과 서비스를 창조하기에 더없이 시의적절한 시기라고 할 수 있다.

슈퍼 에이지가 도래했을 때 소규모 사업체를 운영하는 소유주에게 닥칠 가장 큰 문제는 성인 자녀들에게 사업체를 물려주거나 회사를 인수할 사람을 찾는 일이 갈수록 어려워진다는 점일 것이다. 특히 농촌 지역 거주자들에게는 이 문제가 더욱 심각하다. 최근에는 개인 사업체 소유자들이 협동조합cooperative 형태로 직원들에게 회사의 소유권을 이전하는 경향이 늘어나는 추세다.

미국인 중 절반 가까운 사람이 소규모 사업체에 고용되어 일한다. 전국적으로 3,000만 개에 달하는 소규모 사업체 소유주의 41퍼센트가 베이비부머들로 44퍼센트의 X세대에 비해 두 번째로 많다. 이 베이비부머 소유주들은 대부분 향후 몇 년 내에 은퇴가 예정되어 있기 때문에 그들이 소유한 사업체 중 4분의 3이 조만간 다른 주인의 손으로 넘어갈 것이 분명하다. 안타깝게도 주인이 바뀐다는 말 속에는 회사를 청산하거나 폐업한다는 의미도 포함되어 있다. 물론 사업체의 문을 닫는 것은 협동조합, 직원들 또는 공동체에게 회사를 물려주어 지역의 소중한 자산으로 남겨두는 방법에 비해 훨씬 단점이 많다.

현재 미국에서 직원들이 소유한 협동조합 형태의 기업은 800여 개로, 유럽에 비해 적지만 10년 전의 350개에 비해서는 두 배 이상 늘었다. 미국 노동자 협동조합 연맹US Federation of Worker Cooperatives에 따르면 협동조합 중에는 수천 명의 직원을 고용하고 5억 달러 이상의 연매출을 올리는 곳도 있다고 한다.[11] 협동조합의 최대 장점은 조직의 규모와 비즈니스의 범위에 제한이 없기 때문에 직원들을 최소 몇 명부터 수백 명까지 다양한 규모로 고용할 수 있다는 것이다. 가령 미국 최대의 노동자 협동조합 기업인 뉴욕 소재의 방문요양 협동조합Cooperative Home Care Associates에서는 2,000명 가까운 직원이 일하고 있다.

사업체의 소유권을 협동조합에게 이전하는 일의 가장 즉각적인 혜택은 나이 든 소유주가 혼자 운영하던 사업체를 매각함으로써 자신의 은퇴 이후 삶에 경제적으로 보탬이 될 수 있다는 것이다. 하지만 그보다 더욱 중요한 두 번째 혜택은 협동조합 형태로 운영되는 기업에서는 근로자들이 조직의 성공에 책임감을 느끼고 열심히 일하기 때문에 비즈니스의 실적이 향상될 가능성이 높으며 이로 인해 기업이 장기적으로 존속할 여건도 강화된다는 점이다. 일부 유럽 국가에서는 협동조합이 '만일의 경우'에 대비한 여유 자금을 별도로 준비해야 한다는 규정을 시행하기도 한다.

개인 사업체 소유자가 협동조합으로 소유권을 이전하는 일의 세 번째 혜택(사실 가장 중요한 혜택)은 이 조직을 통해 시장 기반의 접근 방식에 따라 부를 재분배함으로써 빈부의 격차를 줄이는 효과를 얻을 수 있다는 것이다. 요컨대 협동조합을 설립하는 전략은 나이 든 소유주 입장에서 사업을 마무리하고 일에서 손을 놓을 수 있는 효과적인 방안임과 동시에 공동체가 필요로 하는 중요한 서비스를 그대로 존속시키면서도 훌륭한 수익을 얻을 수 있는 길이기도 하다.

영국 리즈 대학교University of Leeds 경영대학원 비르지니 페로탱Virginie Pérotin 교수도 자신의 연구를 통해 이 주장을 뒷받침했다.[12] 그녀는 미국, 유럽, 라틴 아메리카 등지의 여러 협동조합을 대상으로 수행한 연구를 통해 이런 형태의 기업들이 직원에게 다양한 종류의 심리적 혜택을 제공한다는 사실을 밝혀냈다. 뿐만 아니라 전통적인 형태의 기업에 비해 노동자 협동조합이 전반적으로 직원들의 업무 능력이 우수하고 조직 효율성 측면에서도 더욱 생산적이라고 한다.

로봇을 어떻게 쓸 것인가

일본이 이미 겪고 있는 슈퍼 에이지의 경험은 전 세계의 다른 국가들에게 매우 가치 있는 교훈을 제공한다. 새로운 시대와 함께 찾아온 급속한 자동화와 인구 고령화라는 두 가지 트렌드는 언뜻 서로 조화를 이루지 못하는 상반된 현상처럼 보인다. 하지만 일본은 다른 분야에서와 마찬가지로 이 두 가지 트렌드 사이의 균형점을 찾아 조화를 달성하는 데 열중하고 있다. 마치 음陰과 양陽이라는 두 가지 반대되는 힘이 보완적이고, 상호의존적이고, 상호연결적인 방식으로 서로에게 작용하는 것과 비슷한 이치다.

사업적 전통이 마치 하나의 예술과 같은 형태로 가족 내에서 대대로 전승되는 일본에서는 인구통계학적 구조와 소비자들의 기호가 바뀌고 새로운 기술들이 등장하면서 가내공업이라는 형태의 비즈니스 자체가 사라질 위기에 처해 있다. 가령 일본 정부의 발표에 따르면 기술적 발전에 따른 효율적 생산 및 배송 시스템의 출현으로 인해 일본에 존재하는 초밥 식당의 절반 이상이 이미 자취를 감췄다고 한다. 요즘의 소비자들은 일본을 대표하는 이 음식을 전통적인 식당 대신 사람 사이의 상호작용이 최소화된 환경에서 로봇 요리사가 초밥을 만들어 컨베이어벨트 위에 올려놓는 회전초밥 집에서 즐기는 경우가 훨씬 많다.

일본에서 가장 나이가 많은 초밥 요리사 중에는 1960년대부터 영업을 시작한 사람도 있지만, 그런 장인들도 이런 사회적 트렌드와 코로나19 사태 속에서 어쩔 수 없이 사업을 접었다. 하지만 그런 와중에도 이 분야의 전문성을 십분 활용해 자신이 만든 수제 초밥을 고급화된 제품으로 탈바꿈시킴으로써 수익을 창출하고 사업의 지속성을 강화한 사람도 있다. 아마 고령층 사업주들이 운영하는 가내공업 내지 장인匠人 기업의 바람직한 미래는 바로 이런 모습이 아닐까 싶다. 기계는 절대 그들의 흉내를 내지 못하기 때문이다.

일본은 다른 국가들처럼 적극적이고 상황주도적인 이민 정책을 실시한 적이 없다. 그로 인해 슈퍼 에이지에 빠른 속도로 접어들었으며 기술에 대한 의존도도 급속도로 심화됐다. 그 결과 획일적인 단일문화mono-culture 속에서 과거 인간에 의해 수행되던 작업을 로봇에게 더 많이 의존할 수밖에 없게 됐다. 일본인들은 의료나 장기요양 서비스와 같이 집중적인 돌봄이 필요한 분야에 인공지능을 사용해서 환자를 관찰하고 AI를 탑재한 로봇을 통해 지역 주민들에게 어느 정도의 사회적 교류를 제공한다.

일본이 채택한 여러 기술 중에서도 특히 인간의 물리적 작업을 보조할 수 있는 로봇 기술은 조만간 슈퍼 에이지에 돌입할 미국과 기타 국가들에게 좋은 모범사례가 되어준다. 경제정책 연구센터Center for Economic and Policy Research라는 미국의 싱크탱크가 수행한 연구에 따르면 미국의 58세 이상 노동자의 절반 가까이가 일정 수준의 신체적 활동이 필요한 직종에서 일하고 있다고 한다.[13] 따라서 그들의 근로수명을 연장시키는 것은 우리에게 매우 중요한 숙제일 수밖에 없다. 그들이 수행하는 업무 대다수가 배달, 건설, 돌봄 서비스, 간호 업무 등 우리 사회에 없어서는 안 될 핵심 산업 영역에 속해 있지만, 그중 많은 사람이 단지 물리적으로 업무를 지속하기 어렵다는 이유로 인해 급여가 높은 일자리에서 저임금 일자리로 어쩔 수 없이 직장을 옮기고 있다.

사이버다인Cyberdyne이라는 기업은 단순반복적인 작업에서 오는 피로를 줄여주고 신체적 '힘'을 전반적으로 향상시켜주는 인공 외골격 장치를 개발해서 이 문제의 해결을 돕고 있다. 또 이노피스Innophys는 배낭처럼 등에 짊어지고 30회 정도만 손 펌프를 눌러 공기를 충전해주면 공기압 방식으로 작동하는 '인공근육' 제품을 출시했다. 파나소닉이나 도요타 같은 대기업들도 자체적인 제품을 개발해서 이 시장에 뛰어들었다. 이 기업들이 개발한 장비들은 전국의 작업장에 보급되어 노동자들의 근로수명을 연장시키는 역할을 하고 있으며, 조만간 일본을 포함한 여러 슈퍼 에이지 국가에도 보편적으로 도입될 것으로 보인다.

일본의 기업들은 길모퉁이의 편의점을 포함한 모든 산업 분야에서 조직의 전략을 노년층 소비자들에 맞춰 대대적으로 수정하고 있다. 가령 전국적인 유통망을 소유한 편의점 기업 로손Lawson은 고령층 소비자들을 목표로 전략 개발에 한창이다. 그들은 혈압계를 포함해 노인들에게 특화된 제품들을 매장에 비치하고 사회복지사나 의료전문가를 고용해서 고객들을 돌본다. 또 일본 곳곳에 위치한 시니어 주택이나 양로원 같은 곳을 직접 방문하는 이동식 매장도 운영 중이다.

노년층 인구의 근로 및 소비 의욕을 적절히 활용하는 것이 슈퍼 에이지 전략의 핵심이지만 이를 위해서는 새로운 변화를 기꺼이 받아들이는 자세가 필요하다. 미래지향적인 태도는 풍요로운 앞날을 약속한다.

밀물이 들어오면 모든 배가 떠오른다

전 세계 GDP의 80퍼센트는 급속도로 고령화가 진행 중인 국가들의 몫이다. 게다가 그 나라들은 세계에서 가장 부유한 노년층 인구를 보유한 곳이기도 하다. 2050년까지 지구상에 존재하는 65세 이상 인구가 두 배로 증가할 거라는 사실을 감안할 때 이 국가들은 조만간 전 세계 가처분소득의 4분의 3을 창출하게 될 것으로 보인다. 게다가 노년층 인구가 더욱 건강하게 오랜 삶을 누리고 독립적으로 살아갈 능력을 획득함에 따라 비즈니스의 세계에는 우리가 과거 전혀 경험해 보지 못한 혁신적 변화가 밀어닥칠 것이 분명하다.

2016년 AARP는 50세 이상 인구가 경제에 기여하는 정도를 의미하는 '장수 경제'의 측정을 실시해서 그 규모를 연간 7.6조 달러로 추정했다.[14] 2019년에 진행된 추적 연구에서는 무료 돌봄 서비스처럼 비금전적 활동을 포함한 장수 경제의 규모가 9조 달러 이상이라는 결과가 나왔다.[15] AARP가 추정한 미국의 장수 경제 규모를 독립적인 국가의 경제라고 가정해서 순위를 매기면 미국과 중국에 이어 세계 3위에 해당한다.

아닌 게 아니라 중장년 및 노년층 소비자들은 엄청난 돈을 쓴다. 글로벌 시장조사 기관 유로모니터 인터내셔널Euromonitor International은 전 세계의 60세 이상 인구가 2020년 한 해 동안 15조 달러 이상을 지출할 것으로 예측했다.[16] 미국의 50세 이상 인구는 2018년 8.3조 달러를 썼으며, 그중 4분의 3이 50~74세의 연령층에 의해 소비됐다. 2018년 기준으로 50~74세의 연령층이 지출한 6.3조 달러는 50세 이하 그룹 전체의 소비액과 맞먹었다. 75세 이상의 고령층도 1.8조 달러를 썼다.

출발점이 50세든 60세든 전문가들은 특정 연령대 이상의 모든 사람을 동일한 경제적 집단으로 분류한다. 하지만 이런 구분법에는 문제가 있다. 우리가 사회 구성원의 연령대를 보다 세분화할 필요가 있는 이유는 현재와 같은 분류 방식으로는 조만간 50세의 중년층과 100세가 넘은 고령층을 한 집단으로 묶고, 갓 태어난 신생아와 50세가 된 사람을 한 집단으로 묶어야 할지도 모르기 때문이다. 엘더노믹스의 범위는 매우 넓으며 50세 이상 인구의 욕구와 필요사항은 획일적인 접근방식으로 충족하기에 너무도 다양하다. 그런 의미에서 여러 세대에 걸쳐 욕구와 성향이 비슷한 소비자들을 한데 묶는 '삶의 단계' 기반의 분류 방식이 더욱 효용가치가 있다고 생각된다.

각 국가의 정부는 오직 장수 경제의 참가자들(50세가 넘은 사람들)에게 적합한 제품과 서비스를 개발하는 데 집중하기보다 소비자의 세대적 다양성을 활용하는 전략에 초점을 맞춰야 한다. 다소 말장난처럼 들릴 수도 있겠지만, 내 이야기의 핵심은 장수 경제라는 개념에 대한 세간의 기본 전제 자체가 오류라는 것이다. 사람들은 장수 경제를 엄청난 공공지출, 부채, 무급 또는 비금전적인 기여 등에 기반을 둔 특별한 종류의 경제 시스템이라고 생각한다. 하지만 우리가 정년퇴직 제도를 없애고, 풍부한 경험과 오랜 근로수명의 가치를 인정하는 업무 환경을 창조하고, 혁신가나 기업들의 활약을 통해 모든 사람을 나이에 관계없이 최고의 삶을 살아가도록 돕는 공동체를 조성한다면 이 나라는 더욱 부유하고 건강해질 것이다.

우리 사회가 포용적인 장소로 변할수록 우리에게는 보다 큰 경제적·사회적 혜택이 주어질 것이다. 더 많은 사람이 나 자신보다 중요한 무언가의 일부라는 소속감을 느낀다면 이 세상은 더 나은 곳이 될 수 있다. 우리가 나이와 관계없이 모든 사람에게 환영받는 사회를 창조하기 위해서는

GDP처럼 단순한 방법으로 성공을 측정하기보다, 시민들의 건강한 삶이나 행복과 같은 보다 긍정적인 목표를 지향해야 한다.

우리는 시대착오적인 제도, 시스템, 신념 체계를 개선하거나 제거함으로써 슈퍼 에이지의 새로운 현실에 맞서야 한다. 그런 점에서 "밀물이 들어오면 모든 배가 떠오른다."라는 경구(경제가 개선되면 모든 구성원에게 혜택이 돌아간다는 의미로, 정부의 경제 정책은 보다 광범위한 경제적 효과를 창출하는 데 초점을 맞춰 수립되어야 한다는 뜻)는 오늘날의 상황에 매우 적절한 교훈이라고 할 수 있다.

이 방면에서 가장 진보적인 정책을 주도하는 국가는 뉴질랜드다. 저신다 아던Jacinda Ardern 전前 총리가 이끈 뉴질랜드 정부는 2019년 역사상 최초로 '행복 예산'well-being budget 이라고 불리는 지출 항목을 편성했다.[17] 이 예산은 부의 축적이나 경제적 성장을 추구하기 위해서가 아니라 시민들의 건강과 삶의 만족을 증진하는 데 초점을 맞춰 집행된다. 아던 전 총리는 오늘날의 사회는 물론이고 앞으로 닥쳐올 슈퍼 에이지의 성과를 측정하는 데 있어 오직 GDP라는 단일 지표를 사용하는 것은 좋은 방법이 아니라는 사실을 정확히 인지하고 있었다. 뉴질랜드 정부는 시민들의 정신건강을 증진하고, 빈곤 아동을 줄이고, 뉴질랜드 원주민을 지원하고, 저탄소 경제로 이행하고, 디지털 시대의 번영을 추구하는 등 다섯 가지의 목표를 위해 '행복 예산'을 사용하고 있다.

뉴질랜드 정부가 채택한 전략은 슈퍼 에이지로의 이행이 얼마나 획기적인 사건인지 그리고 어린아이보다 노인이 더 많은 미래를 대비해 혁신을 준비하는 개인, 조직, 정부에게 얼마나 많은 기회가 돌아갈지 여실히 보여주는 사례라고 할 수 있다. 모든 연령대의 시민을 고려해서 더욱 평등한 접근방식을 채택한 정부와 기업은 훌륭한 혜택을 얻게 될 것이다.

마지막은 시작일 뿐

나는 AARP에서 근무를 마치기 직전에 미국의 외교전문지 〈포린 폴리시〉Foreign Policy와 함께 '고령화 준비 및 경쟁력 실태조사'Aging Readiness and Competitiveness, ARC 보고서를 작성하는 작업을 진행했다.[18] 이 획기적인 연구 자료에는 전 세계의 크고 작은 22개국의 고령화 관련 정책을 상세하게 조사한 내용이 담겨 있다. ARC는 이 국가들이 직면한 위기 및 기회, 그리고 이에 대한 그들의 정책적 대응을 공동체 사회 기반시설, 생산성 기회, 기술적 참여, 의료 및 보건 등 네 가지 측면에서 조사했다. 특히 노령 인구를 보다 건강하고 독립적인 방식으로 경제에 참여시키고 그들의 생산성과 경제적 잠재력을 제고하기 위한 혁신적 정책에 역점을 두어 연구를 진행했다. 이 과업을 함께 수행한 〈포린 폴리시〉의 클레어 케이시Claire Casey와 내가 추구한 공동의 목표는 세계 각지의 우수 고령화 정책 사례를 발굴하여 노화에 대한 우리 사회의 고질적이고 부정적인 인식을 보다 현실적이고 긍정적인 사고방식으로 바꾸는 데 있었다.

우리는 이 연구 작업을 통해 위에 언급한 네 가지 영역에서 모두 타 국가를 월등히 앞서는 나라는 없다는 사실을 발견했다. 또 작은 나라는 큰 나라에 비해 대체로 정책적 성과가 좋았다. 그럼에도 모든 나라가 자체적으로 훌륭한 혁신의 사례를 보유하고 있었고 각국 정부는 슈퍼 에이지에 대비하기 위해 어느 정도 노력하는 모습을 보였다. 혁신은 공공 부문과 민간 부문을 가리지 않고 어느 곳에서나 발생했으며 지역 공동체나 소규모 조직에서 시작된 혁신이 전국적으로 확산되고 세계로 퍼져나간 경우도 있었다.

각 산업 분야에 속한 기업들은 인간의 장수라는 트렌드가 미래에 자신들에게 중대한 영향을 미칠 시대적 조류라는 사실을 인식하기 시작했다. 인류가 슈퍼 에이지로 이행하는 현상은 기업들이 우리 사회의 모습을 새롭게 바꿈으로써(대개 더 나은 방향으로) 수조 달러의 혜택을 얻을 수 있는 기회일지도 모른다. 이와 비슷한 주제 중의 하나가 바로 기후변화다. 오늘날 수많은 기업의 경영진은 조직의 수익성에 중대한 지장을 초래할 긴급한 당면과제의 하나로 기후변화 문제를 받아들이고 있다. 대중 여론의 향방에 따라 이 사안이 거래에 대한 장애물이나 사업비용을 상승시키는 요인으로 작용할 수 있다는 것이다.

우리 사회가 가정, 공동체, 일터에서 노인들을 향한 부정적 편견을 제거하기 위해 아무런 조치를 취하지 않는다면 그 어떤 변화도 일으킬 수 없다. 국가가 앞장서 나이 든 시민들에 대한 금융지원 및 투자, 세제 혜택, 장수 노인들을 위한 혁신 지역 구축 등 고령자 친화적인 정책을 바탕으로 에이지즘을 정면으로 돌파하기 위한 노력을 기울일 때 그 나라의 GDP는 20퍼센트 이상 증가할 수 있을 거라고 확신한다.

기업들이 시장에서 승리하기 위해서는 인구 고령화에 맞서 다양한 세대로 구성된 직원들을 채용하고, 노인들이 '필요로' 하는 것뿐만 아니라 그들이 '원하는' 제품과 서비스를 제공해야 한다. 동시에 물리적 작업 공간과 복리후생 혜택을 세심히 설계하며 풍부한 경험을 환영하는 기업문화를 조성해서 날로 증가하는 인간의 수명을 뒷받침하는 업무 환경을 구축해야 할 것이다. 슈퍼 에이지에서는 모든 산업 분야에 속한 기업이 승리를 거둘 수 있다.

또 인간의 존엄성과 삶의 목적처럼 그동안 꾸준히 침해되어왔던 비금전적인 요소들도 간과되어서는 안 된다. 연령 차별적인 편견은 우리로 하여금 주름살, 흰머리, 돋보기 뒤에 감춰진 상대방의 본모습을 온전히 바라보지 못하도록 차단하고 있다.

밝은 회색지대로 나아가기 위하여

문화권이나 세대를 떠나서 현대인들은 삶의 목적을 찾는 데 어려움을 겪고 있다. 프랑스 사람들이 레종 데트르raison d'être, 일본 사람들이 이키가이生甲斐라고 부르는 말은 대개 '존재의 이유' 정도로 번역이 된다. 슈퍼 에이지의 구성원이 공유해야 할 바람직한 집단적 신념은 지역, 종교, 피부색을 가리지 않고 우리 사회의 가장 나이 많은 사람과 가장 나이 어린 사람이 똑같이 가치 있는 존재로 인정받는 세상을 만들어가는 것이다. 이를 위해서는 에이지즘에 정면으로 맞서 우리 모두가 공유하게 될 미래에 현명하게 배팅하는 자세가 필요하다. 적어도 현재 시점에서 우리가 추구해야 할 공동의 목표는 개인, 가정, 공동체, 기업, 국가, 경제에 필수적인 변화를 불러일으킴으로써 더욱 정의롭고 평등한 미래를 구축하는 일이 되어야 할 것이다.

우리의 미래는 회색빛으로 보일 수 있지만, 그곳은 믿을 수 없을 만큼 밝다.

나의 반려자 아서 얌폴스키, 내 부모님 캐럴 셔먼과 게리 셔먼, 내 남동생 크리스토퍼 셔먼과 아내 제니퍼, 그리고 그의 아이들, 나의 영원한 옹호자, 협력자, 상담자, 그리고 친구인 클레어 케이시, 내가 이 책을 저술하는 데 격려를 아끼지 않은 릴리언 마이어스, 내 출판 에이전트 에스몬드 함스워스와 에비타스 크리에이티브의 모든 직원, 내가 이 책을 출판하기까지 많은 협력과 지원을 제공하고 커다란 인내를 보여준 하퍼 콜린스 출판사의 모든 임직원 여러분, 특히 홀리스 하임바우치, 레베카 라스킨, 웬디 웡, 레슬리 코헨, 비비아나 모레노, 페니 마크라스, 안드레아 귄, 레베카 홀랜드, 린 앤더슨, 팸 렘, 조 자스코, 그리고 내 연구를 도와준 닉 바라카에게 심심한 감사의 말을 전한다.

　내 경력 기간 내내 함께 일하며 이 책에 담긴 사고방식을 체계화하고 그 비전을 실행에 옮기는 데 도움을 준 세계 모든 곳의 지지자, 전문가, 멘토들, 특히 램지 앨윈, 윌레미앤 백스, 지니 조, 에리카 달, 아담 커스버트, 브라이언 앨름스, 케이 폴릭, 줄리아 파넨 펠드맨, 앨리슨 에르난데스, 엘렌 헌트, 크리스티안 킹, 알마 라투, 낸시 리몬드, 아벨 리, 프랭크 레이하우젠, 라단 만테기, 에드워드 뉴번, 헨리크 노야, 더그 페이스, 니콜라 팔마리니, 제프 페어맨, 킴 세드맥, 아담 세갈, 제프 티드웰, 크리스 본, 아잔 인트 벨트, 티나 우즈, 신시아 우, 리사 야고다에게 깊은 사의를 표한다.

　내 사랑하는 가족과 가장 가까운 친구들, 지아카모 아브루스키, 마크 베스처, 토마스 보먼, 델핀 프랑수아 치아바리니, 올랜도 크로프트 2세, 웨슬리 델라 볼라, 호아킨 파하르도, 브라이스 퍼네스, 매트 글래스맨, 제프리 굴로, 키리아코스 쿠파리스, 제이크 쿤스, 켈리 라즈코, 루크 루이스, 팀 마인케, 마우라 미첼, 게리 모셔, 스키 로우랜드, 레비 쉔펠드, 타모 세인, 에릭 베르미에렌, 그리고 린 즈드니악과 마이크 즈드니악에게도 고마움의 인사를 전하고 싶다.

　또 인종, 성적 취향, 성별, 그리고 농촌 지역의 삶에 대한 나의 이해와 관점을 증진하고 확장하는 데 큰 도움을 준 많은 사람들, 특히 제임슨 비크맨, 스테파니 크루즈, 나탈리 그레이브스 터커, 쉴라 후튼 포니, 수전 카민스키, 제시카 키드, 스테파니 틴슬리 레가논, CV 비베리토에게 특별한 감사의 말을 전한다.

제1장

1. "Ageing," Global Issues, United Nations, https://www.un.org/en/
   sections/issues-depth/ageing.
2. Klaus Schwab, The Fourth Industrial Revolution (London: Portfolio Penguin,
   2017), 6.

제2장

1. Benjamin F. Jones, et al., "How Old Are Successful Tech Entrepreneurs?,"

Kellogg Insight, May 15, 2018, https://insight.kellogg.northwestern.edu/article/younger-older-tech-entrepreneurs.

2. "Life Expectancy at Birth-USA," Human Mortality Database, University of California, Berkeley (USA) and Max Planck Institute for Demographic Research (Germany), https://www.lifetable.de/data/USA/e0.csv Sex Code 1; See "Life expectancy at birth" under Pooled Data Files at https://www.lifetable.de/cgi-bin/country.php?code=usa. The pooled resource pulls the data from Felicitie C. Bell and Michael L. Miller. Life Tables for the United States Social Security Area 1900–2100. Actuarial Study No. 116.

3. Karen Cokayne, "Old Age in Ancient Rome," Bath Royal Literary and Scientific Institution, March 21, 2005, https://www.brlsi.org/events-proceedings/proceedings/25020.

4. David Brown, "Linguists Identify 15,000-Year-Old 'Ultraconserved Words,'" Washington Post, May 6, 2013, https://www.washingtonpost.com/national/health-science/linguists-identify-15000-year-old-ultraconserved-words/2013/05/06/a02e3a14-b427-11e2-9a98-4be1688d7d84_story.html.

5. Karen Cokayne, Experiencing Old Age in Ancient Rome (London: Routledge, 2003), 1.

6. Shulamith Shahar, "Who Were Old in the Middle Ages?," Social History of Medicine 6, no. 3 (December 1993): 313–41, https://doi.org/10.1093/shm/6.3.313.

7. Vauhini Vara, "The Real Reason for Pensions," New Yorker, December 4, 2013, https://www.newyorker.com/business/currency/the-real-reason -for-pensions.

8. Robert L. Clark, Lee A. Craig, and Jack W. Wilson, A History of Public Sector Pensions in the United States (Philadelphia: University of Pennsylvania Press, 2003), chap. 1, https://pensionresearchcouncil.wharton.upenn. edu/publications/books/a-history-of-public-sector-pensions-in-the-u nited-states/.

9. "Otto von Bismarck," Social Security Administration, https://www.ssa. gov/history/ottob.html.

10. "Life Expectancy at Birth-Germany," Human Life Table Database. Retirement age set at 70 according to SSA.gov history: https://www. ssa.gov/history/ottob.html https://www.lifetable.de/data/DEU/e0.csv Year 1881; See "Life expectancy at birth" under Pooled Data Files at https://www.lifetable.de/cgi-bin/country.php?code=usa, The pooled resource pulls the data from File 1: Bewegung der Bevölkerung im Jahre 1910, Statistik des Deutschen Reichs, Vol. 246, Berlin 1913, 16-17.

11. Julia Belluz and Alvin Chang, "What Research on English Dukes Can Teach Us About Why the Rich Live Longer," Vox, July 27, 2016, https://www.vox.com/2016/4/25/11501370/health-longevity-inequalit y-life-expectancy.

12. "Mortality and Causes of Death," World Health Organization, https://

www.who.int/gho/child_health/mortality/neonatal_infant/en/.

13. "GBD 2017: A Fragile World," Lancet 392, no. 10159 (November 2018): 1683, https://doi.org/10.1016/S0140-6736(18)32858-7.

14. James Gallagher, " 'Remarkable' Decline in Fertility Rates," BBC News, November 9, 2018, https://www.bbc.com/news/health-46118103.

15. "Growing at a Slower Pace, World Population Is Expected to Reach 9.7 Billion in 2050 and Could Peak at Nearly 11 Billion Around 2100," Department of Economic and Social Affairs, United Nations, June 17, 2019, https://www.un.org/development/desa/en/news/population/wo rld-population-prospects-2019.html.

16. "Chinese Birth Rate Falls to Lowest in Seven Decades," BBC News, January 17, 2020, https://www.bbc.com/news/world-asia-china-51145251.

17. Justin Parkinson, "Five Numbers That Sum Up China's One-Child Policy," BBC News, October 29, 2015, https://www.bbc.com/news/magazine-34666440.

18. Joel Kotkin, "Death Spiral Demographics: The Countries Shrinking the Fastest," Forbes, February 1, 2017, https://www.forbes.com/sites/joelkotkin/2017/02/01/death-spiral-demographics-the-countries-shrinking-the-fastest/#68eb1b0eb83c.

19. "China," in Pensions at a Glance 2019: OECD and G20 Indicators, OECD Publishing, Paris, https://www.oecd.org/els/public-pensions/PAG2019-country-profile-China.pdf. Also listed under Pensions at a

Glance 2015 on pg. 233, https://www.oecd-ilibrary.org/social-issues-migration-health/pensions-at-a-glance-2015_pension_glance-2015-en.

20. Tim G. Parkin, Old Age in the Roman World: A Cultural and Social History (Baltimore and London: Johns Hopkins University Press, 2003): In excerpt, https://jhupbooks.press.jhu.edu/title/old-age-roman-world.

21. Cengage, "Status of Older People: The Ancient and Biblical Worlds," Encyclopedia.com, June 2, 2020, https://www.encyclopedia.com/education/encyclopedias-almanacs-transcripts-and-maps/status-older-people-ancient-and-biblical-worlds.

22. Quoted in W. Andrew Achenbaum, "Ageism, Past and Present," in The Cambridge Handbook of Social Problems, vol. 1, edited by A. Javier Treviño (Cambridge, UK: Cambridge University Press, 2018), 441-58.

23. Caroline Baum, "The Ugly Truth About Ageism: It's a Prejudice Targeting Our Future Selves," Guardian, September 14, 2018, https://www.theguardian.com/lifea uture-selves.

24. "Gendered Ageism: Trend Brief," Catalyst, October 17, 2019, https://www.catalyst.org/research/gendered-ageism-trend-brief/.

25. David Ingles and Miranda Stewart, "The Ghost of the 'Greedy Geezers' Hovers over Our Super Debate," The Conversation, June 9, 2016, https://theconversation.com/the-ghost-of-the-greedy-geezers-hovers-over-our-super-debate-60706.

26. Megan Leonhardt, "Millennials Earn 20% Less than Baby Boomers

Did-Despite Being Better Educated," CNBC, November 5, 2019, https://www.cnbc.com/2019/11/05/millennials-earn-20-percent-less-t han-boomersdespite-being-better-educated.html.

27. Sara Fischer, "The Boomers' Media Behemoth," Axios, November 12, 2019, https://www.axios.com/the-boomers-media-behemoth-412b51 06-f879-477d-806d-6130148956bf.html.

28. Katie Sehl, "20 Important TikTok Stats Marketers Need to Know in 2020," Hootsuite, May 7, 2020, https://blog.hootsuite.com/tiktok- stats/.

29. "Exit Polls 2016," CNN, November 23, 2016, https://www.cnn.com/ election/2016/results/exit-polls.

30. Thom File, "Voting in America: A Look at the 2016 Presidential Election," US Census Bureau, May 10, 2017, https://www.census.gov/ newsroom/blogs/random-samplings/2017/05/voting_in_america.html.

31. Simon Shuster, "The U.K.'s Old Decided for the Young in the Brexit Vote," Time, June 24, 2016, https://time.com/4381878/brexit-generatio n-gap-older-younger-voters/.

제3장

1. "Family Life," The Roman Empire in the First Century, PBS, 2006, https://www.pbs.org/empires/romans/empire/family.html.

2. Jesse Greenspan, "The Myth of Ponce de León and the Fountain of

Youth," History, April 1, 2020, https://www.history.com/news/the-my th-of-ponce-de-leon-and-the-fountain-of-youth.

3. David Clay Large, The Grand Spas of Central Europe: A History of Intrigue, Politics, Art, and Healing(Lanham, MD: Rowman & Littlefield, 2015): In excerpt, https://rowman.com/isbn/9781442222366/the-grand-spas-of-central-europe-a-history-of-intrigue-politics-art-and-healing.

4. A. Guttmann, "Kids Advertising Spending Worldwide 2012–2021, by Format," Statista, April 7, 2020, https://www.statista.com/statistics/750865/kids-advertising-spending-worldwide/.

5. Marty Swant, "Infographic: Marketers Are Spending 500% More on Millennials than All Others Combined," Ad Week, November 17, 2015, https://www.adweek.com/digital/infographic-marketers-are-spendin g-500-more-millennials-all-others-combined-168176/.

6. "The Age Gap in Religion Around the World," Pew Research Center, June 13, 2018, https://www.pewforum.org/2018/06/13/the-age-gap-i n-religion-around-the-world/.

7. 위와 동일.

8. "Youth and Labor," US Department of Labor, https://www.dol.gov/general/topic/youthlabor.

9. P. A. Graham, Community and Class in American Education, 1865–1918 (New York: Wiley, 1974).

10. Stephanie Aragon, "Free and Compulsory School Age Requirements," Education Commission of the States, May 2015, https://www.ecs.org/

clearinghouse/01/18/68/11868.pdf.

11. Jurgen Herbst, The Once and Future School: Three Hundred and Fifty Years of American Secondary Education (New York: Routledge, 1996).

12. Quoted in Allan A. Metcalf, From Skedaddle to Selfie: Words of the Generations (New York: Oxford University Press, 2016), 100.

13. Derek Thompson, "A Brief History of Teenagers," Saturday Evening Post, February 13, 2018, https://www.saturdayeveningpost.com/2018/02/brief-history-teenagers/.

14. Dwight Macdonald, "A Caste, a Culture, a Market," New Yorker, November 22, 1958, https://www.newyorker.com/magazine/1958/11/22/a-caste-a-culture-a-market.

15. John McDonough and Karen Egolf, The Advertising Age Encyclopedia of Advertising (Routledge, 2015), 1693. Edited from page here, https://books.google.com/books?id=HZLtCQAAQBAJ&pg=PA1693&lpg=PA1693&dq=Seventeen+provided+a+new+medium+for+advertisers.+Its+editorial+content,+fashion+pages+and+special+features,+combined+with+a+rapid+circulation+growth,+created+a+perfect+vehicle+for+advertisers+to+reach+young+consumers.&source=bl&ots=HBYrPiwwC4&sig=ACfU3U1ujW_Dcua0OOiS4WNMwMNxsPYa-w&hl=en&sa=X&ved=2ahUKEwiIyIXQk4TqAhWjTDABHbptCIIQ6AEwAHoECAoQAQ#v=onepage&q&f=false.

16. "Chuck Berry Didn't Invent Rock n' Roll, but He Turned It into an Attitude That Changed the World," Billboard, March 18, 2017, https://

www.billboard.com/articles/columns/rock/7728712/chuck-berry-rock
-roll-pioneer-attitude.

17. Louis Menand, "The Misconception About Baby Boomers and the
Sixties," New Yorker, August 18, 2019,https://www.newyorker.com/
culture/cultural-comment/the-misconception-about-baby-boomers-a
nd-the-sixties.

18. Margaret Kane, "Say What? 'Young People Are Just Smarter,' " CNET,
March 28, 2007, https://www.cnet.com/news/say-what-young-people
-are-just-smarter/.

19. Zameena Mejia, "Self-Made Billionaire Jack Ma: How to Be Successful
in Your 20s, 30s, 40s and Beyond," CNBC, January 30, 2018, https://
www.cnbc.com/2018/01/30/jack-ma-dont-fear-making-mistakes-in-y
our-20s-and-30s.html.

20. Pamela N. Danziger, "6 Trends Shaping the Future of the 532B Beauty
Business," Forbes, September 1, 2019, https://www.forbes.com/sites/
pamdanziger/2019/09/01/6-trends-shaping-the-future-of-the-532b-b
eauty-business/?sh=1a2a13a3588d.

21. Joe Schwarcz, "Why Did Cleopatra Supposedly Bathe in Sour Donkey
Milk?," Office for Science and Society, McGill University, March 20,
2017, https://www.mcgill.ca/oss/article/science-science-everywher
e-you-asked/why-did-cleopatra-supposedly-bathe-sour-donkey-
milk.

22. Taylor Stephan, "A Slightly Terrifying History of Facial Beauty

Treatments-from Poison to Blood Injections," E Online, October 26, 2015, https://www.eonline.com/news/710329/a-slightly-terrifying-history-of-facial-beauty-treatments-from-poison-to-blood-injections.

23. Colette Thayer and Laura Skufca, "Media Image Landscape: Age Representation in Online Images," AARP, September 2019, https://www.aarp.org/content/dam/aarp/research/surveys_statistics/life-leisure/2019/age-representation-in-online-media-images.doi.10.26419-2Fres.00339.001.pdf.

24. Katie Kilkenny, "How Anti-Aging Cosmetics Took over the Beauty World," Pacific Standard, August 30, 2017, https://psmag.com/social-justice/how-anti-aging-cosmetics-took-over-the-beauty-world.

25. M. Ridder, "Value of the Global Anti-aging Market 2020 – 2026," Statista, January 27, 2021, https://www.statista.com/statistics/509679/value-of-the-global-anti-aging-market/#:~:text =In%20 2020%2C%20the%20global%20anti.percent%20between%202021%20 and%202026.

26. Michelle Lee, "Allure Magazine Will No Longer Use the Term 'Anti-aging,'" Allure, August 14, 2017, https://www.allure.com/story/allure-magazine-phasing-out-the-word-anti-aging.

제4장

1. "176-Year-Old 'Darwin's Tortoise' Dies in Zoo," NBC News, June 24,

2006, http://www.nbcnews.com/id/13115101/ns/world_news-asia_
pacific/t/-year-old-darwins-tortoise-dies-zoo/#.Xtj44PJ7mgQ.

2. Elizabeth Pennisi, "Greenland Shark May Live 400 Years, Smashing
Longevity Record," Science, August 11, 2016, https://www.science
mag.org/news/2016/08/greenland-shark-may-live-400-years-smashin
g-longevity-record.

3. "Bristlecone Pine," Bryce Canyon National Park, National Park Service,
February 24, 2015, https://www.nps.gov/brca/learn/nature/
bristleconepine.htm.

4. Ernest Becker, The Denial of Death (New York: Free Press, 1973), 27.

5. Bridget Alex, "Chimps Know Death When They See It," Discover,
September 28, 2018, https://www.discovermagazine.com/planet-
earth/chimps-know-death-when-they-see-it.

6. Marisa Fernandez, "American Life Expectancy Fell by 1 Year in the First
Half of 2020," Axios, February 18, 2021, https://www.axios.com/us-lif
e-expectancy-2020-pandemic-ba166c4b-c29d-4064-9085-4ef6c94fc2
df.html.

7. https://www.npr.org/2021/06/23/1009611699/the-pandemic-led-to-the
-biggest-drop-in-u-s-life-expectancy-since-ww-ii-study-fi.

8. "Overdose Death Rates," NIH, January 29, 2021, https://www.drugabuse.
gov/drug-topics/trends-statistics/overdose-death-rates. Correct
statistical although the in text referenced to CDC instead of NIH
(pre-submission) "Drug Overdose Deaths," Centers for Disease Control

and Prevention, March 3, 2021, https://www.cdc.gov/drugoverdose/deaths/index.html.

9. Steven H. Woolf and Heidi Schoomaker, "Life Expectancy and Mortality Rates in the United States, 1959 – 2017," JAMA 322, no. 20 (November 26, 2019): 1996 – 2016, https://doi.org/10.1001/jama.2019.16932.

10. Fair Society, Healthy Lives: The Marmot Review, Institute of Health Equity, https://www.instituteofhealthequity.org/resources-reports/fair-society-healthy-lives-the-marmot-review/fair-society-healthy-lives-full-report-pdf.pdf.

11. 위와 동일.

12. Meagan Flynn, "The Man Who Discovered That Unwashed Hands Could Kill–and Was Ridiculed for It," Washington Post, March 23, 2020, https://www.washingtonpost.com/nation/2020/03/23/ignaz-semmelweis-handwashing-coronavirus/.

13. Barbara Jester, Timothy Uyeki, and Daniel Jernigan, "Readiness for Responding to a Severe Pandemic 100 Years After 1918," American Journal of Epidemiology 187, no. 12 (2018): 2596-602, https://pubmed.ncbi.nlm.nih.gov/30102376/.

14. Quoted in W. Stull Holt, The Great War at Home and Abroad: The World War I Diaries and Letters of W. Stull Holt(Sunflower University Press, 1999), 263, https://www.google.com/books/edition/The_Great_War_at_Home_and_Abroad/O53vAAAAMAAJ?hl=en&gbpv=0&kptab=overview; Keith Martin, "The Pandemic Poet and Other Tales From a NIST

'Genealogy' Project" National Institute of Standards and Technology, Medium, May 19, 2021, https://nist.medium.com/the-pandemic-poet-and-other-tales-from-a-nist-genealogy-project-9c10d3b5d0d0.

15. Elizabeth Yuko, "How Infectious Disease Defined the American Bathroom," Bloomberg CityLab, April 10, 2020, https://www.bloomberg.com/news/articles/2020-04-10/the-war-against-coronavirus-comes-to-the-bathroom.

16. https://optn.transplant.hrsa.gov/news/organ-donation-again-sets-record-in-2019/.

17. "2017 Profile of Older Americans," US Department of Health and Human Services, April 2018, "U.S.-Seniors as a Percentage of the Population 1950–2050," Statista, last modified January 20, 2021, https://www.statista.com/statistics/457822/share-of-old-age-population-in-the-total-us-population/.

18. "Share of Old Age Population (65 Years and Older) in the Total U.S. Population from 1950 to 2050," Statista, last modified January 20, 2021, https://www.statista.com/statistics/457822/share-of-old-age-population-in-the-total-us-population/.

19. "Patterns of Childhood Death in America," in When Children Die: Improving Palliative and End-of-Life Care for Children and Their Families, edited by Marilyn J. Field and Richard E. Behrman (Washington, DC: National Academies Press, 2003), 1-72, https://www.ncbi.nlm.nih.gov/books/NBK220818/pdf/Bookshelf_NBK220818.pdf.

20. "Children: Reducing Mortality," World Health Organization, September 19, 2019, https://www.who.int/news-room/fact-sheets/detail/children-reducing-mortality.

21. "Get the Facts on Healthy Aging," National Council on Aging, January 1, 2021, https://www.ncoa.org/article/get-the-facts-on-healthy-aging.

22. Doug Irving, "Chronic Conditions in America: Price and Prevalence," RAND, July 12, 2017, https://www.rand.org/blog/rand-review/2017/07/chronic-conditions-in-america-price-and-prevalence.html.

23. Hugh Waters and Marlon Graf, "The Costs of Chronic Disease in the U.S.," Milken Institute, August 28, 2018, https://milkeninstitute.org/reports/costs-chronic-disease-us.

24. Julianne Holt-Lunstad et al., "Loneliness and Social Isolation as Risk Factors for Mortality: A Meta-Analytic Review," Perspectives on Psychological Science 10, no. 2 (March 2015): 227-37, https://journals.sagepub.com/doi/10.1177/1745691614568352.

25. Kunlin Jin, "Modern Biological Theories of Aging," Aging and Disease 1, no. 2 (October 2010): 72-74, https://www.ncbi.nlm.nih.gov/pmc/articles/PMC2995895/.

26. 저자와의 인터뷰.

제5장

1. Eric Schurenberg and Lani Luciano, "The Empire Called AARP Under Its

Nonprofit Halo, the American Association of Retired Persons Is a Feared Lobbyist and an Even More Awesome Marketer," Money, October 1, 1988, https://money.cnn.com/magazines/moneymag/ moneymag_archive/1988/10/01/84702/.

2. "Obituary: AARP Founder, Philanthropist Leonard Davis, 76," USC News, January 24, 2001, https://news.usc.edu/6078/Obituary-AARP-fo under-philanthropist-Leonard-Davis-76/.

3. Trevor Perry, "Sun City: A Revolution," https://saltriverstories.org/ items/show/402.

4. Kriston McIntosh et al., "Examining the Black-White Wealth Gap," Brookings, February 27, 2020, https://www.brookings.edu/blog/ up-front/2020/02/27/examining-the-black-white-wealth-gap/.

5. William E. Gibson, "Nearly Half of Americans 55+ Have No Retirement Savings" AARP, March 28, 2019, https://www.aarp.org/retirement/ retirement-savings/info-2019/no-retirement-money-saved.html.

6. "Over 15 million"; "Get the Facts on Economic Security for Seniors," NCOA, March 2, 2021, https://www.ncoa.org/article/get-the-facts-on- economic-security-for-seniors.

7. Tommy Beer, "The Net Worth of America's 600-Plus Billionairs Has Increased By More Than 400 Billion During the Pandemic," Forbes, May 21, 2020, Accessed August 23, 2021, https://www.forbes.com/ sites/tommybeer/2020/05/21/the-net-worth-of-americas-600-plus-bill ionaires-has-increased-by-more-than-400-billion-during-the-pande

mic/?sh=356a2ef84a61.

8. "Geography, Income Play Roles in Life Expectancy, New Stanford Research Shows," Stanford News, April 11, 2016, https://news. stanford.edu/2016/04/11/geography-income-play-roles-in-life-expect ancy-new-stanford-research-shows/.

9. "Large Life Expectancy Gaps in U.S. Cities Linked to Racial & Ethnic Segregation by Neighborhood," NYU Langone Health, June 5, 2019, https://nyulangone.org/news/large-life-expectancy-gaps-us-cities-lin ked-racial-ethnic-segregation-neighborhood.

10. Louise Sundberg et al., "Why Is the Gender Gap in Life Expectancy Decreasing? The Impact of Age-and Cause-Specific Mortality in Sweden 1997 – 2014," International Journal of Public Health 63, no. 6 (2018): 673-81, doi: 10.1007/s00038-018-1097-3.

11. "Older Women & Poverty," Justice in Aging, December 2018, https:// www.justiceinaging.org/wp-content/uploads/2018/12/Older-Women-and-Poverty.pdf.

12. Jasmine Tucker, "It's 2020, and Black Women Aren't Even Close to Equal Pay," National Women's Law Center, July 27, 2020, https://nwlc. org/resources/its-2020-and-black-women-arent-even-close-to-equal -pay/.

13. Amanda Fins, "Women and the Lifetime Wage Gap: How Many Woman Years Does It Take to Equal 40 Man Years?," National Women's Law Center, March 2020, https://nwlc-ciw49tixgw5lbab.stack pathdns.

com/wp-content/uploads/2020/03/Women-and-the-Lifetime-Wage-G
ap.pdf.

14. "Age and Sex Composition in the United States: 2019," US Census
Bureau, 2019, https://www.census.gov/data/tables/2019/demo/age-a
nd-sex/2019-age-sex-composition.html.

15. "U.S.-Seniors as a Percentage of the Population 1950-2050," Statista,
September 24, 2020, https://www.statista.com/statistics/457822/share-
of-old-age-population-in-the-total-us-population/; https://
justiceinaging.org/wp-content/uploads/2020/08/Older-Women-
and-Poverty.pdf.

16. "U.S. Financial Health Pulse: 2019 Trends Report," Financial Health
Network, November 2019, https://s3.amazonaws.com/cfsi-innova
tion-files-2018/wp-content/uploads/2019/11/13204428/US-Financial-
Health-Pulse-2019.pdf.

17. "Planning & Progress Study 2019," Northwestern Mutual, 2019, https://
news.northwesternmutual.com/planning-and-progress-2019.

18. 19th Annual Transamerica Retirement Survey: A Compendium of
Findings About U.S. Workers, Transamerica Center for Retirement
Studies, December 2019, https://www.transamericacenter.org/docs/
default-source/retirement-survey-of-workers/tcrs2019_sr_19th-
annual_worker_compendium.pdf.

19. "Actuarial Life Table," Social Security Administration, 2019, https://
www.ssa.gov/oact/STATS/table4c6.html.

20. Andrew Van Dam, "A Record Number of Folks Age 85 and Older Are Working. Here's What They're Doing," Washington Post, July 5, 2018, https://www.washingtonpost.com/news/wonk/wp/2018/07/05/a-record-number-of-folks-age-85-and-older-are-working-heres-what-theyre-doing/.

21. Pierre Azoulay et al., "Age and High-Growth Entrepreneurship," American Economic Review: Insights 2, no. 1 (2020): 65-82, https://pubs.aeaweb.org/doi/pdfplus/10.1257/aeri.20180582.

22. "Despite Lower Revenues and Slower Growth, Women-Owned Businesses Survive at Same Rate as Male Entrepreneurs, According to New JPMorgan Chase Institute Data," JPMorgan Chase & Co., February 7, 2019, https://institute.jpmorganchase.com/institute/news-events/institute-women-owned-businesses-survive-at-same-rate-as-male-entrepreneurs.

23. Harry Campbell, "Lyft & Uber Driver Survey 2019: Uber Driver Satisfaction Takes a Big Hit," The Rideshare Guy, February 24, 2021, https://therideshareguy.com/uber-driver-survey/.

제6장

1. Jennifer E. Manning, "Membership of the 116th Congress: A Profile," Congressional Research Service, December 17, 2020, https://fas.org/sgp/crs/misc/R45583.pdf.

2. Mobilewalla, "New Report Reveals Demographics of Black Lives Matter Protesters Shows Vast Majority Are White, Marched Within Their Own Cities," PR Newswire, June 18, 2020, https://www.prnewswire.com/news-releases/new-report-reveals-demographics-of-black-lives-matter-protesters-shows-vast-majority-are-white-marched-within-their-own-cities-301079234.html.

3. 위와 동일.

4. Report of the World Assembly on Aging, United Nations, Vienna, July 26-August 6, 1982, https://www.un.org/esa/socdev/ageing/documents/Resources/VIPEE-English.pdf.

5. Ed Snape and Tom Redman, "Too Old or Too Young? The Impact of Perceived Age Discrimination," Human Resource Management Journal 13, no. 1 (2006): 78-89, https://doi.org/10.1111/j.1748-8583.2003.tb00085.x.

6. Alison L. Chasteen, Michelle Horhota, and Jessica J. Crumley-Branyon, "Overlooked and Underestimated: Experiences of Ageism in Young, Middle-Aged, and Older Adults," Journals of Gerontology, Series B, April 3, 2020, https://doi.org/10.1093/geronb/gbaa043.

7. Bess Levin, "Texas Lt. Governor: Old People Should Volunteer to Die to Save the Economy," Vanity Fair, March 24, 2020, https://www.vanityfair.com/news/2020/03/dan-patrick-coronavirus-grandparents.

8. Justin Fox, "Coronavirus Deaths by Age: How It's like (and Not like) Other Disease," Bloomberg Opinion, May 7, 2020, https://www.bloomberg.

com/opinion/articles/2020–05–07/comparing–coronavirus–deaths–by–age–with–flu–driving–fatalities.

9. Nancy Ochieng et al., "Factors Associated with COVID–19 Cases and Deaths in Long–Term Care Facilities: Findings from a Literature Review," Kaiser Family Foundation, January 14, 2021, https://www.kff.org/coronavirus–covid–19/issue–brief/factors–associated–with–covid–19–cases–and–deaths–in–long–term–care–facilities–findings–from–a–literature–review/.

10. Rebecca Perron, "The Value of Experience: Age Discrimination Against Older Workers Persists," https://www.aarp.org/content/dam/aarp/research/surveys_statistics/econ/2018/value–of–experience–age–discrimination–highlights.doi.10.26419–2Fres.00177.002.pdf.

11. Peter Gosselin, "If You're over 50, Chances Are the Decision to Leave a Job Won't Be Yours," ProPublica, December 28, 2018, https://www.propublica.org/article/older–workers–united–states–pushed–out–of–work–forced–retirement.

12. Quoted in Bradley Schurman and T. J. Londagin, "Viewpoint: The Public Sector Needs to Invest in Older Workers," SHRM, May 3, 2019, https://www.shrm.org/resourcesandtools/hr–topics/employee–relations/pages/public–sector–must–invest–in–older–workers.aspx.

13. L. Smith et al., "Inequality in 1,200 Popular Films: Examining Portrayals of Gender, Race/Ethnicity, LGBTQ & Disability from 2007 to 2018,"

Annenberg Foundation and University of Southern California, September 2019, http://assets.uscannenberg.org/docs/aii-inequality-report-2019-09-03.pdf.

14. Tara L. Gruenewald et al, "Feelings of Usefulness to Others, Disability, and Mortality in Older Adults: The MacArthur Study of Successful Aging," The Journals of Gerontology, January 1, 2007, https://academic.oup.com/psychsocgerontology/article/62/1/P28/572495.

15. Becca R. Levy et al., "Ageism Amplifies Cost and Prevalence of Health Conditions," Gerontologist 60, no. 1 (January 24, 2020): 174-81, https://doi.org/10.1093/geront/gny131, https://academic.oup.com/gerontologist/article/60/1/174/5166947.

16. Michael Greenwood, "Harmful Effects of Ageism on Older Persons' Health Found in 45 Countries," Yale News, January 15, 2020, https://news.yale.edu/2020/01/15/harmful-effects-ageism-older-persons-health-found-45-countries.

17. M. S. North and S. T. Fiske, "A Prescriptive Intergenerational-Tension Ageism Scale: Succession, Identity, and Consumption(SIC)," Psychological Assessment 25, no. 3 (2013): 706-13, https://doi.org/10.1037/a0032367.

18. "PwC Golden Age Index: Unlocking a Potential 3.5 Trillion Prize from Longer Working Lives," PwC, June 2018, https://www.pwc.com/gx/en/news-room/docs/pwc-golden-age-index.pdf.

19. Kenneth Terrell, "Age Discrimination Common in Workplace, Survey

Says," AARP, August 2, 2018, https://www.aarp.org/work/working-at-50-plus/info-2018/age-discrimination-common-at-work.html.

20. Matt Shipman, "Older Is Wiser: Study Shows Software Developers' Skills Improve over Time," NC State University News, April 29, 2013, https://news.ncsu.edu/2013/04/wms-murphyhill-age-2013/.

21. M. Szmigiera, "Largest Companies in the World Based on Number of Employees 2019," Statista, March 20, 2021, https://www.statista.com/statistics/264671/top-50-companies-based-on-number-of-employees/.

22. Peter Gosselin, "The U.S. Equal Employment Opportunity Commission Confirms a Pattern of Age Discrimination at IBM," Propublica, September 11, 2020, https://www.propublica.org/article/the-u-s-equal-employment-opportunity-commission-confirms-a-pattern-of-age-discrimination-at-ibm.

23. EEOC Acting Chair Lipnic Releases Report on the State of Older Workers and Age Discrimination 50 Years After the ADEA," US Equal Employment Opportunity Commission, June 26, 2018, https://www.eeoc.gov/newsroom/eeoc-acting-chair-lipnic-releases-report-state-older-workers-and-age-discrimination-50.

24. Jennifer Delton, Racial Integration in Corporate America, 1940–1990 (Cambridge, UK: Cambridge University Press, 2009), 47.

25. Rocío Lorenzo et al., "How Diverse Leadership Teams Boost Innovation," Boston Consulting Group, January 23, 2018, https://www.bcg.

com/publications/2018/how-diverse-leadership-teams-boost-innovation.

26. Wolfgang Fengler, "The silver economy is coming of age: A look at the growing spending power of seniors," January 14, 2021, Brookings, https://www.brookings.edu/blog/future-development/2021/01/14/the-silver-economy-is-coming-of-age-a-look-at-thegrowing-spending-power-of-seniors/.

제7장

1. Jon Emont, "The Growing Urban-Rural Divide Around the World," Atlantic, January 4, 2017, https://www.theatlantic.com/international/archive/2017/01/electoral-college-trump-argentina-malaysia-japan-clinton/512153/.

2. XinQi Dong, "Elder Rights in China," NCBI, August 12, 2020, https://www.ncbi.nlm.nih.gov/pmc/articles/PMC7422934/.

3. "Family Farms," National Institute of Food and Agriculture, https://nifa.usda.gov/family-farms.

4. "Rural America at a Glance: 2018 Edition," Economic Research Service, United States Department of Agriculture, November 2018, https://www.ers.usda.gov/webdocs/publications/90556/eib-200.pdf.

5. 위와 동일.

6. University of New Hampshire, "Shrinking population in more than a

third of rural U.S. counties," Science News, February 6, 2019, https://www.sciencedaily.com/releases/2019/02/190206115611.htm.

7. Art Cullen, "Rural America Is Ready for Some Sort of a New Deal, Preferably Green," Guardian, March 15, 2019, https://www.theguardian.com/commentisfree/2019/mar/15/rural-america-is-ready-for-some-sort-of-a-new-deal-preferably-green.

8. Austa Somvichian-Clausen, "Life-Size Dolls Have Taken over This Near-Deserted Town," National Geographic, October 10, 2017, https://www.nationalgeographic.com/news/2017/10/japan-dolls-population-artist-nagoro-spd/.

9. "Rural America at a Glance," US Department of Agriculture, November 2018, https://www.ers.usda.gov/webdocs/publications/90556/eib-200.pdf; "Rural Health," CDC, July 1, 2019, https://www.cdc.gov/chronicdisease/resources/publications/factsheets/rural-health.htm; "Gender Differences in Social Isolation and Social Support among Rural Residents," University of Minnesota Rural Health Research Center, August 2018, https://rhrc.umn.edu/wp-content/files_mf/1532458325UMNpolicybriefsocialisolationgenderdifferences.pdf.

10. "Trends in Fertility and Mother's Age at First Birth Among Rural and Metropolitan Counties: United States, 2007–2017," CDC, October 2018, https://www.cdc.gov/nchs/products/databriefs/db323.htm.

11. Kim Parker et al., "What Unites and Divides Urban, Suburban and Rural Communities," Pew Research Center, May 22, 2018, https://

www.pewsocialtrends.org/2018/05/22/demographic-and-economic-tr
ends-in-urban-suburban-and-rural-communities/.

12. Andrew Schaefer and Marybeth J. Mattingly, "Demographic and
Economic Characteristics of Immigrant and Native-Born Populations in
Rural and Urban Places," Carsey Research National Issue Brief no. 106,
University of New Hampshire, Fall 2016, https://scholars.unh.edu/cgi/
viewcontent.cgi?article=1283&context=carsey.

13. Anne Case and Angus Deaton, Deaths of Despair and the Future of
Capitalism (Princeton, NJ: Princeton University Press, 2020), 40.

14. "Rural Opioid Epidemic," American Farm Bureau Federation, https://
www.fb.org/issues/other/rural-opioid-epidemic/.

15. "Urban-rural Differences in Drug Overdose Death Rates, by Sex, Age,
and Type of Drugs Involved, 2017," CDC, August 2019, https://www.
cdc.gov/nchs/products/databriefs/db345.htm.

16. Asha Z. Ivey-Stephenson et al. "Suicide Trends Among and Within
Urbanization Levels by Sex, Race/Ethnicity, Age Group, and Mechan
ism of Death - United States, 2001-2015," MMWR Surveillance Summary
2017; 66(No. SS-18):1-16, http://dx.doi.org/10.15585/mmwr.ss6618a1,
https://www.cdc.gov/mmwr/volumes/66/ss/ss6618a1.htm.

17. "Suicide Statistics," American Foundation for Suicide Prevention,
March 1, 2020, https://afsp.org/suicide-statistics/.

18. Danielle L. Steelesmith et al., "Contextual Factors Associated with
County-Level Suicide Rates in the United States, 1999 to 2016," JAMA

Network Open 2, no. 9 (2019): e1910936, doi:10.1001/jamanet work open.2019. 10936.

19. "The Rural Health Safety Net Under Pressure: Rural Hospital Vulnerability," The Chartis Group, February 2020, https://www.ivantage index.com/wp-content/uploads/2020/02/CCRH_Vulnerability-Research_FiNAL-02.14.20.pdf.

20. "The Rural Health Safety Net Under Pressure: Understanding the Potential Impact of COVID-19," The Chartis Group, April 2020, https://www.chartis.com/resources/files/CCRH_Research_Update-Covid-19.pdf.

21. 위와 동일.

22. Lucy Skinner et al., "Implications of an Aging Rural Physician Workforce," New England Journal of Medicine 381(July 25, 2019): 299–301, doi: 10.1056/NEJMp1900808.

23. "2020 Survey of America's Physicians: COVID-19 Impact Edition," The Physicians Foundation, August 2020, http://physiciansfoundation.org/wp-content/uploads/2020/08/20-1278-Merritt-Hawkins-2020-Physicians-Foundation-Survey.6.pdf.

24. Olugbenga Ajilore, "Economic Recovery and Business Dynamism in Rural America," Center for American Progress, February 20, 2020, https://cdn.americanprogress.org/content/uploads/2020/02/20114441/DynamismRural-brief.pdf.

25. Board of Governors of the Federal Reserve System, "Perspectives from

Main Street: Bank Branch Access in Rural Communities," Federal Reserve, November 2019, https://www.federalreserve.gov/publications/files/bank-branch-access-in-rural-communities.pdf.

26. "Biden-Harris Administration Extends Moratorium on Residential Evictions in USDA Multifamily Housing Communities in Accordance with CDC Guidance," United States Department of Agriculture, March 29, 2021, https://www.usda.gov/media/press-releases/2021/03/29/biden-harris-administration-extends-moratorium-residential.

27. Japan Post Group, Annual Report, Year Ended March 31, 2018, https://www.japanpost.jp/en/ir/library/disclosure/2018/pdf/all.pdf, 26.

28. Jane Hanks, "Postal Workers Will Watch over Your Elderly Parents," Connexion, May 15, 2017, https://www.connexionfrance.com/French-news/Postal-workers-will-watch-over-your-elderly-parents.

29. 위와 동일.

30. Christopher W. Shaw, "Postal Banking Is Making a Comeback. Here's How to Ensure It Becomes a Reality," Washington Post, July 21, 2020, https://www.washingtonpost.com/outlook/2020/07/21/postal-banking-is-making-comeback-heres-how-ensure-it-becomes-reality/.

31. Kevin Peachey, "A New Rural Bank Branch Opening! What's Going On?," BBC News, February 9, 2020, https://www.bbc.com/news/business-51372724.

32. "What does KOTOEN mean?," ©2016, Kotoen, http://www.kotoen.or.jp/about/english.

33. Laura Richter and Tobias Silberzahn, "Germany's e-Health Infrast ructure Strengthens, but Digital Uptake Is Lagging," McKinsey & Company, December 11, 2020, https://www.mckinsey.com/industries/ pharmaceuticals-and-medical-products/our-insights/germanys-e-heal th-infrastructure-strengthens-but-digital-uptake-is-lagging.

34. "Improving Health Care Through Technology," US Department of Veterans Affairs, https://connectedcare.va.gov/terms/connected-health/single/About.

35. "Space for Sharing," Yoshino Cedar House, https://www.yoshi nocedarhouse.com/.

36. Masatsugu Horie, "Uber embarks on unconventional strategy in Japanese countryside," JapanTimes, October 24, 2016, https://www. japantimes.co.jp/news/2016/10/24/business/uber-embarks-unconvent ional-strategy-japanese-countryside/.

37. Cailey Rizzo, "This Italian Town Will Give You a Free House and Pay You to Raise a Child There,": Travel & Leisure, November 4, 2019, https://www.travelandleisure.com/travel-news/cammarata-sicily-italy -paying-families-to-move-there; Julia Buckley, "The Millennials Using Covid to Change Sicily's €1 Home Schemes," CNN Travel, May 25, 2021, https://www.cnn.com/travel/article/cammarata-sicily-1-euro-ho mes-streetto/index.html.

38. "Hi, Remote Workers! We'll Pay You to Work from Tulsa. You're Going to Love It Here," Tulsa Remote, ©2021, https://tulsaremote.

com/.

39. "2016 Small Business Credit Survey: Report on Rural Employer Firms," Federal Reserve Bank of Richmond and Federal Reserve Bank of Atlanta, December 2017, https://www.richmondfed.org/-/media/richmondfedorg/community_development/resource_centers/small_business/pdf/credit_survey/sbcs_report_rural_employer_firms_2016.pdf.

40. "Five-Year Plan for Business Succession Formulated," Ministry of Economy, Trade, and Industry, Japan, July 7, 2017, https://www.meti.go.jp/english/press/2017/0707_001.html.

제8장

1. "Survival to Age 65, Male (% of Cohort)," The World Bank, November 2019, https://data.worldbank.org/indicator/SP.DYN.TO65.MA.ZS.

2. Kaisa Koivunen et al., "Cohort Differences in Maximal Physical Performance: A Comparison of 75- and 80-Year-Old Men and Women Born 28 Years Apart," Journals of Gerontology, Series A, September 4, 2020, glaa224, https://doi.org/10.1093/gerona/glaa224.

3. Richard Fry, Jeffrey S. Passel, and D'Vera Cohn, "A Majority of Young Adults in the U.S. Live with Their Parents for the First Time Since the Great Depression," Pew Research Center, September 4, 2020, https://www.pewresearch.org/fact-tank/2020/09/04/a-majority-of-young-ad

ults-in-the-u-s-live-with-their-parents-for-the-first-time-since-the-gr eat-depression/.

4. Quoctrung Bui and Claire Cain Miller, "The Age That Women Have Babies: How a Gap Divides America," New York Times, August 4, 2018, https://www.nytimes.com/interactive/2018/08/04/upshot/ up-birth-age-gap.html.

5. Reade Pickert, "Young Homebuyers Are Vanishing from the U.S.," Bloomberg, November 8, 2019, https://www.bloomberg.com/news/ articles/2019-11-08/young-homebuyers-vanish-from-u-s-as-median- purchasing-age-jumps.

6. Jessica Lautz, "Age of Buyers Is Skyrocketing. . . But Not for Who You Might Think," National Association of Realtors, January 13, 2020, https://www.nar.realtor/blogs/economists-outlook/age-of-buyers-is- skyrocketing-but-not-for-who-you-might-think.

7. "Zillow: Average First-Time Homebuyer 33 Years of Age," National Mortgage Professional, August 20, 2015, https://nationalmortgage professional.com/news/55433/zillow-average-first-time-homebuyer-3 3-years-age.

8. Vera van den Berg et al., "Euthanasia and Physician-Assisted Suicide in Patients with Multiple Geriatric Syndromes," JAMA Internal Medicine 181, no. 2 (2021): 245–50, doi: 10.1001/jamainternmed.2020.6895.

9. "Precompose," Recompose, https://recompose.life/precompose/.

10. "Statistics," The National Funeral Directors Association, July 18, 2019,

https://nfda.org/news/statistics.

11. Natasha Levy, "Exit Here funeral parlour is designed to have 'the eclectic feel of home'," Dezeen, October 30, 2019, https://www.dezeen.com/2019/10/30/exit-here-funeral-parlour-death/.

12. "Welcome to the Order. Welcome to Your Mortality," Order of the Good Death, ©2021, http://www.orderofthegooddeath.com/about.

13. Mikey Campbell, "Apple Watch, Other Wearables Increasingly Used to Manage Chronic Health Conditions, Study Says," Apple Insider, August 18, 2018, https://appleinsider.com/articles/18/08/30/apple-watch-other-wearables-increasingly-used-to-manage-chronic-health-conditions-study-says.

14. Bernard Desarnauts, "One Year In and Only Now Are We Getting to Know Apple Watch Owners," Medium, April 19, 2016, https://medium.com/wristly-thoughts/one-year-in-and-only-now-are-we-getting-to-know-apple-watch-owners-db60d565d041.

15. Alicia Phaneuf, "The Number of Health and Fitness App Users Increased 27% from Last Year," eMarketer, July 20, 2020, https://www.emarketer.com/content/number-of-health-fitness-app-users-increased-27-last-year.

16. Martin Belam and Joanna Partridge, "Peloton loses 1.5bn in value over 'dystopian, sexist' exercise bike ad," The Guardian, December 4, 2019, https://www.theguardian.com/media/2019/dec/04/peloton-backlash-sexist-dystopian-exercise-bike-christmas-advert; Lauren Thomas,

"Peloton thinks it can grow to 100 million subscribers. Here's how," CNBC, September 15, 2020. https://www.cnbc.com/2020/09/15/peloton-thinks-it-can-grow-to-100-million-subscribers-heres-how.html.

17. Uptin Saiidi, "Pedaling to dominate the stationary bike industry," CNBC, January 11, 2016, https://www.cnbc.com/2016/01/08/pelotons-race-for-home-cycling.html.

18. Rachel Valerio, "Fitness Industry Roundup: Millennials Are Good for Business," IHRSA, October 4, 2019, https://www.ihrsa.org/improve-your-club/industry-news/fitness-industry-roundup-millennials-are-good-for-business/.

19. "Eyeglasses Timeline," Luxottica, ©2020, https://www.luxottica.com/en/about-us/museo-dellottica/eyeglasses-timeline.

20. "The Fastest Growing Brands of 2020," Morning Consult, ©2021, https://morningconsult.com/fastest-growing-brands-2020/.

21. "Elastic Generation: The Female Edit," Wunderman Thompson, January 2018, https://intelligence.wundermanthompson.com/trend-reports/elastic-generation-female-edit/.

22. Marie Stafford, "Elastic Generation: The Female Edit," The Innovation Group, December 2017, https://marcommnews.com/wp-content/uploads/2018/01/234000_Elastic-Generation-The-Female-Edit.-FINAL.pdf.

제9장

1. "Civilian Labor Force Participation Rate by Age, Sex, Race, and Eth
   nicity," US Bureau of Labor Statistics, September 1, 2020, https://www.
   bls.gov/emp/tables/civilian-labor-force-participation-rate.htm.

2. Manasi Sakpal, "Diversity and Inclusion Build High-Performance
   Teams," Smarter with Gartner, September 20, 2019, https://www.
   gartner.com/smarterwithgartner/diversity-and-inclusion-build-high-p
   erformance-teams/.

3. "Accelerating Business with an Age-Diverse Workforce," Randstad,
   February 26, 2020, https://www.randstad.com/workforce-insights/
   future-of-work/accelerating-business-with-an-age-diverse-work
   force/.

4. "Age Diversity: How to Engage Different Age Groups in Your
   Workplace," CV Library, June 7, 2019, https://www.cv-library.co.uk/
   recruitment-insight/engage-different-age-groups-your-workplace/.

5. "Accelerating Business with an Age-Diverse Workforce," Randstad.

6. Oliver Staley, "How the Average Age of CEOs and CFOs Has Changed
   Since 2012," Quartz, September 11, 2017, https://qz.com/1074326/ho
   w-the-average-age-of-ceos-and-cfos-has-changed-since-2012/.

7. "Volatility Report 2020," Crist|Kolder Associates, https://www.
   cristkolder.com/media/2697/volatility-report-2020-americas-leading-c
   ompanies.pdf.

8. Jane Johnson, "70 Is the New 50: Aging CEOs Provide Both Opportunities and Challenges for Businesses," Business Transition Academy, June 12, 2019, https://www.businesstransitionacademy.com/strategic-business-planning-blog/70-is-he-new-50-aging-ceos-provide-both-opportunities-and-challenges-for-businesses; "Crist/Kolder Associates: Volatility Report 2018," Crist|Kolder Associates, https://www.cristkolder.com//media/2135/volatility-report-2018-americas-leading-companies..pdf; "Spotlight Series – The CEO 100, 2019 Edition," Harvard Business Review,November 2019, https://hbr.org/2019/11/the-best-performing-ceos-in-the-world-2019.

9. "Providing More Insight into the Small Business Owner," Business Information Solutions, Experian, September 2007, https://www.experian.com/whitepapers/BOLStudy_Experian.pdf.

10. David P. Costanza et al., "Generational Differences in Work-Related Attitudes: A Meta-analysis," Journal of Business and Psychology 27 (2012): 375–94, https://doi.org/10.1007/s10869-012-9259-4.

11. "Alibaba Targets China's Aging Population With 'Taobao for Elders'," Alizila, February 1, 2018, https://www.alizila.com/alibaba-targets-chinas-aging-population-with-taobao-for-elders/.

12. Liu Caiyu, "Taobao Job Ad Seeking Two Square Dancing Senior Citizens Goes Viral," Global Times, January 18, 2018, https://www.globaltimes.cn/content/1085533.shtml.

13. Tara Francis Chan, "Alibaba Said It Would Hire Staff Older Than 60

and Received 1,000 Applications in 24 Hours," Insider, January 22, 2018, https://www.businessinsider.com/taobao-hiring-senior-staff-like-the-intern-movie-2018-1.

14. "B&Q and Ageing Workers," Occupational Medicine, ©2021, https://www.som.org.uk/bq-and-ageing-workers.

15. Shunichi Miyanaga, "The Business Case for Older Workers," AARP International, January 1, 2017, https://www.aarpinternational.org/the-journal/current-edition/journal-articles-blog/2017/01/the-business-case-for-older-workers.

16. Patrick McGee, "Germany Invests to Prolong Employees' Working Lives," Financial Times, January 17, 2019, https://www.ft.com/content/f1b294b8-9cbe-11e8-88de-49c908b1f264.

17. Miklos Bolza, "How Two Aussie Firms Are Winning over Older Workers," Human Resource Director, August 8, 2016, https://www.hcamag.com/au/specialisation/diversity-inclusion/how-two-aussie-firms-are-winning-over-older-workers/146545.

18. CVS Caremark Snowbird Program, The Center on Aging and Work, © 2012, http://capricorn.bc.edu/agingandwork/database/browse/case_study/24047.

19. "Hiring Older Workers Is Suddenly In Season," Next Avenue, November 17, 2017, https://www.forbes.com/sites/nextavenue/2017/11/17/hiring-older-workers-is-suddenly-in-season/ ?sh=81e1022e8808.

20. Paul Davidson, "Older Workers Get Flexible Hours, Work-At-Home

Options to Keep Them from Retirement," USA Today, May 22, 2018,
https://www.usatoday.com/story/money/2018/05/21/retirement-delay
ed-firms-keep-older-workers-hire-retirees/613722002/.

21. "Employer Tenure Summary," US Bureau of Labor Statistics, September 22, 2020, https://www.bls.gov/news.release/tenure.nr0.htm.

22. Quoted in Bradley Schurman and T. J. Londagin, "Viewpoint: The Public Sector Needs to Invest in Older Workers," SHRM, May 3, 2019, https://www.shrm.org/resourcesandtools/hr-topics/employee-relations/pages/public-sector-must-invest-in-older-workers.aspx.

23. 위와 동일.

24. " 'I'm Proof That Age Is Not a Barrier for Apprenticeships,' " Barclays, May 30, 2019, https://home.barclays/news/2019/05/-i-m-proof-that-age-is-not-a-barrier-for-apprenticeships-/.

25. "FY 2019 Data and Statistics," US Department of Labor, https://www.dol.gov/agencies/eta/apprenticeship/about/statistics/2019.

26. "New BMW Owner Demographics: Income, Age, Gender and More," Hedges & Company, March 2019, https://hedgescompany.com/blog/2019/03/new-bmw-owner-demographics/#bmw_owner_demographics_average_age_of_a_bmw_owner.

제10장

1. Chuck Sudo, "Senior Housing Occupancy Falls to Another Record Low

in Q3," Senior Housing News, October 15, 2020, https://senior housingnews.com/2020/10/15/senior-housing-occupancy-falls-to-an other-record-low-in-q3/.

2. Kim Parker et al., "Demographic and Economic Trends in Urban, Suburban and Rural Communities," Pew Research Center, May 22, 2018, https://www.pewresearch.org/social-trends/2018/05/22/demogr aphic-and-economic-trends-in-urban-suburban-and-rural-communit ies/.

3. Jennifer Molinsky, "The Future of Renting Among Older Adults," Joint Center for Housing Studies of Harvard University, February 3, 2016, https://www.jchs.harvard.edu/blog/the-future-of-renting-among-old er-adults.

4. Stephanie Horan, "Where Retirees Are Moving-2020 Edition," Smart Asset, March 10, 2020, https://smartasset.com/financial-advisor/where -retirees-are-moving-2020.

5. "Empty Nest? Leave the Boring 'Burbs Behind and Move Back to the City for a Better Social Life," High50, March 2, 2015, https://high50. com/homes/why-empty-nesters-are-moving-back-to-the-city.

6. Richard Fry, Jeffrey S. Passel, and D'Vera Cohn, "A Majority of Young Adults in the U.S. Live with Their Parents for the First Time Since the Great Depression," Pew Research Center, September 4, 2020, https:// www.pewresearch.org/fact-tank/2020/09/04/a-majority-of-young-ad ults-in-the-u-s-live-with-their-parents-for-the-first-time-since-the-gr

eat-depression/.

7. Nicholas Farber et al., "Aging in Place: A State Survey of Livability Policies and Practices," National Conference of State Legislatures and AARP Public Policy Institute, December 2011, https://assets.aarp.org/rgcenter/ppi/liv-com/ib190.pdf.

8. "Important Facts About Falls," Centers for Disease Control and Prevention, February 10, 2017, https://www.cdc.gov/homeandre cre ationalsafety/falls/adultfalls.html.

9. "The Aging Readiness & Competitiveness Report," AARP International, https://arc.aarpinternational.org/File%20Library/Full%20Reports/ARC-Report—-Germany.pdf.

10. "Housing our Ageing Population: Panel for Innovation(HAPPI)," 2009, https://www.housinglin.org.uk/_assets/Resources/Housing/Support_materials/Other_reports_and_guidance/Happi_Final_Report.pdf.

11. Erin Carlyle, "Baby Boomers and Gen Xers Drove Remodeling and Spending in 2019," Houzz, June 30, 2020, https://www.houzz.com/magazine/baby-boomers-and-gen-xers-drove-remodeling-and-spen ding-in-2019-stsetivw-vs~137253690.

12. Irina Lupa, "The Decade in Housing Trends: High-Earning Renters, High-End Apartments and Thriving Construction," RENTCafé, December 16, 2019, https://www.rentcafe.com/blog/rental-market/market-snapshots/renting-america-housing-changed-past-decade/.

13. "Home Page" Module Housing, https://www.modulehousing.com/.

14. "The Aging Readiness & Competitiveness Report," AARP International, https://arc.aarpinternational.org/countries/israel

15. The World Health Organization's: "About the Global Network for Agefriendly Cities and Communities," World Health Organization, https://extranet.who.int/agefriendlyworld/who-network/.

16. The Age-friendly Programme in Akita City," World Health Organi zation, https://extranet.who.int/agefriendlyworld/resources/age-friendly-case-studies/akita-city/.

17. "Better Benches and Bus Stop Shelters," AARP, August 2015, https://www.aarp.org/livable-communities/network-age-friendly-communities/info-2015/domain-2-new-york-city-bus-bench-program.html.

18. https://www.architecture.com/-/media/gathercontent/age-friendly-handbook/additional-documents/alternativeagefriendlyhandbook2014pdf.pdf.

19. Sophie Handler, An Alternative Age-Friendly Handbook (Manchester, UK: The University of Manchester Library:2014), https://www.architecture.com/-/media/gathercontent/age-friendly-handbook/additional-documents/alternativeagefriendlyhandbook2014pdf.pdf.

20. "The Pandemic Effect: A Social Isolation Report," AARP Foundation and United Health Foundation, October 6, 2020, https://connect2 affect.org/the-pandemic-effect/.

21. Jason Daley, "The U.K. Now Has a 'Minister for Loneliness.' Here's Why It Matters," Smithsonian Magazine, January 18, 2019, https://

www.smithsonianmag.com/smart-news/minister-loneliness-appointe
d-united-kingdom-180967883/.

22. "Caring for Older Adults with Complex Needs in the COVID-19
    Pandemic: Lessons from PACE Innovations," Better Care Playbook,
    June 2020, https://www.bettercareplaybook.org/resources/caring-olde
    radults-complex-needs-covid-19-pandemic-lessons-pace-innova
    tions.

23. "onHand founder wins Entrepreneur for Good Award," onHand,
    December 15, 2020, https://www.beon hand.co.uk/onhand-blog/onh
    and-founder-wins-entrepreneur-for-good-award.

제11장

1. Tugba Sabanoglu, "U.S. Fashion and Accessories E-retail Revenue
   2017-2024," tatista, November 30, 2020, https://www.statista.com/
   statistics/278890/us-apparel-and-accessories-retail-e-commerce-reve
   nue/.

2. "NPR/Marist Poll of 1,057 National Adults," May 18, 2020, http://
   maristpoll.marist.edu/wp-content/misc/usapolls/us180423_NPR/NPR_
   Marist%20Poll_Tables%20of%20Questions_May%202018.pdf, 2.

3. "Founders Stories #5: Access All Areas (Silberdraht)," Vodafone Uplift,
   December 17, 2020, https://vodafoneuplift.de/founders-stories-5-acce
   ss-all-areas-silberdraht/.

4. Robert Fairlie, Desai Sameeksha, and A. J. Herrmann, "2018 National Report on Early-Stage Entrepreneurship," Kauffman Indicators of Entrepreneurship, Ewing Marion Kauffman Foundation: Kansas City, 2019, https://indicators.kauffman.org/wp-content/uploads/sites/2/2019/09/National_Report_Sept_2019.pdf.

5. "Self-employment in the United States," US Bureau of Labor Statistics, March 2016, https://www.bls.gov/spotlight/2016/self-employment-in-the-united-states/home.htm.

6. Pierre Azoulay et al., "Research: The Average Age of a Successful Startup Founder Is 45," Harvard Business Review, July 11, 2018, https://hbr.org/2018/07/research-the-average-age-of-a-successful-startup-founder-is-45.

7. "The Global Talent Crunch," Korn Ferry, https://infokf.kornferry.com/global_talent_crunch_web.html?_ga=2.95076255.2053081181. 1610813 922-1378629803.1610813922.

8. OECD (2020), Promoting an Age-Inclusive Workforce: Living, Learning and Earning Longer, OECD Publishing, Paris, https://doi.org/10.1787/59752153-en.

9. David Baxter, "Re-thinking Older Workforce Potential in an Aging World," Population Division, Department of Economic and Social Affairs, United Nations Secretariat, November 2018, https://www.un.org/development/desa/pd/sites/www.un.org.development.desa.pd/files/unpd_egm_201811_egm_david_baxter.pdf.

10. "Labour Force Participation Rate," OECD Employment Outlook, https://data.oecd.org/emp/labour-force-participation-rate.htm.

11. "About the USFWC," United States Federation of Worker Cooperatives (USFWC), December 7, 2020, https://www.usworker.coop/about/.

12. "What Do We Really Know About Worker Co-operatives?," Co-Operatives UK, pg. 20, http://efesonline.org/LIBRARY/2016/worker_co-op_report.pdf.

13. Hye Jin Rho, "Hard Work? Patterns in Physically Demanding Labor Among Older Workers," Center for Economic and Policy Research, August 2010, https://www.cepr.net/documents/publications/older-workers-2010-08.pdf.

14. "World Population Ageing 2019: Highlights," United Nations, Department of Economic and Social Affairs, Population Division, 2019, pg. 1, https://www.un.org/en/development/desa/population/publications/pdf/ageing/WorldPopulationAgeing2019-Highlights.pdf.

15. "The Longevity Economy? Outlook," AARP, https://www.aarp.org/content/dam/aarp/research/surveys_statistics/econ/2019/longevity-economy-outlook.doi.10.26419-2Fint.00042.001.pdf.

16. Matthew Boyle, "Aging Boomers Befuddle Marketers Aching for 15 Trillion Prize," Bloomberg News, September 17, 2013, http://www.agewave.com/media_files/09%2017%2013%20Bloomberg%20Business_AgingBoomersBefuddle%20Marketers.pdf.

17. Emma Charlton, "New Zealand Has Unveiled Its First 'Well-Being'

Budget," World Economic Forum, May 30, 2019, https://www.
weforum.org/agenda/2019/05/new-zealand-is-publishing-its-first-wel
l-being-budget/.

18. "Inaugural Report: The Aging Readiness & Competitiveness Report
(ARC)," AARP and FP Analytics, AARP International, 2017, https://
aarpinternational.cloud.prod.iapps.com/arc/home/the-aging-readines
s-competitiveness-report.

SUPER AGE EFFECT